博士论文
出版项目

国家社会科学基金
NSSFC
The National Social Science Fund of China

全球治理中的弱制度设计

从《联合国气候变化框架公约》到《巴黎协定》

The Design of Weak Institutions in Global Governance

From the UNFCCC to the Paris Agreement

齐尚才　著

中国社会科学出版社

图书在版编目（CIP）数据

全球治理中的弱制度设计：从《联合国气候变化框架公约》到
《巴黎协定》／齐尚才著 . —北京：中国社会科学出版社，2023.6
ISBN 978 – 7 – 5227 – 2114 – 9

Ⅰ.①全…　Ⅱ.①齐…　Ⅲ.①国际政治—研究　Ⅳ.①D5

中国国家版本馆 CIP 数据核字（2023）第 112742 号

出 版 人	赵剑英	
责任编辑	侯聪睿	
责任校对	夏丽欣	
责任印制	王 超	

出　　　版	中国社会科学出版社	
社　　　址	北京鼓楼西大街甲 158 号	
邮　　　编	100720	
网　　　址	http://www.csspw.cn	
发 行 部	010 – 84083685	
门 市 部	010 – 84029450	
经　　　销	新华书店及其他书店	

印　　　刷	北京君升印刷有限公司	
装　　　订	廊坊市广阳区广增装订厂	
版　　　次	2023 年 6 月第 1 版	
印　　　次	2023 年 6 月第 1 次印刷	

开　　　本	710 × 1000　1/16	
印　　　张	21.75	
字　　　数	298 千字	
定　　　价	118.00 元	

出 版 说 明

为进一步加大对哲学社会科学领域青年人才扶持力度，促进优秀青年学者更快更好成长，国家社科基金 2019 年起设立博士论文出版项目，重点资助学术基础扎实、具有创新意识和发展潜力的青年学者。每年评选一次。2021 年经组织申报、专家评审、社会公示，评选出第三批博士论文项目。按照"统一标识、统一封面、统一版式、统一标准"的总体要求，现予出版，以飨读者。

全国哲学社会科学工作办公室

2022 年

序　言

　　齐尚才博士的专著《全球治理中的弱制度设计》即将出版。作为这项研究的见证人，掩卷之际，由衷为他做出的扎实成果和取得的学术进步感到骄傲和自豪。

　　这部著作讨论的是全球治理进程中的制度设计问题，最初始于课堂上的一次讨论。此后经年，这粒学术的种子慢慢扎下根来，渐渐茁壮成长，从读书报告、学期论文，到多篇权威期刊论文，再到校级优秀博士论文、国家级项目成果，直到今天形成了这部理论扎实、案例生动、研究极具启发意义的厚重著作。这个过程体现了一位年轻学人对学问的执着追求和对研究工作的热爱，是多年如一日埋头阅读、苦苦思索、勤奋写作的结果，其踏实作风和刻苦精神令人钦佩。

　　本书出版恰逢其时。百年变局下，一方面全球性挑战、威胁与问题越来越突出，另一方面权力政治回潮、大国竞争不断强化，在很多原本应该合力应对的问题上大国合作缺失，导致全球治理赤字不断扩大。制度治理是全球治理的首要形式，但是面对国际权力结构变化、多元规范竞争和威胁性质变化，国际制度改革滞后乏力。如何克服全球治理中的"制度困境"？国际制度改革的方向是什么？怎样的制度能够更加有效地促进国际合作、强化全球治理？这是当前时代国际社会需要回答和解决的重大问题。

　　本项研究以国际制度的设计为切入点，反常识地提出了"弱制度、强治理"的命题，极具创新性和开拓性。在国际关系的制度研究中，占据主导地位的是新自由制度主义理论。该理论促成国际合作的基本思路是如何降低交易成本，防止国际互动中的欺骗行为，因而国际制度作为有效降低交易成本的手段具有结构性、工具性和刚性约束的特点，这就是本项研究作为参照点的强制度。强制度的典性代表是具有法律约束力的国际条约，欧盟合作、治理与共同体建设的进程就是条约进程。但是，强制度是推动实现有效国际合作与全球治理的不可或缺的条件吗？或者说强制度必然导向强治理吗？

冷战后，全球化和地区化进程同步加速发展，建构主义兴起，一些学者讨论过社会规范与法律规范的问题，发现社会规范对于构建和平合作的文化甚至比法律规范更为重要；还有学者研究过"非正式性安排""最小制度化"等制度形式对于促进合作的重要作用；此外，在国际法研究领域产生了大量关于"软法"的研究。进入21世纪以来，尤其是 2008 年国际金融危机以来，二十国集团取代七国集团成为全球经济金融治理的首要平台，标志着国际体系中的权力进一步流散，世界政治的多元多样多维更加突出。面对复杂多元的背景、身份、偏好和利益，单一的刚性制度不是难以成形，就是遭遇严峻挑战，全球治理进展乏力。强制度必然有利于强治理的观点受到质疑。

正是基于上述学术发展和现实问题，本项研究创新性地提出了"弱制度"这一概念，对其进行学理界定和系统阐述，建立了弱制度促进全球治理的作用机制。弱制度是在行为体身份利益多元多样、倡议竞争激烈、议题压力不断增大的情况下产生的，一方面指向制度化程度不足，另一方面强调作为制度核心的规范规则，与强制度的规范规则相比，具有内涵不清晰、内聚力不足，以及惩罚强制性不够等特点。但是，基于不同的具体情境，弱亦是强。正是由于上述不清晰、不自洽和不足，使得弱制度为身份、偏好和利益差异较大的行为体开展合作创造了空间。弱制度能够降低合作门槛，在最小程度共识基础上快速启动合作，及时应对迫切需要面对和解决的全球性危机和问题。在运行过程中，弱制度通过承认多元适当性、施加过程压力、创造国际声誉等额外激励机制，实现全球治理的动态强化。本项研究选用全球气候治理作为案例，通过"京都时期"和"后京都时期"两个阶段的制度与治理对比研究，证明了弱制度也可以推动实现强治理。

当前国际体系的深层次结构性矛盾突出，而各国在发展与安全上的相互依赖持续加深，气候变化、流行病、经济金融危机等非传统安全威胁跨越国界，对全人类的生存发展构成严重威胁，需要各方合力应对。全球治理是大国协商合作的重要平台，也是推动构建更加公正合理的国际体系和国际秩序的过程，国际制度是其中的核心要素和主要抓手。作为国际体系中负责任的新兴大国，加强国际制度研究，推动国际制度创新、改革和发展，为全球治理提供更好的公共产品，是中国应该积极承担的国际义务。很高兴齐尚才博士和很多中国青年学者投身于这一领域，持续开展深入研究，已经取得了喜人的成果，相信未来这一领域的研究前景将更为广阔，中国学者将做出更加重要的智识贡献！

魏　玲

2023 年 6 月 28 日

摘　　要

一　研究的目的、意义及方法

本研究的核心目标在于对国际社会中的弱制度现象作出系统性解释。传统国际制度研究的主要论点可以概括为，制度是国际社会为协调各方行动而有意设计的，并且弱制度相对于强制度而言通常是低效的，是制度退化或制度化的结果，也是强制度建立前的准备阶段。那么，为什么国际社会中会存在众多被有意设计并长期执行的弱制度呢？为什么当前众多弱制度主导的全球治理议题在持续推进，而强制度主导的议题反而陷入了严重困境？或者说，弱制度为什么会导致强治理？弱制度是如何建立以及产生强治理的呢？

本研究关于弱制度建构及其作用机制的解释，补充和修正了基于"强制度偏好"建立起来的传统制度理论。首先，修正了有主体的单向互动制度建构路径，弱制度是各方在双向互动中观念平衡的产物。在制度建构过程中，存在偏好差异的各方会提出不同的制度设计方案，最终确立的制度是各方观念相互融合的产物，融合并不必然是利益的简单折中，还可以通过模糊制度内涵、引入冲突性规则等方式实现。其次，修正了弱制度必然导致治理低效的论断。弱制度通过与自身属性契合的作用机制，同样可以实现持续性合作与强治理。这一观点最终可以为"第三项研究议程"——不同类型制度在作用方式上的差异——的展开提供理论支持。最后，关于弱制度持续性的研究，补充了已有的制度演化视角。传统研究关注制度的进化与退化，而忽视了制度的持续性。制度在环境发生变化的情况下是如何实现持续的，同样是一个值得深思的理论问题。

对于当前的全球治理实践，本研究具有三点现实意义。第一，当前全球治理各议题都涌现出了建构弱制度的趋势，如气候变化、网络安全与人道主义等，学界虽然意识到弱制度可能具有强制度不具备的优势，但是对于如何设计弱制度及其会带来何种结果缺乏系统性阐述。本研究能够为国际社会中的弱制度建构提供具体指导。第二，为全球治理中的制度变革提供思路。学术界普遍认为当前各议题中的制度需要作出变革，然而在如何变革上众说纷纭且缺乏切实的理论和现实依据。在摒弃了弱制度必然低效的固有偏见以后，弱制度可以作为未来多元治理背景下的制度变革方向之一。第三，为新兴国家和弱小国家参与全球治理提供启示。随着新兴国家以及弱小国家在国际社会中日趋活跃，西方主导建立的传统制度日益显现出局限性。强制度所体现的制度更替内涵极易导致新旧强国的冲突，弱制度提供了一种渐进性变革的路径。旧制度的某些内容被包含在新制度当中，减少了既有强国的顾虑；同时，通过将自身观念纳入到新制度当中，新兴国家和弱小国家获得了表达自身主张的机会。

在进行理论建构和案例分析时，本书为了增强论证力度和保证分析严谨性在各部分灵活运用了多种研究方法。其中，主导性方法是对四种具体方法进行的两种互补性运用。一是将过程追踪与反事实推理结合运用，在解释反常现象的同时对惯常现象作出回答，确保因果链条中的每一个环节都切实可靠。二是将历史性分析与解释性分析结合运用，在确定相关现象出现的直接原因的同时，寻找可能存在的深层次根源，确保所揭示的因果关系的深刻性。

二 主要内容与重要观点

导论部分主要阐述了本书的研究问题，并详细回顾了传统国际制度研究的总体进程。传统国际制度理论存在的"强制度偏好"，导致弱制度现象长期处于被忽视的地位，在将基于强制度分析得出的相关论点应用于弱制度时引起了一系列谬误。随着制度设计与制度类型问题的提出以及软法与机制复合体研究的推进，对单一综合性制度的迷信被打破，这为分析弱制度奠定了基础。这一部分还介绍了书中的案例设计、研究思路和主要研究方法等。

第一章探讨了当前的国际环境以及什么是弱制度与强治理。这一章提出了界定制度强度与治理强度的相关指标，为评估全球治理各议题的进展提供了路标。同时，这里还重点阐述了弱制度设计产生以及导致强治理结果的外在环境。与权力转移相伴的多元文明兴起以及全球治理模式"去中心化"对既有的强制度构成了挑战，寻求契合当前国际环境的制度类型成为紧迫性议题。正是在这种权力均衡的异质性环境中，弱制度表现出了相对更强的有效性。

第二章阐释了弱制度的设计过程，并将其界定为观念平衡的产物。通过区分同质性与异质性、单一理性利己与复合理性以及单一认同与有限认同，提出了异质性、复合理性利己与有限认同三个假定，并将其作为理论建构的根基。在权力均衡的异质性环境中，背景知识差异导致行为体对互动议题产生了不同认知，各方基于理性和利己考虑都希望依据自身偏好构建国际制度，由此产生了激烈的倡议竞争。在议题压力不断上升的情况下，各方出现了一种需要尽快完成制度建构并展开行动的紧迫性认知，继而尝试通过模糊条款内涵、引入冲突性原则以及避免惩罚性强制等方式兼顾多元偏好，弱制度由此确立。

第三章阐释了弱制度是如何导致强治理的。弱制度凭借相关设计获得了显著的灵活性、适应性和包容性，并由此具备了提供充分利益调适空间等六种能力，这些属性和能力奠定了合作的基础。弱制度通过三项机制促进了强治理的出现：第一，通过承认多元适当性为各方提供了一个模糊的适当性区间，并将判定行为适当性的权利重新赋予了各方。第二，通过相互施压机制推动行为体承担起一定的责任，责任的大小取决于行为体对自身偏好与国际预期的平衡。第三，通过提供额外性激励，如额外声誉等，诱导行为体主动履约。

在上述机制作用下，治理呈现出动态强化的趋势。弱制度通过降低合作的"门槛"确保了治理快速启动，各方得以尽快行动以应对紧迫性问题。随着议题压力增长以及声誉竞争的出现，行为体预期会累积性提升，治理呈现出加速态势。

第四、五、六章分析了全球气候治理进程。第四章对气候治理议题本身、治理制度和治理进展等作出了阐述，包括对气候议题兴起过程及其属性的分析，依据相关制度文件对各制度属性的分析，依据相关指标对治理总体进展的界定。全球气候治理制度体系主要由《联合国气候变化框架公约》《京都议定书》与《巴黎协定》三项文件确立，总体上经历了由弱到强再重新弱化的演变。治理的变化正好相反，在进入"京都时期"后并没有随着强制减排机制的建立显著增强，而是进入了低潮期。随着制度在"后京都时期"重新弱化，各国对治理的参与反而变得更加积极。

第五章通过分析"京都时期"气候制度强化而治理退化的现象，明确了制度强化如何引发了偏好多元的各方对制度本身的抵制。制度强化加剧了发达国家与发展中国家关于责任分配的争论，出现了严重的"集体行动困境"，尤其是美国与日本等伞形国家对发达国家单方面减排严重不满。制度执行主体分裂导致强制减排机制难以运作，激励机制也因其非均衡性而难以诱导各国履约。

第六章通过"后京都时期"制度重新弱化后出现的治理进展，明确了弱制度如何通过兼顾多元偏好调动了各方的治理积极性。自主贡献模式通过模糊责任界定等方式兼顾了各方偏好，相互施压以及对额外声誉的追求促使各国在保证自身利益的情况下积极承担起一定的责任。随着议题压力上升以及大国围绕治理引领者地位展开竞争，气候治理出现了竞相履约的趋势。

第七章基于理论和经验两方面探讨得出结论，并对当前全球治理中的"制度困境"与制度的未来变革展开反思。强制度与弱制度并不存在哪个更好，而是遵循了不同的"制度—合作"逻辑，在特定情境中都是最优设计。在权力均衡的异质性环境中，弱制度的相对有效性更高，通过兼顾多元诉求调动了各方参与治理的积极性，并借助相互施压以及额外性激励等机制产生了一种动态强化的治理进程。基于上述结论，当前的"制度困境"可以被重新界定为构建单一、综合性制度的偏好与该类型制度在多元文明背景下难以产生和运行之间的矛盾。未来的制度变革将主要围绕如何推动那些反映西方偏好的强制度转变为反映多元文明诉求的制度，而弱制度契合了这一变革趋势。最后，本书对中国作为未来制度变革进程中最关键的行为体如何界定自己的角色作出了分析，弱制度为中国将自身偏好纳入国际制度同时有效规避既有强国的抵制提供了可能。

三　学术创新与贡献

本书在下述方面取得了一定进展。首先，提出了一种新的制度研究视角。传统制度研究受"欧洲中心主义偏见"和"强制度偏好"影响，忽视了弱制度问题。这导致了一系列对现代国际关系的错误诊断，并阻碍了对相互依赖和多元主义的理解。系统分析弱制度有助于完善传统观点，强制度与弱制度在推动合作方面并不存在优劣之分，在适合的情境下都能产生强治理。其次，提出了一种沟通全球治理研究与制度理论研究的思路。学术界注意到全球治理与国际制度存在内在联系，全球治理本质上就是通过制度协调全球各方展开的治理，各议题领域构成了制度研究的"实验室"。然而，通过全球治理研究完善制度理论的尝试并不多。通过阐释全球治理各议题领域中频繁出现的现象，有助于完善制度研究的一般性论断。最后，将分析折中主义方法运用到了制度研究当中，即借鉴理性主义和建构主义相关论点对弱制度的形成和作用机制进行阐释。弱制度作为观念平衡的结果是由行为体的偏好差异与权力大致均衡导致的，行为体对弱制度的遵守是"结果性逻辑"与"适当性逻辑"共同作用的结果。

本项研究的学术贡献主要体现在下述三个方面：

首先，明确了当前国际制度研究中存在的主要问题与改进方向。弱制度分析是不同类型制度作用方式研究的一部分，也是制度研究的最新议程。在制度类型问题提出后，学术界日益专注于制度外在形态（如成员等）的讨论，始终未能触及制度本质上的差异。这种表层研究反映了学术界在有意规避一个关键问题——以前将既有制度理论视为适合于所有制度类型的一般性知识正确吗？如果答案是肯定的，为什么会存在那么多无法解释的现象？为什么还要关注制度类型问题呢？如果不是，那他们所适用的制度类型是什么，在其之外又该如何构建新的制度理论？既有理论是通过分析强制度确立的，包括制度建构与作用机制等论断并不适用于弱制度。相反，我们需要依据经验事实建构起相应理论。

其次，为构建非西方国际关系理论提供了具体路径。近些年来，随着非西方新兴国家群体性崛起，西方国际关系理论的局限不断显现，建构非西方国际关系理论的呼声日益高涨，但是在思想"落地"或具体理论建构方面的建树却并不多。其中，注重非西方国家的声音和作用以及多元治理、共存共生思想被国内外学者广泛认同。然而，如何实现共生和多元治理呢？显然，西方国际制度理论所强调的强制度及其体现的一元真理思想是无法做到的。依照一方强制另一方接受自己主张的强制度建构思路，制度在各方实力大致均衡的情况下是不可能出现的，未来由非西方国家改造西方国家的前景也是不符合非西方国家目标的。那么，与共生思想相匹配的国际制度类型到底是什么样的呢？由此，弱制度为非西方国际关系理论的建构提供了一个着力点。

最后，为中国制定参与和引领全球治理制度变革的"中国方案"提供了具体的政策选项。当前全球治理面临的"制度困境"为中国发挥引领作用提供了良好契机，中国在引领制度变革的过程中可以将自身偏好纳入到新制度当中。但是，中国也需要规避既有强国对新制度建构行动的猜忌。通过对多元诉求的兼顾，弱制度为中国提供了对全球治理制度展开渐进性变革的路径。

关键词：全球治理；弱制度；强治理；气候变化；制度困境

Abstract

1. The purpose, significance and methods of the research

The core purpose of this research is to provide a systematic explanation for the phenomenon of weak institutions in international society. The main arguments of traditional international institution research can be summarized as follows: Institutions are intentionally designed by the international society to coordinate actions of all parties, and weak institutions are usually inefficient compared to strong institutions, weak institutions are the result of institution degradation or institutionalization, and preparation for the establishment of strong institutions. So, why there are so many weak institutions that are deliberately designed and executed for a long time in the international society? Why so many global governance issues which are dominated by weak institutions are continuing to advance, while issues dominated by strong institutions are in dilemmas? In other words, why weak institutions lead to strong governance? How they are established and lead to strong governance?

The explanations on the construction and functioning mechanism of weak institutions proposed in this study complement and revise traditional institution theories based on the "strong institution bias". First, the constructing path of institutions with one-way interaction with subjects is revised, and weak institutions are the product of the balance of all parties' ideas in their two-way interactions. In the process of institution construction, actors with different preferences usually propose different institution designs. The institution finally established is the product of the fusion of ideas of all parties. The fusion is not necessarily achieved by the simple compromise of interests, but can also achieved by blurring the connotation and introducing conflicting rules. Second, the assertion that weak institutions will inevitably lead to inefficient governance is revised. Weak institutions can also achieve continuous cooperation and strong governance through the mechanism of actions that fit their own attributes. This view could ultimately provide theoretical support for the unfolding of the "third research agenda" —differences of the functioning mechanisms of various kinds of institutions. Third, research on the continuity of weak institutions complements the existing perspectives on institution evolution. Traditional research focuses on institution's evolution and degradation but ignores its continuity. It is also a theoretical problem worth pondering that how the institution can be continuous under environmental changes.

This research has three practical implications for current global governance. First, there is a tendency to construct weak institutions in various issues, such as climate change, cyber security and humanitarianism. Although academia realizes that weak institutions may have advantages that strong institutions do not have, they lack systematic analysis on how to design weak institutions and what results they will bring. This research can provide reference for the construction of weak institutions in the international society. Second, it provides a direction for the reform of institutions in global governance. The academia generally believes that the current institution of various issues needs to be changed, but their opinions on how to reform are different and lack of theoretical and practical basis. After discarding the inherent prejudice that weak institutions are inevitably inefficient, it can be used as a direction of future institution reform under the background of pluralistic governance. Third, it provides inspiration for emerging countries and weak countries participating in global governance. As these countries become more active in the international society, the traditional institution established by the West is increasingly showing its limitations. The logic of institution replacement embodied in strong institutions can easily lead to conflicts between old and new powers, while weak institutions provide a gradual reform path. Some elements of the old institution are included in the new institution, which reduces the fear of the existing power. At the same time, emerging powers and weak countries have chances to make their voices heard, by incorporating their ideas into the new institution.

When conducting theoretical construction and cases analysis, this research adopts a variety of methods flexibly in order to enhance the argument and ensure the rigorousness of the analysis. The dominant method is two complementary applications of four specific methods. The first is to combine process tracing with counterfactual reasoning, to explain abnormal phenomena while answering habitual phenomena, to ensure that every link in the causal chain is reliable. The second is the combination of historical analysis and explanatory analysis, which clarify the direct causes of related phenomena while find the possible root causes, ensuring the depth of the causal relationship revealed.

2. Main content and important viewpoints

The introduction mainly expounds the research problems and reviews the overall process of traditional international institution research, and points out the "strong institution bias" existing in traditional theory, which has led to neglect of the weak institution for a long time. The relevant arguments based on the analysis of strong institutions have a series of fallacies when applied to weak institutions. With the proposing of issues on institution design and institution types and the advancement of research on soft law and regime complex, the pursuing of a single comprehensive institution has been abandoned, laying a foundation for the analysis of weak institutions. This part also introduces the case design, research ideas and methods.

Chapter 1 discusses the current international environment and what weak institutions and strong governance are. This chapter proposes relevant indicators to define the strength of institution and governance, and provides road maps for assessing progress on various global governance issues. At the same time, it also focuses on expounding the external environment in which weak institutions are designed and its leading to strong governance. The rise of multi-civilizations accompanied by power shift and the "decentralization" of the global governance have posed challenges to the existing strong institutions. It has become an urgent issue to seek institution types that fit the current environment. It is in this heterogeneous environment of balance of power that weak institutions show relatively stronger effectiveness.

Chapter 2 explains the design process of weak institutions, and defines weak institutions as the product of balance of ideas. By distinguishing homogeneity and heterogeneity, single rational egoism and compound rationality, single identity and limited identity, three hypotheses are proposed as the foundation of theoretical construction, which are heterogeneity, compound rational egoism and limited identity. In the heterogeneous environment of balance of power, differences in background knowledge lead actors to have different perceptions to issues. Based on rationality and self-interest, all parties want to build institutions according to their own preferences, resulting in fierce initiatives competition. Under the situation of increasing issue pressure, all parties have a sense of urgency to complete the institution construction and take action as soon as possible, and try to take into account the preferences of different actors by blurring the

connotation of clauses, introducing conflicting rules, and avoiding puni-
tive coercion, thus establishing a weak institution.

Chapter 3 explains how weak institutions lead to strong govern-
ance. Weak institutions have acquired obvious flexibility, adaptability,
and inclusiveness based on relevant designs, and thus have six capabili-
ties, such as providing a wide range of interests adjustment space. These
attributes and capabilities lay the foundation of cooperation. Weak institu-
tions facilitate the emergence of strong governance through three mecha-
nisms: First, by acknowledging multiple appropriateness, it provides an
ambiguous range of appropriateness, and reassigns actors the right to judge
the appropriateness of actions. Second, through the mutual pressuring,
actors are urged to assume certain responsibilities, which depend on the
balance between actors' own preferences and international expectations.
Third, by providing additional incentives, such as additional reputation,
to induce actors to actively perform contracts. Under the guidance of weak
institutions, governance shows a trend of dynamic strengthening. By lower-
ing the "threshold" for cooperation, governance is ensured to start quick-
ly, allowing all parties to act as quickly as possible to address pressing is-
sues. With the growth of issue pressure and the emergence of reputation
competition, the expectations of actors will increase cumulatively, and
governance will accelerate.

Chapters 4, 5, and 6 analyze the process of global climate govern-
ance. Chapter 4 expounds the climate governance issue itself, institution
and governance progress, including the analysis of the rise of climate is-
sues and its related attributes, the analysis of the governance institution
based on relevant institutional documents, and the definition of the overall
governance progress according to relevant indicators. The institution system
of global climate governance is mainly established on the basis of three docu-
ments, *the United Nations Framework Convention on Climate Change*, *the*

Kyoto Protocol and *the Paris Agreement*. On the whole, it has experienced an evolution process from weak to strong and then weakened again. The change in governance is just the opposite. After entering the "Kyoto period", it did not significantly increase with the establishment of the mandatory emission reduction mechanism, but entered a low ebb. As institution weakened again in the "post-Kyoto period", countries' participation instead became more active.

Chapter 5 analyzes the governance dilemma in the process of strengthening the climate governance institution during the "Kyoto Period", and clarifies how the strengthening of the institution led to the resistance of the parties with multiple preferences. Institution strengthening has intensified the debate on the distribution of responsibilities between developed and developing countries, leading to a serious "collective action dilemma". In particular, "umbrella countries" such as the United States and Japan are increasingly dissatisfied with the institution. The split of the institution's executive bodies makes it difficult for the coercive mechanism to operate, and the incentive mechanism is also difficult to induce countries to perform because of its non-equilibrium.

Chapter 6 analyzes the progress of governance after the re-weakening of the institution in the "post-Kyoto period", and clarifies how the weak institution mobilized their enthusiasm for participating in governance by taking into account the preferences of all parties. The intended nationally determined contributions model takes into account the preferences of all parties by means of blurring the definition of responsibilities, thus all parties actively participate in the governance. Countries have actively assumed certain responsibilities while ensuring their own interests. As the issue pressure rises and major powers compete for leadership in governance, there is a tendency for actors to compete for compliance in climate governance.

Chapter 7 draws conclusions based on theoretical and empirical discussions, and reflects on the "institutional dilemma" in current global governance and the future reform of institutions. There is no judgement of good or bad for strong institution and weak institution, they follow different "institution-cooperation" logic, both can be optimal designs in a given situation. In the heterogeneous environment of balance of power, weak institutions have relatively higher effectiveness. They mobilize the enthusiasm of all parties to participate in governance by taking into account multiple demands, and generate a dynamically enhanced governance process through mechanisms such as mutual pressuring and additional incentives. Based on the above conclusions, the current "institutional dilemma" can be redefined as a contradiction between the preference for building a single, comprehensive institution and the difficulty in constructing and operating this type of institution in the context of multi-civilizations. Future institution reform will mainly focus on how to transform those strong institutions that only reflect western preferences into institutions that reflect the demands of diverse civilizations, and weak institutions conform to this trend. Finally, it analyzes how China defines its role as the most critical actor in the process of future institution reform. Weak institutions make it possible for China to incorporate its own preferences into international institutions while effectively avoiding the resistance of existing great powers.

3. Academic innovation and contributions

This research has made following progresses. First, a new institution research perspective is proposed. Traditional research is influenced by "Eurocentrism bias" and "strong institution bias", ignoring weak institutions. This has led to a series of misdiagnoses of modern international relations and hindered the understanding of interdependence and pluralism. Systematic analysis of weak institutions helps to revise existing research. There is no better or worse between strong and weak institutions in promoting cooperation, and both can produce strong governance in suitable situations. Second, it proposes an idea of bridging global governance research and institutional theoretical research. The academia has noticed that global governance and institutions are intrinsically linked. In essence, global governance is to coordinate the governance carried out by all parties around the world through institutions, and various issue areas constitute a "laboratory" for institution research. However, there have been few attempts to improve institution theory through global governance research. It is helpful to improve the general assertion of institution research by illustrating the frequently occurring phenomena in global governance. Third, the method of analytical eclecticism is applied to the study of institutions, that is, the formation and functioning mechanism of weak institutions are explained by using both arguments of rationalism and constructivism. As a result of the balance of ideas, weak institutions are caused by the differences in preferences of actors and roughly balanced power, and the compliance of actors is the result of the combined effect of "consequential logic" and "appropriateness logic".

The academic contributions of this research are mainly reflected in the following three aspects:

First, it clarifies the main problems existing in the current institution research and the direction of improvement. The analysis of weak institutions is part of the research on how different types of institutions function, and it is also the latest agenda of institution research. After the issue of the type of institution was raised, the academia has increasingly focused on discussing the external form of the institution (such as membership, etc.), but has never touched the difference of their nature. These superficial researches reflect academia's deliberate evasion to a key question—is the view correct that established institution theories can be applied to all types of institutions? If the answer is yes, why there are so many unexplained phenomena? Why academia has been paying attention to the types of institution? If not, what types of institutions they are suitable to explain? And how should new institution theories be constructed? Existing theories are established by analyzing strong institutions, and assertions including institution construction and functioning mechanisms are not applicable to weak institutions. Instead, we need to construct corresponding theories based on empirical facts.

Second, it provides a specific path for constructing non-Western international relations theories (IRTs) . In recent years, with the non-Western emerging countries rising as a group, the limitations of Western IRTs are constantly emerging, and the voices of constructing non-Western IRTs are getting louder. However, there are few achievements in the "landing" of ideas or the construction of specific theories. Among them, the opinions of emphasizing the voice and role of non-Western countries and the ideas of pluralistic governance and symbiosis are widely accepted. However, how to achieve symbiosis and pluralistic governance? Obviously, the strong institution emphasized by Western international institution theory and the monistic thought it embodies cannot do this. According to the idea of strong institution construction, one party forces the others to accept its propositions, it is impossible for an institution to emerge with a roughly balanced power of all parties, and the prospect of transforming Western countries by non-Western countries is also inconsistent with the goals of non-Western countries. So, what is the type of international institution that matches the idea of symbiosis? Weak institutions provide a focal point for the construction of non-Western IRTs.

Finally, it provides specific policy options for China to formulate a "China Plan" to participate in and lead the reform of the global governance institution. The current "institutional dilemma" faced by global governance provides a good opportunity for China to play a leading role, and China can incorporate its own preferences into the new institution in the process of leading institution reform. However, China also needs to avoid the suspicions of existing powers about the construction of new institutions. By taking into account multiple demands, the weak institution provides a route for China to gradually reform the global governance institution.

Key Words: Global Governance; Weak Institutions; Strong Governance; Climate Change; Institutional Dilemma

目　　录

Content

图表目录

LIST OF TABLES AND FIGURES

导　　论

　　国际制度指基于条约文本或习惯形成的对行为体行为产生构成、管制以及程序性影响的原则、规则、规范和决策程序等。当前，制度治理作为全球治理的主要形式已经成为国际社会的共识。然而，国际制度的形态多种多样，什么类型的国际制度能够更有效地促进全球治理——特别是改善当前众多议题中不断加剧的治理失灵和治理赤字呢？那些清晰性、内聚性以及强制性较弱的国际制度在推动治理方面的有效性如何？他们促进合作的逻辑与强制度有什么不同吗？学术界对此无论在理论上还是经验上都缺乏足够的思考。本书将在厘清导致这一研究缺失的根源之后，尝试对上述问题作出回答。

　　本章的内容如下，首先简要阐述了为什么需要对弱制度问题展开系统研究及其意义，随后通过系统梳理国际制度研究与全球治理研究，明确了弱制度在既有研究中被忽视的根源以及由此产生的负面影响，通过梳理近期的研究进展确定了分析弱制度的起点。第三部分阐述了本书的研究思路与采用的主要研究方法。最后介绍了案例设计的思路以及各章的内容安排。

一　研究问题

　　国际制度指的是一系列围绕行为体的预期所汇聚到的一个既定国际关系领域而形成的隐含的或者明确的原则、规范、规则和决策程序。① 国际制度的外在形态多样，包括正式和非正式的国际组织以及多边条约等，学术界对其分别作了广泛研究。在本体论层次上，他们共同指向的是相对稳定的一系列与国际体系、体系中的行为体及其活动有关的构成性、管制性和程序性规范、规则（类似语言学中的语法）。② 本体论上的统一构成了各类制度研究对话的基础，如国际组织的相关论断可以适用于多边条约等其他制度形态。③ 本书也将从这种一般意义上展开探讨，关注构成制度的各类原则、规范与规则等要素的特征，从而形成适用于条约、国际组织等各类制度形态的一般性解释。

（一）问题的提出

国际制度在全球治理中扮演关键角色，制度类型和制度设计在很大程度上影响着治理的成效。④ 除了学术界关注的内涵清晰、内聚性以及强制性较高的强制度之外，国际社会中还存在一些表述模糊、内部规则明显冲突并且缺乏约束性的制度，或者说弱制度。就理论而言，这两类制度与治理之间在无政府状态下的国际社会中存在着四种潜在关系（如表0-1所示）。通过对各组关系的不同排列组合，制度与治理构成了三种相互冲突的假设。

---

① John Gerard Ruggie, "International Regimes, Transactions, and Change: Embedded Liberalism in the Postwar Economic Order," *International Organization*, Vol. 36, No. 2, 1982, pp. 379 –415; Stephen Krasner, "Structural Causes and Regime Consequences: Regimes as Intervening Variables," in Stephen Krasner ed. , *International Regimes*, Cornell University Press, 1983, p. 2.

② John Duffield, "What Are International Institutions?" *International Studies Review*, Vol. 9, No. 1, 2007, pp. 1 –22.

③ Barbara Koremenos et al. , "The Rational Design of International Institutions," *International Organization*, Vol. 55, No. 4, 2001, pp. 761 –799; James D. Morrow, "The Institutional Features of the Prisoners of War Treaties," *International Organization*, Vol. 55, No. 4, 2001, pp. 971 –991.

④ Robert O. Keohane, "Governance in a Partially Globalized World 'Presidential Address', 'American Political Science Association, 2000'," *The American Political Science Review*, Vol. 95, No. 1, 2001, pp. 1 –13.

表 0 - 1　　　　　　　　　　　**制度与治理关系的四个维度**

治理 ＼ 制度	强	弱
强	强制度—强治理	强制度—弱治理
弱	弱制度—强治理	弱制度—弱治理

关于制度与治理关系的三种假设：

假设一，基于"强制度—强治理、弱制度—弱治理"两组关系，制度与治理线性正相关，制度越强则治理越强。

假设二，基于"强制度—弱治理、弱制度—强治理"两组关系，制度与治理线性负相关，制度越强则治理越弱。

假设三，基于上述四组关系，制度与治理非线性相关，二者的关系取决于特定的条件范围。

传统研究主要关注"强制度—强治理、弱制度—弱治理"两组关系，并将制度强度与治理强度的线性正相关假设作为核心论断。具体而言，制度内涵越清晰越能够对合法行为作出界定，从而增加行为体行为的确定性。制度内各项规则的兼容程度越高，行为体越可能采取一致的行动。[1] 制度的约束性越强，越能够有效遏制违反制度的行为。相反，弱制度内涵模糊意味着行为体无法获得关于对方的确定性信息。如果国际法存在漏洞或模棱两可的条款，不能明显支持争端任何一方的立场，领土争端将难以通过和平方式解决。[2] 规则冲突性意味着行为体可以借助"逃离条款"（escape clauses）或"择地诉讼"（forum-shifting）逃避责任。缺乏强制性会降低行为体对违约惩罚的恐惧，导致推卸责任的动机增强。在处理具体问题时，

---

[1]　G. Kristin Rosendal, "Impacts of Overlapping International Regimes: The Case of Biodiversity," *Global Governance*, Vol. 7, No. 1, 2001, pp. 95 - 117.

[2]　Paul K. Huth et al., "Does International Law Promote the Peaceful Settlement of International Disputes? Evidence from the Study of Territorial Conflicts since 1945," *American Political Science Review*, Vol. 105, No. 2, 2011, pp. 415 - 436.

弱制度指导下的各方需要重新协调才能采取行动，这通常意味着更高的交易成本和不确定性。弱制度意味着低效和冲突的论断与功能主义结合产生了一个潜在论断——行为体总是热衷于建构强制度。

然而，通过对各议题领域的梳理可以发现制度与治理线性正相关的假设面临着一系列"反常"现象的挑战。弱制度直接由行为体设计产生，并且在相关议题治理中表现出了更强的相对有效性，全球治理中广泛存在着"强制度—弱治理"与"弱制度—强治理"现象。例如，弱制度促使各方积极参与到减排当中，全球气候治理出现了一系列重要进展。相反，许多强制度却面临着严峻的有效性与合法性危机，相关议题治理出现了倒退趋势。经济治理中基于《世界贸易组织协定》与《国际货币基金组织协定》等确立的贸易和金融制度面临严峻挑战，各方要求对相关规则与机构作出变革。① 这些事实共同导致了下述困惑：为什么弱制度会产生强治理？与之相关的一个问题是：如果弱制度是低效的，那它又是如何设计产生的？或者说，人们为什么要设计一个低效的制度呢？二者共同反映的一个深层次问题是：不同类型制度的作用方式存在何种差异？通过对上述问题的回答，我们可以形成对弱制度以及制度与治理关系的系统解释。

（二）研究意义

1. 理论意义

关于弱制度建构和作用机制的解释，有助于补充和修正学术界基于"强制度偏好"建立起来的传统制度理论。首先，修正了有主体的单向互动制度建构理论，弱制度是各方在双向互动中观念平衡的产物。在制度建构过程中，存在偏好差异的各方会提出不同的制度设计方案，最终确立的制度是各方观念相互融合的产物，融合并

---

① Jacqueline Best, *Governing Failure: Provisional Expertise and the Transformation of Global Development Finance*, Cambridge: Cambridge University Press, 2014, pp. 1, 189 – 208.

不必然是利益的简单折中，还可以通过模糊制度内涵、引入冲突性规则等方式实现。其次，修正了弱制度必然导致治理低效的界定。弱制度通过与自身属性契合的作用机制，同样可以实现持续性合作与强治理。这一观点最终可以为"第三项研究议程"——不同类型制度的作用方式差异——的展开提供理论支持。最后，关于弱制度持续性的研究，补充了已有的制度演化视角。传统研究关注制度进化与退化，而忽视了制度的持续性。在环境变化的情况下制度是如何实现持续的，这同样是一个值得深思的理论问题。

2. 现实意义

对于当前的全球治理实践，分析弱制度具有下述现实意义。首先，当前全球治理各议题中涌现出了建构弱制度的趋势，如气候变化、网络安全与人道主义等，学术界虽然意识到弱制度可能具有强制度不具备的优势，但是对于其设计过程以及可能产生的结果缺乏充分的认识，系统分析弱制度能够为全球治理中的制度建构提供借鉴。其次，为全球治理中的制度变革提供思路。学术界普遍认为当前各议题中的制度需要作出变革，然而在如何变革上众说纷纭且缺乏切实的理论和现实依据。通过扭转弱制度必然低效、无序的固有偏见，弱制度可以作为未来多元治理背景下制度变革的方向之一。最后，为新兴国家和弱小国家参与全球治理提供启示。随着新兴国家以及弱小国家在国际社会中日趋活跃，西方主导建立的传统制度日益显现出局限性。① 强制度所体现的制度更替内涵极易导致新旧强国的冲突，而弱制度提供了一种渐进性变革的路径。旧制度的某些内容被包含在新制度当中，减少了既有强国的顾虑；同时，通过将自身观念纳入制度当中，新兴国家和弱小国家获得了表达自身主张的机会。

---

① Andrew F. Cooper and Agata Antkiewicz eds., *Emerging Powers in Global Governance*：*Lessons from the Heiligendamm Process*，Waterloo：Wilfrid Laurier University Press，2008，p. 2.

二 文献回顾

随着新自由制度主义兴起，国际制度迅速成长为国际关系理论研究的核心议题之一。在经历了现实主义与自由主义关于制度是否起作用的长期争论之后，制度研究转向了对制度设计以及制度作用方式的讨论。总体上，传统研究表现出了明显的"强制度偏好"，弱制度长期处于被忽视的地位。制度作为全球治理研究的核心议题，在治理实践的推动下取得了一系列进展。制度复杂性以及软法（soft law）研究等从不同侧面指出，弱制度具有一系列强制度所不具备的优势，因此并不必然导致弱治理。然而，这些研究主要关注弱制度的某个具体要素及其影响，未能对弱制度的建构过程及其作用机制作出系统性阐释。这一部分通过梳理既有研究的进展和局限明确了弱制度分析的起点。

在此需要指出的是，为便于对制度研究总体进程进行把握，本书将关于国际组织、条约/法律、机制、规范等不同制度形态的研究都纳入到文献梳理当中。一方面，这些研究的深层次关注具有一致性，即这些具体制度形态所体现的相关规则是如何促进合作的。尽管国际组织作为官僚机构具有的独立性日益受到重视，制度研究关注的是国际组织遵循的原则、规则。[①] 另一方面，这些研究大多主动归入了制度研究中。亚历山大·温特（Alexander Wendt）等建构主义学者将规范作为制度的一个类属探讨制度的构成性影响。[②]

（一）国际制度研究进程

制度研究有着悠久的历史，最早可以追溯至国际关系学科创立初期对国际联盟的讨论。现实主义兴起后，制度研究进入了低潮并

---

① ［美］迈克尔·巴尼特、玛莎·芬妮莫尔：《为世界定规则：全球政治中的国际组织》，薄燕译，上海人民出版社 2009 年版，第 27 页。

② Alexander Wendt, "Anarchy Is What States Make of It: The Social Construction of Power Politics," *International Organization*, Vol. 46, No. 2, 1992, pp. 391 –425.

主要探讨各国际组织（如联合国）的具体运转过程以及对国际社会的影响等问题，莉莎·马丁（Lisa L. Martin）等学者对这一时期的研究作了系统梳理。① 这里不再赘述早期的研究进程，主要梳理新自由制度主义兴起以后的研究动态，并从中把握研究议程的发展方向。总体上，制度研究议程经历了三次显著变化。

第一阶段，制度是否起作用的争论。肯尼思·华尔兹（Kenneth N. Waltz）等新现实主义学者认为制度是权力的附属物，对行为体的影响依赖于权力结构。② 概言之，制度不具备独立发挥作用的能力。新自由制度主义对此发起了挑战，认为制度的产生和作用源于行为体解决市场失灵的功能性需要，因此他并不依赖于权力并且能够独立地影响行为体，即使在霸主衰落后仍然能够继续存在。③ 进入20世纪80年代，双方围绕无政府状态下制度能否促进合作展开了长期争论。④ 争论一直持续到20世纪90年代中期，并以罗伯特·基欧汉（Robert O. Keohane）和约翰·米尔斯海默（John J. Mearsheimer）的论战为标志达到顶峰。⑤ 争论消耗了大量资源和精力，许多有意义的议题因此被搁置了，包括制度是如何产生的？如何发挥作用的？为什么会存在制度类型差异？

---

① ［美］莉莎·马丁、贝思·西蒙斯：《国际制度的理论与经验研究》，载［美］彼得·卡赞斯坦、罗伯特·基欧汉、斯蒂芬·克拉斯纳《世界政治理论的探索与争鸣》，秦亚青等译，上海人民出版社2006年版，第107—139页。

② ［美］肯尼思·华尔兹：《国际政治理论》，信强译，上海人民出版社2003年版，第277页；［美］约翰·米尔斯海默：《大国政治的悲剧（新一版）》，王义桅等译，上海人民出版社2008年版，第49页。

③ ［美］罗伯特·基欧汉：《霸权之后：世界政治经济中的合作与纷争》，苏长和等译，上海人民出版社2012年版，第57—61页。

④ 此次论战的相关文章参见［美］大卫·A. 鲍德温主编：《新现实主义和新自由主义》，肖欢容译，浙江人民出版社2001年版。

⑤ John J. Mearsheimer, "The False Promise of International Institutions," *International Security*, Vol. 19, No. 3, 1994/1995, pp. 5–49; Robert O. Keohane and Lisa L. Martin, "The Promise of Institutionalist Theory," *International Security*, Vol. 20, No. 1, 1995, pp. 39–51.

第二阶段，制度作用和类型的研究。面对理论研究已经长期停滞而未来又不太可能迅速达成共识的局面，部分学者开始呼吁搁置争论。莉莎·马丁指出，"20 世纪 80 年代以来国际制度研究很大程度上被限定在回应现实主义提出的问题上，忽视了一些重要与有用的研究路径。未来应逐步转向这样的问题，即制度在塑造世界政治中重要行为体的行为上是如何起作用的"①。此后，制度主义与建构主义学者纷纷转向对这一问题的讨论。同时，另一项研究议程——制度类型研究也出现了。早期学者回答了"为什么我们需要国际制度"，但是并未解释"为什么国际制度会多种多样"②。1993 年，约翰·鲁杰（John G. Ruggie）等学者完成的《多边主义》文集指出，"制度主义作了很多有益探索，但是还有很多留待解释的问题。未被阐释的问题是制度所采取的形式，而这的确对制度的作用产生着重要影响"③。2001 年，《国际组织》（*International Organization*）杂志出版辑刊，理性主义者与建构主义者分别对制度设计作出了阐释。④此后，制度类型成为一个学术热点。相关研究将特定类型的制度作为因变量，通过界定成员范围与不确定性等因素阐释其生成机制和过程。

第三阶段，上述两项议程共同推动了"第三项议程"的出现，即不同类型制度促进合作的机制差异。事实上，如果没有这一议程

---

① ［美］莉莎·马丁、贝思·西蒙斯：《国际制度的理论与经验研究》，载［美］彼得·卡赞斯坦、罗伯特·基欧汉、斯蒂芬·克拉斯纳《世界政治理论的探索与争鸣》，秦亚青等译，上海人民出版社 2006 年版，第 120 页。

② 朱杰进、傅菊辉：《全球正义与国际制度设计：以国际刑事法院为例》，《世界经济与政治》2009 年第 2 期。

③ ［美］约翰·鲁杰：《对作为制度的多边主义的剖析》，载［美］约翰·鲁杰《多边主义》，苏长和等译，浙江人民出版社 2003 年版，第 39 页。

④ Barbara Koremenos et al. , "The Rational Design of International Institutions," *International Organization*, Vol. 55, No. 4, 2001, pp. 761 – 799; Alexander Wendt, "Driving with the Rearview Mirror: On the Rational Science of Institutional Design," *International Organization*, Vol. 55, No. 4, 2001, pp. 1019 – 1049.

的补充，前两项议程将不可能真正完成。制度作用研究将制度作为自变量，制度设计研究将制度作为因变量，不同类型制度作用方式的研究意味着制度作为自变量的"回归"。如果没有这一"回归"，制度类型研究的价值将大打折扣；同时，如果仅在一般层次上探讨制度作用而不将其放置于具体制度类型上，相关结论将缺乏现实指导意义。此外，在缺乏"第三项议程"的情况下，前两项议程将共同导致一个"荒谬"结论。学术界普遍认定强制度能更好地促进合作，而制度又是行为体设计的结果。由此产生的推论是：行为体总是倾向于构建强制度，弱制度即使建立也会不断强化，国际社会因此将全部由强制度主导。但是，事实显然并非如此。

（二）"强制度偏好"下的弱制度

通过梳理既有文献可以发现，制度研究中存在明显的"强制度偏好"，即关注那些内涵清晰、兼容性较强且存在明显惩罚机制的制度，将其作为制度建构和理论解释的目标。这一偏好有着深刻的历史文化根源，同时又受到"范式之争"的强化。在此情形下，学术界基于"强制度偏好"对弱制度进行了解释，但是显然并未能对弱制度的出现以及"弱制度—强治理"现象作出合理回答。因此，这些局限构成了思考弱制度设计问题的总体背景。

1. 制度研究的"强制度偏好"

"强制度偏好"主要体现在各理论范式的内在逻辑都指向了强制度。现实主义认为大国为了自身利益构建了作为副产品的集体物品（制度）。[①] 这尤其体现在霸权体系中，霸权国家主导了制度建构。因此，这些强国或霸主为了确保服从必然选择建立能够清晰界定权力等级的制度。制度主义提出，行为体为了降低互动中的不确定性与交易成本而构建制度，制度降低了遵约行为的交易成本，规范的

[①] ［美］肯尼思·华尔兹：《国际政治理论》，信强译，上海人民出版社2003年版，第277页；［美］约翰·米尔斯海默：《大国政治的悲剧（新一版）》，王义桅等译，上海人民出版社2008年版，第49页。

声誉成本改变了行为体的成本—收益认知。① 就他们提出的信息和交易成本等指标而言，强制度无疑更有效。在制度建构问题上，他们又重新求助于霸权稳定论，将大国视为主要的制度提供者。② 建构主义认为规范建构与扩散是一个有主体过程，倡导者扮演核心角色。③ 倡导者通过说服等社会化机制塑造他者认知，从而将个体观念确立为群体观念。④ 总体上，上述范式都是围绕强制度展开的，即存在单一的制度建构者，能够通过各类手段（强制、诱导与社会化）建立明确反映自身偏好的制度，制度建构的结果必然是强制度。

制度研究的"强制度偏好"存在两个生成根源：其一，国际关系理论研究中的"西方（欧洲）中心主义偏见"。⑤ 在"威斯特伐利亚叙事"下，行为体被划分为欧洲与非欧洲国家的二元结构，国际社会扩展被界定为非欧洲国家在达到"文明标准"后融入欧洲的过程，受到鼓舞的政体被社会化并遵守相关规范。⑥ 社会制度主义也认为，世界社会的现代性文化通过由西方国家向他们的依赖者传递国

---

① ［美］罗伯特·基欧汉：《霸权之后：世界政治经济中的合作与纷争》，苏长和等译，上海人民出版社 2012 年版，第 57—61 页；Joseph S. Nye, "Deterrence and Dissuasion in Cyberspace," *International Security*, Vol. 41, No. 3, 2016/2017, pp. 44 – 71.

② ［美］约翰·伊肯伯里：《大战胜利之后：制度、战略约束和战后秩序重建》，门洪华译，北京大学出版社 2008 年版，第 43 页；John Ikenberry and Charles A. Kupchan, "Socialization and Hegemonic Power," *International Organization*, Vol. 44, No. 3, 1990, pp. 283 – 315.

③ Alexandra Gheciu, "Security Institutions as Agents of Socialization? NATO and the 'New Europe'," *International Organization*, Vol. 59, No. 4, 2005, pp. 973 – 1012；［美］玛莎·费丽莫：《国际社会中的国家利益》，袁正清译，浙江人民出版社 2001 年版，第 4 页；秦亚青：《关系与过程：中国国际关系理论的文化建构》，上海人民出版社 2012 年版，第 56 页。

④ Jeffrey T. Checkel, "International Institutions and Socialization in Europe: Introduction and Framework," *International Organization*, Vol. 59, No. 4, 2005, pp. 801 – 826.

⑤ Turan Kayaoglu, "Westphalian Eurocentrism in International Relations Theory," *International Studies Review*, Vol. 12, No. 2, 2010, pp. 193 – 217.

⑥ Hedley Bull and Adam Watson eds., *The Expansion of International Society*, Oxford: Clarendon Press, 1984, pp. 1 – 32.

家模式鼓励主权的传播。① 总之，处于中心地位的西方或强国能够建立严格反映自身偏好和优势的制度，这种历史经验和理论意识最终体现在制度研究当中。其二，"范式之争"进一步推动了"强制度偏好"的出现。坚持范式研究的学者高度依赖简化方式，以便将复杂的社会现象归结为简单的研究问题，以及使用他们喜欢的概念和方法。学者依据与自身形而上理念相关的假定、概念来解释经验事实，出现了为了证明某个理论而不是解释问题本身的倾向。② 自由制度主义在与现实主义展开争论时，通常会选择那些容易被识别并且具有较强约束性的强制度。同时，他们为了保证自己的论断成立，通常会选择那些更契合自身观点的案例。正如相关学者所批判的，从事规范研究的学者偏爱于更容易被改造的发展中国家与中东欧国家作为经验证据。③

2. 关于弱制度的论断

在"强制度偏好"影响下，弱制度在既有制度研究议程中长期处于被忽视的地位。但是，通过对强制度论断的反向推论，可以归纳出学术界关于弱制度的主要观点。这些解释总体上包括以下三个方面。

首先，弱制度存在两种生成方式。其一，强制度退化。现实主义认为，制度演变与权力分配变化有关。罗伯特·吉尔平（Robert Gilpin）指出，"政治变革的前提存在于，现存社会制度与那些在该社会制度变革中受益最大的行为体之中的权力再分配之间的断层处"。④ 戴维·莱克（David A. Lake）提出了"关系性权威"概念，

---

① David Strang, "From Dependency to Sovereignty: An Event History Analysis of Decolonization 1870 – 1987," *American Sociological Review*, Vol. 55, No. 6, 1990, pp. 846 – 860.

② ［美］鲁德拉·希尔、彼得·卡赞斯坦：《超越范式：世界政治研究中的分析折中主义》，秦亚青等译，上海人民出版社2013年版，第7—8页。

③ Andrew P. Cortell and James W. Davis, "When Norms Clash: International Norms, Domestic Practices, and Japan's Internalisation of the GATT/WTO," *Review of International Studies*, Vol. 31, No. 1, 2005, pp. 3 – 25.

④ ［美］罗伯特·吉尔平：《世界政治中的战争与变革》，武军等译，中国人民大学出版社1994年版，第9页。

主导国与附属国的权威等级取决于一种易变的平衡，主导国过度统治与附属国要求更多自主性都可能对权威造成破坏。① 制度主义认为，机制存在生长（growth）、稳定（stability）、衰退（decay）与死亡（death）四个阶段，衰退指有效性和内聚性都出现下降的情形，主要与霸权衰落和行为体增多等因素有关。② 建构主义认为，规范退化源于挑战规范的行为体出现，同时又缺乏有愿意和能力对违反行为施加惩罚的权威。③ 规范修正主义者侵蚀了规范合法性，其他行为体的模仿导致规范退化产生。④ 其二，制度化过程。强规范在制度化以后可能会演变为弱制度，行为体对规范的强认同以及规范结构中其他规范的影响都导致了弱制度出现。⑤ 制度衰落也可能是新规范制度化导致的，雇佣兵的衰落源于国家对国际体系中非国家暴力控制的制度化。⑥

其次，弱制度的有效性比强制度更低。理性主义强调制度的"管制效应"，而弱制度的管制能力显然更弱。制度主要被用来向各方提供信息以缓解集体行动困境，行为体基于避免其他行为体报复

---

① ［美］戴维·莱克：《国际关系中的等级制》，高婉妮译，上海人民出版社 2013 年版，第 7—11 页；David A. Lake, "Rightful Rules: Authority, Order, and the Foundations of Global Governance," *International Studies Quarterly*, Vol. 54, No. 3, 2010, pp. 587 – 613.

② 有效性（effectiveness），成员国运用内含于原则、规范、规则和程序中的路径成功缓和冲突的能力，说服成员利用组织而非单边或双边方案解决争端的能力。内聚性（coherence），各要素（原则规范等）相互补充和支持。Ernst B. Haas, "Regime Decay: Conflict Management and International Organizations, 1945 – 1981," *International Organization*, Vol. 37, No. 2, 1983, pp. 189 – 256.

③ Diana Panke and Ulrich Petersohn, "Why International Norms Disappear Sometimes," *European Journal of International Relations*, Vol. 18, No. 4, 2011, pp. 719 – 742.

④ Ryder McKeown, "Norm Regress: US Revisionism and the Slow Death of the Torture Norm," *International Relations*, Vol 23, No. 1, 2009, pp. 5 – 25.

⑤ Sarah V. Percy, "Mercenaries: Strong Norm, Weak Law," *International Organization*, Vol. 61, No. 2, 2007, pp. 367 – 397.

⑥ Janice E. Thomson, "State Practices, International Norms, and the Decline of Mercenarism," *International Studies Quarterly*, Vol. 34, No. 1, 1990, pp. 23 – 47.

的考虑会选择遵守制度。制度对行为体产生了两种效应，即会合效应（convergence）与分离效应（divergence）。① 另外，建构主义强调"构成效应"。② 这一逻辑尽管摆脱了对强制性的关注，但是在内涵清晰性和规则内聚性等方面却与理性主义者保持一致，即强制度的构成能力要明显高于弱制度。玛莎·芬妮莫尔（Martha Finnemore）曾指出，"在各类规范中，那些清晰和具体的规范与普世性规范更容易传播"③。

最后，弱制度是向强制度发展的一个阶段。④ 制度作为行为体促进合作的一种功能性工具，强制度能够向行为体提供更确切的信息，弱制度往往意味着行为体需要展开重新协调。因此，基于成本—收益上的考虑，行为体必然会积极推动制度强化。相关学者提出，制度发展的初级阶段模糊性的规范发挥作用，后期阶段则是清晰的规则。⑤ 作为一种非典型意义的规范，软法仅仅是国际规范走向硬法的一个阶段，或者说是一种过渡形态。⑥

---

① ［美］莉莎·马丁、贝思·西蒙斯：《国际制度的理论与经验研究》，载［美］彼得·卡赞斯坦、罗伯特·基欧汉、斯蒂芬·克拉斯纳《世界政治理论的探索与争鸣》，秦亚青等译，上海人民出版社 2006 年版，第 130—132 页；L. Botcheva and L. Martin, "Institutional Effects on State Behavior: Convergence and Divergence," *International Studies Quarterly*, Vol. 45, No. 1, 2001, pp. 1 – 26.

② ［美］罗纳德·杰普森、亚历山大·温特、彼得·卡赞斯坦：《规范、认同和国家安全文化》，载［美］彼得·卡赞斯坦《国家安全的文化：世界政治中的规范与认同》，宋伟等译，北京大学出版社 2009 年版，第 55 页。

③ Martha Finnemore and Kathryn Sikkink, "International Norm Dynamics and Political Change," *International Organization*, Vol. 52, No. 4, 1998, pp. 887 – 917.

④ Kenneth W. Abbott and Duncan Snidal, "Hard and Soft Law in International Governance," *International Organization*, Vol. 54, No. 3, 2000, pp. 421 – 456; Nicholas Bayne, "Hard and Soft Law in International Institutions: Complements, Not Alternatives," in Kirton and Trebilcock eds., *Hard Choices*, *Soft Law*: *Voluntary Standards in Global Trade*, *Environment and Social Governance*, Burlington: Ashgate Publishing, 2004, p. 348.

⑤ G. Kristin Rosendal, "Impacts of Overlapping International Regimes: The Case of Biodiversity," *Global Governance*, Vol. 7, No. 1, 2001, pp. 95 – 117.

⑥ Jurgen Friedrich, *International Environmental "Soft Law"*, Berlin Heidelberg: Springer, 2013, pp. 448 – 449.

（三）制度设计/类型与弱制度

21 世纪伊始，制度设计/类型研究兴起了。芭芭拉·凯里迈诺斯（Barbara Koremenos）等学者指出，制度设计差异不是随机的，而是理性和有目的互动的结果。影响设计的因素包括分配（distribution）、执行（enforcement）、数量（number）与不确定性（uncertainty），制度的变化体现在成员（membership）、范围（scope）、集中化（centralization）、控制（control）与灵活性（flexibility）等方面。① 其他影响因素还包括其一，领导权。拥有实力优势的参与者会积极引领和塑造制度设计，使制度安排体现自身偏好。② 其二，设计者属性。国家能够从包括多边主义的广泛组织形式中作出判断，以选择可以组织他们互动关系的基本模式。他们只会在有利于自己设定的目标的情况下，才会倾向于接受多边主义。③ 其三，成员属性。军事联盟设计主要基于可靠性考虑，当存在机会主义时行为体倾向于采纳增强可靠性条款，这更适用于对称性联盟（symmetric alliance）。④ 建构主义承认了制度设计研究的意义，但是认为理性主义解释忽视了观念因素的作用。⑤ 观念因素作为背景知识直接关系到行为体在设计过程中的偏好，这甚至比制度有效性等更能决定最终的选择。国际组织会制定出政治正确和程序上稳定的规则，而不考虑效率或有效性问题。⑥ 此后，相关学者从观念角度展开了一系列讨

① Barbara Koremenos et al., "The Rational Design of International Institutions," *International Organization*, Vol. 55, No. 4, 2001, pp. 761 – 799.

② 陈琪、管传靖：《国际制度设计的领导权分析》，《世界经济与政治》2015 年第 8 期。

③ ［美］利莎·马丁：《理性国家对多边主义的选择》，载［美］约翰·鲁杰《多边主义》，苏长和等译，浙江人民出版社 2003 年版，第 104 页。

④ Michaela Mattes, "Reputation, Symmetry, and Alliance Design," *International Organization*, Vol. 66, No. 4, 2012, pp. 679 – 707.

⑤ Alexander Wendt, "Driving with the Rearview Mirror: On the Rational Science of Institutional Design," *International Organization*, Vol. 55, No. 4, 2001, pp. 1019 – 1049.

⑥ ［美］迈克尔·巴尼特、玛莎·芬妮莫尔：《为世界定规则：全球政治中的国际组织》，薄燕译，上海人民出版社 2009 年版，第 3 页。

论。有学者分析了影响制度设计的规范性因素的具体形态，如既有协议构成的制度性背景（institutional context）等。① 其他学者讨论了规范因素如何影响了制度设计结果，如通过"合法性机制"作用于设计过程等。②

制度设计研究为分析弱制度提供了可能。一些学者甚至专门对灵活性设计的有效性进行了分析，并指出灵活性制度比僵硬性制度更有效。③ 然而，此类研究并未引起足够重视，未能将灵活性这一具体特征扩展为对制度类型的研究。"强制度偏好"促使人们从主观上排除了对弱制度的探索，国际制度被界定为行为体之间协商谈判的明确（explicit）安排，规定、禁止和/或授权行为，将模糊的指导原则（implicit guidelines）排除在外。④ 他们的理由是，"这有助于分析家以清晰与可再现的方式区分遵约与不遵约"⑤。单一标准提供了一个衡量杠杆，解决了设立标准存在的分配问题和偏好不确定问题。⑥同时，学术界采取的主要是一种溯源式研究路径，即关注制度是如何成为当前形态的。这意味着只有学者关注的那些制度形态才能够被详细分析，"强制度偏好"的负面影响因此被进一步放大了。相关

---

① Mark S. Copelovitch and Tonya L. Putnam, "Design in Context: Existing International Agreements and New Cooperation," *International Organization*, Vol. 68, No. 2, 2014, pp. 471 – 493.

② 朱杰进：《国际制度设计中的规范与理性》，《国际观察》2008 年第 4 期；朱杰进、博菊辉：《全球正义与国际制度设计：以国际刑事法院为例》，《世界经济与政治》2009 年第 2 期。

③ David H. Bearce et al. , "Does Institutional Design Matter? A Study of Trade Effectiveness and PTA Flexibility/Rigidity," *International Studies Quarterly*, Vol. 60, No. 2, 2016, pp. 307 – 316.

④ Barbara Koremenos et al. , "The Rational Design of International Institutions," *International Organization*, Vol. 55, No. 4, 2001, pp. 761 – 799.

⑤ 罗纳德・B. 米切尔：《机制设计事关重大：故意排放油污染与条约遵守》，载莉萨・马丁、贝思・西蒙斯编《国际制度》，黄仁伟等译，上海人民出版社 2018 年版，第 109 页。

⑥ James D. Morrow, "The Institutional Features of the Prisoners of War Treaties," *International Organization*, Vol. 55, No. 4, 2001, pp. 971 – 991.

学者仅仅将内涵清晰的制度作为研究对象，所确立的必然只是关于强制度设计的解释，这很快便遭到了批判。约翰·多菲尔德（John Duffield）指出，理性主义将模糊性制度排除在外的界定过于狭隘，不但因变量中忽视了软法等，自变量也忽视了权力、利益、观念与既有制度等。[①]

在"强制度偏好"影响下，弱制度产生强治理的潜在可能乃至弱制度设计本身等始终未能引起重视。建构主义关注更具抽象意义的规范性因素，规范性因素的模糊性与构成性特征为开启弱制度研究提供了可能。但是，在理论兴起阶段，建构主义学者为保证理论建构的成功转而求助于更能确证自身逻辑的强制度。然而，正如彼得·哈斯（Peter M. Haas）指出的，国际关系中很多制度缺乏建构主义所期望的那些能转变国家信念和实践的属性。[②] 理论指引实践，只有当理论与实践发生冲突并导致对理论的重新反思时，理论进步才会出现。最终，弱制度研究在全球治理议题中取得了一系列意料之外的进展。

（四）全球治理研究中的弱制度

全球治理包含治理主体、治理对象与治理方式三个核心要素，本质上是各行为体通过规则与规范等制度性工具或路径对全球性问题的治理。基于经验上的发现，全球治理研究逐渐破除了对单一、综合性制度的迷信，弱制度成为重要关注对象，尤其是出现了机制复合体与软法两项研究议程。相关研究发现，弱制度相对于强制度具有一系列优势，因此并不必然是低效的。他们为分析弱制度提供了有益思路，但是依然存在明显局限。在对弱制度缺乏清晰完整界定的情况下，他们未能对弱制度的设计过程和作用机制作出系统

---

① John Duffield, "The Limits of Rational Design," *International Organization*, Vol. 57, No. 2, 2003, pp. 411 – 428.

② Peter M. Haas, "UN Conferences and Constructivist Governance of the Environment," *Global Governance*, Vol. 8, No. 1, 2002, pp. 73 – 91.

解释。

1. 弱制度研究的出现

在全球治理兴起初期，学术界主要围绕什么是以及为什么要开展全球治理等问题展开了激烈争论。① 自由主义强调，国际社会已经发生根本性转变，处于新本体论中心的是全球化力量和本土化力量的互动以及一体化趋势和碎片化趋势的叠加。② 现实主义则认为，国家没有发生功能上的改变，当前的主要特质不是经济相互依存增加而是不平等增强。全球化和全球治理并没有改变国际政治的本质，全球治理是一个乌托邦式幻想。③ 争论的结果是国家与权力的作用被有限度接受了，国家保留了一些功能，但是在部分全球化的世界中有效治理需要更多的国际制度。④ 制度在全球治理中的地位因此得到进一步确认，学术界的主要精力转向分析全球治理在具体议题中的反映，治理议题出现了快速扩展，如网络治理、气候治理、能源治理以及粮食安全治理等。

在治理领域持续扩展的同时，学术界也开始对各议题中的制度有效性展开了评估，不但提出了评估方法，还注意到制度设计的特征和要素对制度有效性的影响。⑤ 此后，制度有效性研究的焦点逐渐由制度是否产生影响转向哪种制度具有更大的影响以及为什

---

① ［美］詹姆斯·罗西瑙主编：《没有政府的治理》，张胜军等译，江西人民出版社 2001 年版，第 2 页。

② ［美］詹姆斯·N. 罗西瑙：《面向本体论的全球治理》，载俞可平主编《全球化：全球治理》，社会科学文献出版社 2003 年版，第 61 页。

③ Kenneth N. Waltz, "Globalization and Governance," *Political Science and Politics*, Vol. 32, No. 4, 1999, pp. 693 – 700.

④ Robert O. Keohane, "Governance in a Partially Globalized World 'Presidential Address', 'American Political Science Association, 2000'," *The American Political Science Review*, Vol. 95, No. 1, 2001, pp. 1 – 13.

⑤ Arild Underdal and Oran R. Young eds., *Regime Consequences: Methodological Challenges and Research Strategies*, Dordrecht: Kluwer Academic Publishers, 2004; Arild Underdal, "The Concept of Regime 'Effectiveness'," *Cooperation and Conflict*, Vol. 27, No. 3, 1992, pp. 227 – 240.

么会如此。① 奥兰·杨（Oran R. Young）呼吁，将研究由机制是否重要转向寻找哪些因素决定了机制的有效性，并采用定量方法界定了一系列影响因素。② 学术界随即从不同视角展开了分析：一方面，权力分配这一"外部"因素再度引起广泛关注。相关学者认为，正是制度的创建与改革滞后于全球权力的转移与流散导致了效力不高等痼疾。③ 另一方面，制度复杂性与软法研究等强调的制度"内部"因素成为新的关注焦点。这一视角开启了弱制度研究进程，并对"弱制度—强治理"关系作出了初步性解释。

2. 制度复杂性研究

制度复杂性问题在全球治理兴起初期便已经受到关注。奥兰·杨指出，当不同规制彼此加强时，规制联系不但有益，还有助于各自目标的实现，但是规制间互相干预也不可避免。他提出了四种制度联系类型，嵌入式（embedded）、嵌套式（nested）、集群式（clustered）与重叠式（overlapping）。④ 后续学者针对机制重叠展开了专门阐释，基于规范、规则的兼容（compatible）与冲突（diverging）展开分类，指出重叠既可能导致协同也可能导致冲突。⑤ 2004年，卡尔·劳斯提拉（Kal Raustiala）等提出了"机制复合体"（re-

① Ronald B. Mitchell, "Problem Structure, Institutional Design, and the Relative Effectiveness of International Environmental Agreements," *Global Environmental Politics*, Vol. 6, No. 3, 2006, pp. 72 – 89.

② Helmut Breitmeier et al., "The Effectiveness of International Environmental Regimes: Comparing and Contrasting Findings from Quantitative Research," *International Studies Review*, Vol. 13, No. 4, 2011, pp. 579 – 605.

③ ［德］托马斯·菲斯：《超越八国集团的全球治理：高峰会议机制的改革前景》，《世界经济与政治》2007 年第 9 期；秦亚青：《全球治理失灵与秩序理念的重建》，《世界经济与政治》2013 年第 4 期。

④ ［美］奥兰·扬：《全球治理：迈向一种分权的世界秩序的理论》，载俞可平《全球化：全球治理》，社会科学文献出版社 2003 年版，第 78 页；Oran R. Young, "Institutional Linkages in International Society: Polar Perspectives," *Global Governance*, Vol. 2, No. 1, 1996, pp. 1 – 24.

⑤ G. Kristin Rosendal, "Impacts of Overlapping International Regimes: The Case of Biodiversity," *Global Governance*, Vol. 7, No. 1, 2001, pp. 95 – 117.

gime complex）界定，即一系列部分重叠和非等级制度管理一个特定
议题领域。[1] 2009 年，《政治视角》期刊（*Perspectives on Politics*）组
织了一次专题研究，与此前主要关注复杂性的生成根源不同，他们
系统阐释了制度复杂性的影响，提出了其改变行为体战略和动机的
五种路径——政治活动向机制执行阶段转变，棋盘政治爆发，有限
理性复兴，小集团环境增加以及反馈效应的出现，如竞争、无意的
反响以及责任和忠诚的变化。[2] 各篇文章得出了不同结论，即复杂性
既可能增强强国也可能增强弱国，既可能促进也可能阻碍合作。此
后，制度复杂性研究广泛兴起。罗伯特·基欧汉重新阐释了机制复
合体出现的原因并界定了三个影响因素。[3] 其他学者通过将规范、原
则与机制丛集界定为"治理结构"（governance architecture），提出了
治理"碎片化"问题，并对其类型和程度展开了分析。[4] 2013 年，
《全球治理》期刊（*Global Governance*）再次展开集中讨论，旨在提

①　Kal Raustiala and David G. Victor, "The Regime Complex for Plant Genetic Re-
sources," *International Organization*, Vol. 58, No. 2, 2004, pp. 277 – 309.

②　Karen J. Alter and Sophie Meunier, "The Politics of International Regime Complexi-
ty," *Perspectives on Politics*, Vol. 7, No. 1, 2009, pp. 13 – 24; Christina L. Davis, "Overlap-
ping Institutions in Trade Policy," *Perspectives on Politics*, Vol. 7, No. 1, 2009, pp. 25 – 31;
Laurence R. Helfer, "Regime Shifting in the International Intellectual Property System," *Per-
spectives on Politics*, Vol. 7, No. 1, 2009, pp. 39 – 44; Stephanie C. Hofmann, "Overlap-
ping Institutions in the Realm of International Security: The Case of NATO and ESDP," *Per-
spectives on Politics*, Vol. 7, No. 1, 2009, pp. 45 – 52; Judith Kelley, "The More the Merri-
er? The Effects of Having Multiple International Election Monitoring Organizations," *Perspec-
tives on Politics*, Vol. 7, No. 1, 2009, pp. 59 – 64; Daniel W. Drezner, "The Power and
Peril of International Regime Complexity," *Perspectives on Politics*, Vol. 7, No. 1, 2009,
pp. 65 – 70.

③　Robert O. Keohane and David G. Victor, "The Regime Complex for Climate
Change," *Perspectives on Politics*, Vol. 9, No. 1, 2011, pp. 7 – 23.

④　Frank Biermann et al., "The Fragmentation of Global Governance Architectures: A
Framework for Analysis," *Global Environmental Politics*, Vol. 9, No. 4, 2009, pp. 14 – 40;
Fariborz Zelli and Harro van Asselt, "The Institutional Fragmentation of Global Environmental
Governance: Causes, Consequences, and Responses," *Global Environmental Politics*,
Vol. 13, No. 3, 2013, pp. 1 – 13.

升对机制复合体属性、影响等问题的理解。[①] 阿芒迪娜·奥尔西尼（Amandine Orsini）等提出了更精确的复合体定义及其特征、对全球治理的影响等，其促进还是阻碍合作主要取决于复合体的类型，并依据集中性、密度等进行了界定。[②] 辑刊中部分学者指出，规则重叠会导致不确定性，成为跨国冲突的根源，各机制要素将行为体推向了不同方向。[③] 然而，其他学者则论证了制度复合体促进合作的情形。

　　制度复杂性研究破除了对单一、综合性制度的迷信。在现代世界政治内在的结构和利益多样性条件下更倾向于产生复杂性制度，它相较于单一普遍性条约能产生更大影响。[④] 制度复杂性可以促进合作和治理这一发现为反思弱制度提供了重要启示。但是，相关研究也存在明显局限，尤其是不同要素性机制（elemental regime）间的复杂性与机制内不同规则间的复杂性很大程度上被混用了。多数学

---

① Amandine Orsini et al. ，"Regime Complexes：A Buzz, a Boom, or a Boost for Global Governance？" *Global Governance*，Vol. 19，2013，pp. 27 – 39；Jean-Frédéric Morin and Amandine Orsini，"Regime Complexity and Policy Coherency：Introducing a Co-adjustments Model，" *Global Governance*，Vol. 19，2013，pp. 41 – 51；Matias E. Margulis，"The Regime Complex for Food Security：Implications for the Global Hunger Challenge，" *Global Governance*，Vol. 19，2013，pp. 53 – 67；Alexander Betts，"Regime Complexity and International Organizations：UNHCR as a Challenged Institution，" *Global Governance*，Vol. 19，2013，pp. 69 – 81；Michael J. Struett et al. ，"Navigating the Maritime Piracy Regime Complex，" *Global Governance*，Vol. 19，2013，pp. 93 – 104；Thomas Gehring and Benjamin Faude，"The Dynamics of Regime Complexes：Microfoundations and Systemic Effects，" *Global Governance*，Vol. 19，2013，pp. 119 – 130.

② Amandine Orsini et al. ，"Regime Complexes：A Buzz, a Boom, or a Boost for Global Governance？" *Global Governance*，Vol. 19，2013，pp. 27 – 39.

③ Matias E. Margulis，"The Regime Complex for Food Security：Implications for the Global Hunger Challenge，" *Global Governance*，Vol. 19，2013，pp. 53 – 67；Michael J. Struett et al. ，"Navigating the Maritime Piracy Regime Complex，" *Global Governance*，Vol. 19，2013，pp. 93 – 104.

④ Robert O. Keohane and David G. Victor，"The Regime Complex for Climate Change，" *Perspectives on Politics*，Vol. 9，No. 1，2011，pp. 7 – 23.

者倾向于第一种界定，但是也有学者（如奥兰·杨等）关注后者。①
因此，制度内碎片化和制度外碎片化的提出就不足为怪了。② 这一区
分直接影响到对另一个问题的回答，即制度复杂性的影响是"内部
性"的还是"外部性"的。机制有效性受到与其他机制关系的影响
是一种"外部性"解释，机制内各规则相互作用影响机制整体效用
则是一种"内部性"解释。事实上，"外部性"影响最终通过制度建
构过程与"内部性"影响实现了统一。既有制度间的关系会影响新
制度建构，并反映在新制度内的各规则上。③ 总体上，制度复杂性研
究为分析弱制度提供了思路，而对规则冲突的界定成为推进该研究
的关键。

3. 软法研究

软法是随着全球化与全球议题出现而兴起的，根源在于传统硬
法无法满足由全球议题涌现引发的规则需求。最初，软法研究主要
存在于国际法领域，《世界人权宣言》被视为软法的开端。④ 2000
年，《国际组织》期刊发起了关于"法律化与世界政治"的讨论，
软法与硬法随即引起了国际关系学者的广泛关注。⑤ 学术界对软法提
出了众多界定，其中非约束性和内涵模糊性是被普遍接受的两个界

① ［美］奥兰·扬：《全球治理：迈向一种分权的世界秩序的理论》，载俞可平
《全球化：全球治理》，社会科学文献出版社 2003 年版，第 72—73 页。

② 李慧明：《全球气候治理制度碎片化时代的国际领导及中国的战略选择》，《当
代亚太》2015 年第 4 期。

③ Kal Raustiala and David G. Victor, "The Regime Complex for Plant Genetic Re-
sources," *International Organization*, Vol. 58, No. 2, 2004, pp. 277 – 309.

④ 何志鹏：《作为软法的〈世界人权宣言〉的规范理性》，《现代法学》2018 年
第 5 期。

⑤ Kenneth W. Abbott et al., "The Concept of Legalization," *International Organiza-
tion*, Vol. 54, No. 3, 2000, pp. 401 – 419; Kenneth W. Abbott and Duncan Snidal, "Hard
and Soft Law in International Governance," *International Organization*, Vol. 54, No. 3,
2000, pp. 421 – 456; Judith Goldstein et al., "Introduction: Legalization and World Poli-
tics," *International Organization*, Vol. 54, No. 3, 2000, pp. 385 – 399; Miles Kahler,
"Conclusion: The Causes and Consequences of Legalization," *International Organization*,
Vol. 54, No. 3, 2000, pp. 661 – 683.

定要素。由国家共同制定的法律乃硬法，非国家行为体制定的则是软法。[①] 一种更广泛的界定是，无法产生可以执行的权利和义务，但又可以产生一定的法律效果。艾伦·波义耳（Alan E. Boyle）界定了软法的三个特征：不具有约束力或拘束力，不是明确而详尽的规则，不试图通过具有拘束力的争端解决机制去解决问题。[②] 软法与条约和习惯法等硬法不同，在形式上具有非正式性，如决议、宣言与声明等不具法律约束力的协议。[③] 软法为解释"弱制度—强治理"现象提供了另一种思路，即内涵模糊性和非约束性并不必然导致制度无效。但是，既有研究并未能对软法与强治理之间的因果关系机制作出明确界定。

软法研究的一项重要发现是，软法存在一系列独特优势。[④] 目前，学术界已经普遍意识到，形式上的"软"并不意味着实效性的"软"，即强制性不足并不一定影响有效性。软法不但能够弥补硬法存在的局限，还具有不同于硬法的作用机制，能够在硬法无法发挥作用的情境中产生有效的治理进展。雄心勃勃的软法制度能够增强那些基于硬法的制度，将其转化或纳入硬法制度将有力地促进软法规范实施。[⑤] 软法作为一种规范生成机制，能够通过成为国内立法促进国家对新规范的内化。[⑥] 此外，硬法由于需要更深入的谈判和细致

---

① M. Byers, *The Role of Law in International Politics*, Oxford: Oxford University Press, 2000, p. 337；徐崇利：《全球治理与跨国法律体系：硬法与软法的"中心—外围"之构造》，《国外理论动态》2013 年第 8 期。

② Alan E. Boyle, "Some Reflections on the Relationship of Treaties and Soft Law," *The International and Comparative Law Quarterly*, Vol. 48, No. 4, 1999, pp. 901 – 913.

③ 陈海明：《国际软法论纲》，《学习与探索》2018 年第 11 期。

④ Kenneth W. Abbott and Duncan Snidal, "Hard and Soft Law in International Governance," *International Organization*, Vol. 54, No. 3, 2000, pp. 421 – 456.

⑤ Jon Birger Skjarseth et al. , "Soft Law, Hard Law, and Effective Implementation of International Environmental Norms," *Global Environmental Politics*, Vol. 6, No. 3, 2006, pp. 104 – 120.

⑥ Phil Orchard, "Protection of Internally Displaced Persons: Soft Law as a Norm-Generating Mechanism," *Review of International Studies*, Vol. 36, No. 2, 2010, pp. 281 – 303.

的准备过程，生效进程缓慢且易使各国纠缠在谈判中，从而失去在软法阶段已然达成的目标。① 软法可以起到暂时破除僵局、协商妥协或稀释争议的作用。②

4. 制度设计研究

除了上述两项研究以外，全球治理研究还探讨了制度设计问题，即如何进行制度设计以更有效地开展治理。尤其是在国际环境出现明显转变的情况下，制度设计成为全球治理研究的核心问题之一。一些学者指出，设计有效的制度需要考虑进入和参与程序、决策规则等六个具体因素。③ 罗伯特·基欧汉也提出，如何进行制度设计以应对全球化导致的规模和多样性空前的政治现实？并从不同理论中总结出了一系列影响制度设计的因素，如先行者特权等。④ 建构主义学者强调观念因素在全球治理的制度设计中的作用。⑤ 总体上，相关研究表现为制度设计论断在全球治理中的具体运用，分析重点仍然是成员范围等制度的外在形式，制度复杂性和软法等研究进展并未被充分纳入进来。为数不多的尝试也只是笼统指出，机制复合体并非自发产生的，反映的是利益驱动的行为体所坚持的规范和信念体系。⑥ 罗伯特·基欧汉对机制复合体设计进行了分析，提出了三个影

① Jon Birger Skjarseth et al. , "Soft Law, Hard Law, and Effective Implementation of International Environmental Norms," *Global Environmental Politics*, Vol. 6, No. 3, 2006, pp. 104 – 120.

② Armin Schafer, "Resolving Deadlock: Why International Organizations Introduce Soft Law," *European Law Journal*, Vol. 12, No. 2, 2006, pp. 194 – 208.

③ Jorgen Wettestad, "Designing Effective Environmental Regimes: The Conditional Keys," *Global Governance*, Vol. 7, 2001, pp. 317 – 341.

④ Robert O. Keohane, "Governance in a Partially Globalized World 'Presidential Address', 'American Political Science Association, 2000'," *The American Political Science Review*, Vol. 95, No. 1, 2001, pp. 1 – 13.

⑤ Simon Caney, "Cosmopolitan Justice and Institutional Design: An Egalitarian Liberal Conception of Global Governance," *Social Theory and Practice*, Vol. 32, No. 4, 2006, pp. 735 – 737.

⑥ Amandine Orsini et al. , "Regime Complexes: A Buzz, a Boom, or a Boost for Global Governance?" *Global Governance*, Vol. 19, 2013, pp. 27 – 39.

响因素，即利益分配、联系的收益和对不确定性的管理。①

（五）总体进展与局限

随着制度类型问题日益受到关注尤其是软法与制度复杂性研究的展开，学术界逐渐破除了对制度强度与治理强度线性正相关假设的迷信。尤其是学术界普遍注意到弱制度具有强制度所不具有的一些优势，更适合于当前异常复杂的国际社会，并且弱制度并不必然是低效率的。上述发现为系统分析弱制度奠定了基础，一系列新的研究问题被提出。尤其是越来越多的学者将注意力转向具体分析，哪种制度设计更有效？特定类型制度在什么条件下更有效？例如，一些学者对制度的精确性进行了深入分析。② 然而，在取得上述突破的同时，当前研究依然存在着明显局限，具体体现在下述三个方面。

首先，关注特定的制度要素，忽视了对制度整体形态的讨论。由于对弱制度缺乏清晰与全面的界定，当前的研究主要围绕制度的各要素分别展开讨论。有学者指出，构成机制复合体的要素性机制必须是清晰界定的。③ 软法研究主要关注概念的模糊性以及非约束性等特征。事实上，这种针对制度某一特征的分析不可能得出关于制度整体有效性的结论。同时，这种分析方法导致制度研究呈现出了碎片化特征，制度构成因素的丰富性意味着这类分析永远不可能完成，这本质上与肯尼思·华尔兹对还原主义的批判一致。④ 依照这一

---

① Robert O. Keohane and David G. Victor, "The Regime Complex for Climate Change," *Perspectives on Politics*, Vol. 9, No. 1, 2011, pp. 7 – 23.

② Lisbeth Zimmermann, "More for Less: The Interactive Translation of Global Norms in Postconflict Guatemala," *International Studies Quarterly*, Vol. 61, No. 4, 2017, pp. 774 – 785.

③ Amandine Orsini et al., "Regime Complexes: A Buzz, a Boom, or a Boost for Global Governance?" *Global Governance*, Vol. 19, 2013, pp. 27 – 39.

④ 还原法就是通过研究部分来理解整体。从行为体内部出发解释行为体的行为，指定的原因可能会发挥作用，但其他原因也许会干扰甚至压倒他们。由于内部因素无法穷尽，因此不可能得出确定性因果论断。［美］肯尼思·华尔兹：《国际政治理论》，信强译，上海人民出版社2003年版，第25—26页。

路径，学术界不可能就弱制度如何促进合作以及产生不同治理结果形成系统论述。

其次，主要证明了弱制度相关设计的属性和优势，未能进一步分析其如何导致了不同治理进展。这既涉及弱制度运作机制问题，也涉及运作环境问题。软法具有硬法不具备的优势，但是也因为内涵模糊为推卸责任提供了空间，加剧了强权政治的风险。① 因此，一个关键问题是软法在什么情况下能够产生强治理？正如有关学者呼吁的，如果软法研究能够转向软法对具体问题的解决以及对行为体行为的影响等问题，而不是聚焦于软法与硬法的区分，那么，这将更具有积极意义。② 然而，当前学术界对此尚未作出充分回答。

最后，各项议程之间借鉴有限。制度复杂性与软法等研究为完善制度设计研究提供了机遇，分析制度内容上的差异显然具有重要价值。外部形态类似的制度有很多，但是有效性却千差万别。强制度并不一定带来强合作，行为有效性还依赖于执行机制的设计等因素。③ 然而，这些进展并未被纳入制度设计当中，根源在于"强制度偏好"并未完全消除。在强制度更有效的固有思维下，制度设计就是建构强制度。制度设计或许能够对兼容型制度复杂性加以解释，但是很难解释导致不合作的冲突型制度复杂性，即为什么要设计一个存在内在冲突的制度呢？制度设计研究将制度复杂性纳入议程将面临自我否定的局面。一个根本性问题再次被提了出来，弱制度必然导致弱治理吗？本书将借鉴相关研究进展对这一问题展开反思，为突破上述理论发展困局提供思路。

---

① 何志鹏、尚杰：《国际软法的效力、局限及完善》，《甘肃社会科学》2015 年第 2 期。

② Thomas A. Mensah, "Soft Law: A Fresh Look at an Old Mechanism," *Environmental Policy and Law*, Vol. 38, No. 1/2, 2008, p. 54.

③ Daniel C. Matisoff, "Are International Environmental Agreements Enforceable? Implications for Institutional Design," *Int Environ Agreements*, Vol. 10, 2010, pp. 165–186.

（六）研究起点

通过对国际制度以及全球治理研究进程的梳理，这里明确了弱制度研究长期被忽视的根源，以及它对推进制度研究"第三项议程"的重要价值。软法与制度复杂性等研究的相关发现为分析弱制度提供了良好开端，本书在汲取相关研究进展与不足的基础上着重从下述方面展开探索。

首先，借鉴相关研究对弱制度与强治理作出系统界定。制度复杂性研究关注制度内各项规则的兼容性，软法研究关注规则的清晰性与约束性等，它们为界定弱制度提供了一系列分析工具。关于强治理，本书吸取既有研究基于制度功能与治理结果展开静态评估的教训，采用一种历史分析方法对弱制度的有效性展开客观评估，基于相关指标明确各议题的治理态势。在此基础上进一步明确，议题治理在弱制度作用下呈现出明显改观还是恶化。

其次，提出对弱制度设计过程的解释。制度设计研究为分析弱制度建构提供了思路，但是关于弱制度设计的众多问题始终未得到回答。制度设计涉及由谁设计、如何设计、行为体存在不同的设计偏好、那么各方是如何互动的等问题的同时，既然行为体的偏好、行为以及行为的影响都是不确定的，那么行为体又如何能够确定（权力等）分配对制度设计的影响呢？

最后，对弱制度的作用方式作出界定。制度复杂性与软法研究从不同角度指出，弱制度并不必然意味着低效率，并且相对于强制度存在独特的优势。但是，由于对弱制度的界定缺乏全面性，他们未能提出对"弱制度—强治理"现象的系统解释。本书在重新界定弱制度的基础上，通过借鉴相关论点对其作用方式进行了阐释。弱制度具有哪些独特属性？这些属性赋予了弱制度哪些促进合作的能力？弱制度如何促进行为体积极参与治理？当前研究主要回答了"制度在何种条件下有效"，通过弱制度分析提出的不同类型制度作用方式差异将推动未来研究转向"在特定环境下何种类型的制度更有效"。

三　研究思路与方法

（一）研究思路

本书探讨的核心问题是：弱制度是如何设计产生的？弱制度是如何促进合作并导致强治理的？在此之前，我们必须对弱制度与强治理进行界定。如前文所述，国际制度被界定为基于条约文本或习惯形成的对行为体行为产生构成、管制以及程序性影响的原则、规则、规范和决策程序等。尽管存在正式和非正式的国际组织、多边条约等多种形态，它们在本体论上是统一的。通过借鉴软法与制度复杂性等研究，弱制度可以被界定为内涵模糊、内聚性较低、非约束性的规范或规则体系。强治理指制度在治理进程中促进议题呈现出不断改善的趋势，是一种相对有效性，并不意味着议题已然实现了良好治理。

本书采纳了制度与治理非线性相关的假设，弱制度的产生及其引发的强治理结果主要受到两方面因素的影响。（如图 0 - 1 所示）

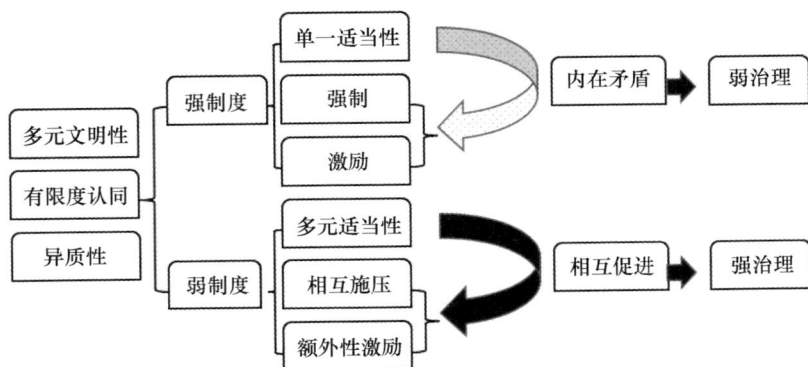

图 0 - 1　研究思路图

其一，外在环境。国际环境作为制度运作的外部条件，单元属性与权力结构构成了两个界定要素。结构现实主义假定单元为同质性的"弹珠",进而强调权力结构的作用。这种简化存在明显局限,放宽单元假定反而更有助于准确理解现实。① 价值观冲突和实力不平等构成了国际政治生活中的两个核心事实。② 行为体异质性的假定强调各方存在文明、发展程度以及地缘等差异,虽然存在相对同质的地区,社会化也会导致一定程度的趋同,但是异质性总是不可避免。③ 异质性赋予行为体不同的认知偏好或框定利益方式,从而形成对同一事物的不同认知;行为体对议题产生不同程度的敏感性,在那些被认为涉及重要利益的议题中表现出维护和扩展偏好的强烈意愿。异质性的影响受到第二个环境要素——权力结构的制约。在权力不对称(霸权)环境下,异质性影响有限,尽管敏感议题中的控制成本较高,享有权力优势的一方仍能够通过强制等手段单向扩展偏好。④ 在权力均衡状态下,异质性的影响获得释放,治理出现多元偏好并存的局面。在各方都高度敏感的议题中,一方基于自身偏好的说教会面临对方类似行动的回敬,互动呈现出双向性——争论的逻辑(logic of arguing)。⑤

其二,弱制度促进合作的独特逻辑。强制度通过下述三项机制促进合作:强制,即强制程序在中心国家(或集团)支持下惩罚违约行为。其运转依赖两个前提:一是权力不对称或大国一致,主导国或大国集团作为制度执行力量。二是施加强制的依据是明确的,能够对违约进行甄别。选择性激励,即中心国家(或集团)通过提

---

① [加]诺林·里普斯曼、杰弗里·托利弗、斯蒂芬·洛贝尔:《新古典现实主义国际政治理论》,刘丰等译,上海人民出版社 2017 年版,第 18—27 页。

② [英]安德鲁·赫里尔:《全球秩序与全球治理》,林曦译,中国人民大学出版社 2018 年版,第 10 页。

③ Duncan Snidal, "The Politics of Scope: Endogenous Actors, Heterogeneity and Institutions," *Journal of Theoretical Politics*, Vol. 6, No. 4, 2014, pp. 449 – 472.

④ Jeffrey T. Checkel, "Why Comply? Social Learning and European Identity Change," *International Organization*, Vol. 55, No. 3, 2001, pp. 553 – 588.

⑤ Thomas Risse, "Let's Argue: Communicative Action in World Politics," *International Organization*, Vol. 54, No. 1, 2000, pp. 1 – 39.

供非集体性利益诱导各方遵守。① 选择依据必须是明确的，选择主体必须是单一的，即建立在霸权或大国团结基础之上。单一适当性，即制度基于自身的明确界定为各方提供一个"明线"（bright line）或"焦点"（focal points）。② 适当性指行为体认为依据制度行动是正确的，单一适当性下所有行为体依据同一标准展开行动和评判。与强制度不同，弱制度通过多元适当性、相互施压与额外性激励促进合作（第三章将作具体阐述）。

在权力不对称环境下，强制度比弱制度更容易产生且更有效。霸权国或大国集团充当"中央政府"角色，既是制度建构者也是执行者，他们倾向于建立能够明确反映自身偏好的强制度。同时，制度越强越便于他们施加权力，治理也越容易取得进展。在此环境下，强制度的三项履约机制呈现出相互促进的特征，如单一适当性为施加强制与选择性激励提供了明确依据。

在权力均衡的异质性环境下，弱制度更具有优势。由于不存在单一的制度建构/执行权威，强制度反映单一偏好的特征极易激起关于利益分配的争论，导致制度建构难以成功。即使得以建立，强制度的三项履约机制也将出现严重的内在冲突。强制与激励依赖单一适当性标准提供依据，但多元偏好并存使得该标准确立反而决定了他们难以运行。单一适当性意味着只有特定偏好被认可，偏好未得到满足的各方倾向于质疑制度合法性并拒绝遵守。同时，选择性激励表现出非均衡性特征，即一方获益以另一方受损为代价，在增强一方履约积极性的同时强化了其他各方的抵制情绪。由此，强制度引起的价值对立与大量违约者，摧毁了强制机制赖以运转的另一前提——各方团结一致。强制机制有了行动依据，却

① Judith Kelley, "International Actors on the Domestic Scene: Membership Conditionality and Socialization by International Institutions," *International Organization*, Vol. 58, No. 3, 2004, pp. 425 – 457.

② James D. Morrow, "The Institutional Features of the Prisoners of War Treaties," *International Organization*, Vol. 55, No. 4, 2001, pp. 971 – 991.

丧失了执行力量，制度支持者无力对众多抵制者施加强制。相反，弱制度是行为体在议题压力不断增长的情况下，为确保制度建立，通过有意识的模糊制度内涵以平衡各方认知差异的结果。他更容易建立，从而确保治理迅速开始。同时，他通过承认多元适当性实现了行为体自身利益与责任的平衡，增强了承担责任的意愿，通过相互施压与提供额外声誉促进行为体不断提升责任。在此情形下，虽然制度的约束性较弱，但各方呈现出了竞争遵约的局面。

（二）研究方法

在进行理论和案例分析时，本书为了增强论证力度和保证分析严谨性在各部分灵活运用了多种研究方法。其中，主导性方法是对四种具体方法展开的两种互补性运用。一是将过程追踪与反事实推理结合运用，在解释反常现象的同时对惯常现象作出回答，确保因果链条中的每一个环节都切实可靠。二是将历史性分析与解释性分析结合运用，在确定相关现象出现的直接原因的同时，揭示可能存在的深层次根源，确保所揭示的因果关系的深刻性。

1. 过程追踪与反事实推理相结合

过程追踪是国际关系理论研究中一项广泛采用的方法。亚历山大·温特指出，对于因果理论研究来说，实在论的主要意义是他可以用于无法发现公理式通则的领域。对于实在论者来说，无论怎样，科学是描述机制的，而不是纳入规律之内的包摄性命题。这种描述的核心是"过程摹述"。[1] 过程追踪就是通过考察案例的初始条件如何转化为案例结果来探究系列事件或决策的过程。研究者将连接自变量与结果的因果联系的环节解开，分成更小的步骤，然后探寻每一环节的可观察证据。过程预言通常是独特的，其他理论没有对同样的事件模式或行为者行为动机的证词作出类似的预测。因此，过

---

① ［美］亚历山大·温特：《国际政治的社会理论》，秦亚青译，上海人民出版社2001年版，第101页。

程追踪提供的是对理论的强检验。① 过程追踪是在一个单案例研究设计中研究因果机制的工具，存在三种类型——理论检验型、理论建构型与结果解释型。② 然而，这些差异在具体研究中常常并不是截然分开的，通常是各具体类型的综合运用。

反事实推理是国际关系理论研究中经常被运用的另一项重要方法。就理论的一般发展进程而言，理论的提出源于对普遍现象的反思和总结，理论的演进则发端于对反常现象的发现。同时，反事实推理促使人们对惯常行为以及既有研究进行反思，通过以反事实猜想为参照可以找出既有研究的局限以及完善路径。在具体的经验研究中，过程追踪方法有助于实现对事件真实过程的把握。但是，单独运用过程追踪方法也存在一定局限，他所确定的因果关系反映的只是一种可能性而非必然性。反事实推理可以很好地弥补这一局限，即在严密梳理事件发展过程的同时，反思潜在的替代图景。因此，将反事实推理与过程追踪综合使用，可以更清晰准确地把握事件发展过程中的因果机制。

2. 历史性分析与解释性分析相结合

历史性分析和解释性分析是社会科学研究中被广泛使用的另外两种重要研究方法。历史性分析强调事件的发生过程，而不是特定的环境结构。例如，对飞机失事的调查必须依次关注促成的原因，而不仅仅是飞行员的临终遗言。③ 通过梳理不同事件的发生顺序，可以将探测事件根源的范围逐步延伸，从诱发事件的直接原因过渡到深远原因。飞机失事直接原因是发动机失控，深层根源则是飞机制造商降低了制造发动机材料标准。解释性分析与描述性分析不同，

① ［美］斯蒂芬·范埃弗拉：《政治学研究方法指南》，陈琪译，北京大学出版社 2006 年版，第 61—62 页。

② Derek Beach and Rasmus Brun Pedersen, *Process-Tracing Methods: Foundations and Guidelines*, Ann Arbor: The University of Michigan Press, 2013, pp. 2 – 3.

③ ［美］迈克尔·巴尼特、玛莎·芬妮莫尔：《为世界定规则：全球政治中的国际组织》，薄燕译，上海人民出版社 2009 年版，第 15—16 页。

旨在阐释行为背后的根源。由于人的主观因素在社会科学中扮演关键角色，最典型的就是欺骗，通过解释方法界定行为体的真实动机就变得至关重要。许多事件往往存在表层原因和深层原因，或者说有些行为存在掩盖意图的嫌疑，从而造成逻辑上的矛盾。例如，凶手常常将犯罪现场伪装成自杀行为，如果仅注意到凶器放在受害者手中这一表面现象，凶手很可能会逍遥法外。在这一情况下仅仅采用描述性分析是不够的，还必须通过解释性方法分析。正是基于上述考虑，本书在尽可能明确事件发展进程的同时，通过梳理大量的文献档案以期对行为体的动机作出准确把握，从而对事件发生机制作出可靠的解释。

与单独使用特定方法可能存在局限不同，将不同研究方法结合起来开展论证的思路，确保了论证过程的严谨性，从而帮助我们在复杂现象背后寻找出更具确定性的因果关系。除对上述方法的总体运用之外，本书还依据论证需要在各章灵活采纳了其他研究方法作为补充。例如，在案例部分采用比较研究方法对气候治理不同阶段的制度和治理进展进行了对比。

四　案例设计

本书以全球气候治理为例展开了单案例分析。全球气候治理发端于20世纪70年代国际社会对环境问题的关注，工业化国家与发展中国家、石油输出国等集团存在不同的气候认知。国际社会通过《联合国气候变化框架公约》《京都议定书》与《巴黎协定》三个制度性文件先后确立了自愿减排、"自上而下"强制减排以及"自下而上"自主贡献减排三种机制。根据相关指标，自愿减排与自主贡献减排是典型的弱制度，京都机制则是强制度。同时，气候治理进程呈现出了明显的阶段性。《联合国气候变化框架公约》签署后，各国积极开展减排行动。"京都时期"的责任界定更加明确，但是治理反而进入了低潮。《京都议定书》在发达国家抵制下迟迟难以生效，生效后不久又迅速被抛弃，各方也并未按照规定行动。随着"后京都时期"的弱制度回归，治理反而迎来了高潮。以基础四国为代表的发展中国家与长期扮演消极角色的美国等伞形国家，日益积极地参与治理，出现了竞争履约的态势。总体上，气候治理制度呈现为由弱到强再弱化的演变过程，而治理则出现了由强到弱再到强的变化。

（一）选择案例的几点考虑

弱制度广泛存在于当前的地区合作与全球治理当中，因此有充足的经验材料为开展多种形式的分析提供保障。那么，为什么要坚持开展单案例研究呢？为什么在众多案例中要选择全球气候治理这一议题呢？

1. 为什么选择单案例分析？

大量的弱制度现象为开展多案例研究提供了便利，但是可以如此并不意味着应该如此或必须如此。案例选择服从于研究需要，单案例研究与多案例研究各有优势和局限。单案例研究有助于对过程和因果机制展开更精细的梳理，从而准确解开因果链条的各个环节，缺点是证明力度较弱。多案例研究有助于通过比较来确证因果机制的存在，证明力度更强，但对过程的解释力度不如前者。一些学者认为，制度有效性需要通过比较分析来确定，因此多案例研究比单案例更有优势。[①] 本书旨在阐述弱制度的生成机制与作用机制，而不是单纯地证明存在弱制度导致强治理的现象。因此，单案例分析更加契合这一需要。相反，多案例分析除了重复说明外，并无太大益处。同时，多案例比较往往面临着更复杂的变量控制问题。尤其是在跨议题研究中，关于多个议题中的多个案例的分析难度通常更高，理论逻辑的严谨性却不会因此显著提升。

2. 为什么选择全球气候治理？

选择全球气候治理议题主要出于三方面考虑。首先，气候治理

---

① Arild Underdal and Oran R. Young eds., *Regime Consequences*: *Methodological Challenges and Research Strategies*, Dordrecht: Kluwer Academic Publishers, 2004, p. 43.

在当今世界政治中具有重要意义。全球气候治理标志着一个新政治时代的来临，相关结论可以被视为对当前政治时代相关特征的揭示。安东尼·吉登斯（Anthony Giddens）指出，应对气候变化可能成为创造一个更加合作的世界的跳板。[①] 同时，气候治理是当前全球治理最核心的议题，直接影响到北极治理、海洋治理等其他议题的进展，也关系到整个人类的可持续发展。其次，避免争议与增强经验论证的可靠性。《京都议定书》在制度设计上比《联合国气候变化框架公约》与《巴黎协定》更强是学术界的共识，选择该案例既能够规避可能出现的关于弱制度的异议，也可以增强研究结论的一般性意义。同时，通过分析为何其他两项制度会表现出比《京都议定书》更强的有效性，可以为"弱制度—强治理"的理论解释提供最直接的经验支持。最后，研究方法上的考虑。比较研究并非只存在于多案例研究，在同一议题（或案例）内展开比较研究具有更大优势。它有助于对因果机制的细致分析，也便于最大限度地控制干扰变量，如成员与议题属性等。关于制度的比较研究存在两种具体路径：不同类型制度在同一议题中的表现差异，同一制度类型在不同议题中的表现差异。它们服务于不同论证目标，前者回答的是制度类型对制度有效性的影响，后者回答的是其他要素对制度有效性的影响，如问题结构等。[②] 气候治理在多种制度主导下经历了多个阶段，因此为在单案例内比较不同制度提供了可能，这种优势是其他议题都不具备的。

（二）章节安排

本书包括导论和结论在内共分为八个章节。导论和第一章主要阐述了研究背景以及各主要概念。第二、第三章为理论分析部分，

[①] Anthony Giddens, *The Politics of Climate Change*, London: Polity Press, 2009, p. 128.

[②] Ronald B. Mitchell, "Problem Structure, Institutional Design, and the Relative Effectiveness of International Environmental Agreements," *Global Environmental Politics*, Vol. 6, No. 3, 2006, pp. 72 – 89.

分别提出了关于弱制度建构和作用机制的解释。第四、第五、第六章为经验分析部分，对全球气候治理进程作了系统分析。最后结论部分确认了相关论点的理论和现实价值。

第一章探讨了当前的国际环境以及什么是弱制度与强治理。这一章提出了界定制度强度与治理强度的主要指标，为评估全球治理各议题的进展提供了路标。同时，这里还重点阐述了弱制度设计产生以及导致强治理结果的外在环境。与权力转移相伴的多元文明兴起以及全球治理模式"去中心化"对既有的强制度构成了挑战，寻求契合当前国际环境的制度类型成为紧迫性议题。正是在这种权力均衡的异质性环境中，弱制度表现出了相对更强的有效性。

第二章阐释了弱制度的设计过程，其本质上是一种观念平衡的产物。通过区分同质性与异质性、单一理性利己与复合理性以及单一认同与有限认同，提出了异质性、复合理性利己与有限认同三个假定作为理论建构的根基。在权力均衡的异质性环境中，背景知识差异导致行为体对互动议题产生了不同的认知，各方基于理性和利己考虑都希望依据自身偏好构建国际制度，由此产生了激烈的倡议竞争。在议题压力不断上升的情况下，各方出现了一种需要尽快完成制度建构并展开行动的紧迫性认知，并尝试通过模糊条款内涵、引入冲突性原则以及避免惩罚性强制等方式兼顾不同行为体的偏好，弱制度由此确立。

第三章阐释了弱制度是如何导致强治理的。弱制度基于相关设计获得了明显的灵活性、适应性和包容性，并由此具备了提供广泛利益调适空间等六种能力，这些属性和能力构成了合作出现的基础。弱制度通过三项机制促进了合作的出现：首先，通过承认多元适当性为各方提供了一个模糊的适当性区间，并将判定行为适当性的权利重新赋予了行为体。其次，通过相互施压机制推动行为体承担起一定的责任，这种责任取决于行为体对自身偏好与国际预期之间的平衡。最后，为行为体履约提供了额外性激励，如额外声誉等。在弱制度主导下，议题治理呈现出动态强化的趋势。通过降低合作的

"门槛"确保了治理的快速启动，各方能够尽快采取行动应对紧迫性问题。随着议题压力的增长以及声誉竞争的出现，行为体预期会累积性提升，治理呈现出加速态势。

第四、第五、第六章通过三个步骤分析了全球气候进程。第四章对气候治理议题本身、治理制度和治理进展等作出阐述，包括对气候议题的兴起和相关属性的分析，依据相关制度文件对治理制度的分析，依据相关指标对治理总体进展的界定。第五章对"京都时期"气候治理制度强化过程中出现的治理困境作出分析，明确制度强化如何导致了存在多元偏好的各方产生了对制度本身的抵制。第六章对"后京都时期"制度重新弱化之后出现的治理进展进行分析，明确弱制度如何通过兼顾各方偏好调动了他们参与治理的积极性。在上述论证过程中，为确保论证完整性还对各制度的设计过程作了简要阐述。

第七章基于理论和经验两方面分析得出结论，并对当前全球治理中的"制度困境"与未来的制度变革展开反思。强制度与弱制度并不存在哪个更好，在特定情境下都是最优设计。在权力均衡的异质性环境中，弱制度具有更高的相对有效性，凭借相关设计获得了一系列独特属性和优势，并遵循了一种不同于强制度的"制度—合作"逻辑。当前的"制度困境"可以被重新界定为，构建单一、综合性制度的偏好与该类制度在多元文明背景下难以产生和运行之间的矛盾。最后，中国作为未来制度变革进程中的关键行为体，弱制度为中国将自身偏好纳入国际制度同时有效规避既有强国的抵制提供了可能。

第 一 章

为什么弱制度会产生强治理？

制度治理作为全球治理的主要形式已成为普遍共识。全球治理本质上是全球各方合作应对共同挑战，制度正是协调各方行动的主要工具。国际社会可以选择不同类型的制度来促进合作，但是国际环境影响了制度类型的选择及其产生的治理效果。只有与环境契合的制度类型，才能推动治理不断改善。因此，制度有效性的分析就是阐述制度设计与环境的契合性。

本书将从对国际环境的分析开始论证，即当前国际环境日益呈现出权力均衡的异质性特征。一方面，伴随着国际社会中的权力转移和流散两个趋势，多元文明在世界范围内兴起。另一方面，全球治理日益从霸权治理和大国主导的"少边治理"转向"去中心化"治理。国际环境的变革为全球治理制度提出了新的要求，那么，什么样的制度更契合当前的国际环境呢？各议题的治理进程显示，战后西方发达国家主导建立的一系列强制度正面临严重的"制度困境"；相反，一些全球各方共同参与确立的弱制度却推动相关议题出现了持续进展。依据传统观点，强制度比弱制度能够更好地促进治理，各国谋求建立强制度。但是，为什么弱制度在当前国际背景下反而表现出了更强的相对有效性呢？要回答这一问题，首先必须对弱制度和强治理作出清晰界定。

这一章将首先对国际环境与全球治理模式出现的变化作出阐释。

随后，通过对全球治理相关议题的梳理，明确强制度与弱制度主导的有关议题领域存在的治理差异。在借鉴相关研究的基础上，提出了界定制度强度与治理强度的指标，并对弱制度与强治理进行了界定。最后，归纳了本章的主要观点。

第一节　多元文明兴起与"去中心化"治理

自从肯尼思·华尔兹将体系结构作为国际关系分析的核心变量以来，结构变化导致行为变化的论断成为最具影响力的"铁律"。[①] 然而，全球治理的效果既取决于环境对制度构成的挑战，也取决于制度应对环境变化的能力。[②] 在此，有必要首先对当前国际环境作出阐释，为后文区分不同类型制度的治理效果奠定基础。当前学术界倾向于将冷战结束作为一个节点来分析国际环境的变化。秦亚青将冷战结束后的三个变化视为当前全球治理的背景，即权力分布、安全性质以及日益加深的相互依存和复杂关系。[③] 其他学者也指出，国际政治正显现出三种趋势：不断深入的全球化趋势，国际舞台中权力的转换，社会和科技发展带来的巨大变化。[④] 在上述变化中有两个最为关键：一是与权力转移相伴而生的多元文明兴起，二是全球治

---

① 结构分析是新现实主义的核心主张。［美］肯尼思·华尔兹：《国际政治理论》，信强译，上海人民出版社 2003 年版，第 92 页；［美］约翰·米尔斯海默：《大国政治的悲剧（新一版）》，王义桅等译，上海人民出版社 2008 年版，第 2 页。结构分析也影响了其他范式，建构主义提出了"观念/社会结构"等。［美］亚历山大·温特：《国际政治的社会理论》，秦亚青译，上海人民出版社 2001 年版，第 23—24 页。［美］玛莎·费丽莫：《国际社会中的国家利益》，袁正清译，浙江人民出版社 2001 年版，第 16 页。

② Arild Underdal and Oran R. Young eds. , *Regime Consequences*: *Methodological Challenges and Research Strategies*, Dordrecht: Kluwer Academic Publishers, 2004, p. 43.

③ 秦亚青：《全球治理失灵与秩序理念的重建》，《世界经济与政治》2013 年第 4 期。

④ ［瑞士］克劳斯·施瓦布：《21 世纪的全球治理》，《外交评论》2008 年第 6 期。

理模式趋向于"去中心化"。

一　权力转移与多元文明兴起

当前国际关系领域中存在一个广泛共识，即国际社会出现了权力转移（power transition）与权力扩散（power diffusion）两个重要变化。一方面，随着非西方新兴国家群体性崛起，权力正在由西方向非西方转移。另一方面，随着非国家行为体兴起，权力日益由国家向非国家行为体扩散。与上述趋势相伴而生的重要现象是多元文明兴起，近代以来，西方文明主导国际秩序的局面被打破，非西方文明成为现代社会不可或缺的参与者和价值来源。或者说，国际社会正在由权力不对称环境（霸权环境）转变为权力均衡的异质性环境。

（一）权力转移与权力扩散

随着新兴国家崛起，权力由西方向非西方转移是当前国际社会中最显著的特征，国际权力格局由单极体系转变为多极体系或无极体系。罗伯特·佩普（Robert A. Pape）指出，针对各项因素的分析表明，单极世界即将走向终结。[①] 伊恩·布雷默（Ian Bremmer）等指出，国际社会进入了"无极世界"（G - Zero），国际协议的达成日益需要新兴国家参与。[②] 同时，这种权力转移广泛体现在各类议题当中。有学者指出，当前的权力转移具有全面性，并不仅仅局限于环境问题以及所谓的"软法"领域，也日益扩大到贸易谈判当中。[③] 权力转移对全球治理产生了重要影响，学术界对此作出了一系列阐述。权力转移的一个直接影响是更多的行为体成为治理主体。[④] 一

---

① Robert A. Pape, "Empire Falls," *National Interest*, No. 99, 2009, pp. 21 - 34.

② Ian Bremmer and Nouriel Roubini, "A G - Zero World: The New Economic Club Will Produce Conflict, Not Cooperation," *Foreign Affairs*, Vol. 90, No. 2, 2011, pp. 2 - 7.

③ ［法］丹尼尔·康帕格农：《全球治理与发展中国家：盲点还是未知领域?》，谢来辉译，《国外理论动态》2013 年第 4 期。

④ Andrew F. Cooper and Agata Antkiewicz eds., *Emerging Powers in Global Governance: Lessons from the Heiligendamm Process*, Waterloo: Wilfrid Laurier University Press, 2008, p. 2.

些学者在此基础上指出，既有制度反映的利益分配与新兴国家总体实力不符，导致既有制度出现了合法性和有效性危机。① 另一些学者认为，新兴国家崛起既不会出现悲观者预计的全球战争与秩序更替，也不会出现乐观者预计的新旧强国共同建构国际结构，国际社会进入了一个前景不明且混乱不断上升的"熵时代"（age of entropy）。②

国家在国际社会中依然处于核心地位，但是非国家行为体扮演着重要角色，国家权威日益流散到其他机构和联合体以及地方和地区实体上去。③ 詹姆斯·罗西瑙（James N. Rosenau）指出，权威重构的方向向上为跨国组织或超国家组织，横向为社会运动和非政府组织，向下为次国家集团，今天的因果链条仿佛是碎片缝成的"被单"。④ 权力流散产生了两个重要结果：其一，非国家行为体影响国家决策的能力显著提升，如政府间气候变化专门委员会（Intergovernmental Panel on Climate Change，IPCC）通过发布报告影响各国减排。其二，非国家行为体在各权威领域独立参与和影响治理。国际组织凭借自己在专业领域中的权威具有很强的独立性，并利用这一权威制定规则与进行协调。⑤ 事实上，权力扩散很大程度上构成了全球治理兴起的首要根源。詹姆斯·罗斯瑙等学者正是基于这一认识才指出，在一个权力对外向超国家实体转让，对内向次国家集团转

① 徐秀军：《新兴经济体与全球经济治理结构转型》，《世界经济与政治》2012年第10期。

② Randall Schweller, "Emerging Powers in an Age of Disorder," *Global Governance*, Vol. 17, 2011, pp. 285 – 297.

③ ［英］苏珊·斯特兰奇：《权利流散：世界经济中的国家与非国家权威》，肖宏宇等译，北京大学出版社2005年版，第4页。

④ ［美］詹姆斯·N. 罗西瑙：《面向本体论的全球治理》，载俞可平《全球化：全球治理》，社会科学文献出版社2003年版，第61—63页；徐崇利：《全球治理与跨国法律体系：硬法与软法的"中心—外围"之构造》，《国外理论动态》2013年第8期。

⑤ ［美］迈克尔·巴尼特、玛莎·芬妮莫尔：《为世界定规则：全球政治中的国际组织》，薄燕译，上海人民出版社2009年版，第3页。

移的世界中，探究没有政府的治理如何实现已经势在必行。① 在此需要着重强调的是权力扩散丰富了制度设计的主体以及影响了制度的有效性。

（二）多元文明兴起

多元文明是始终存在的，但是近代以来西方文明长期处于主导地位。西方文明借助普世价值的外衣在世界范围内强行推广或被各方主动模仿，非西方文明处于被压制和改造的地位，国际治理完全依照西方偏好展开。然而，这一局面随着非西方新兴国家群体性崛起彻底改变了。当前权力向非西方国家转移以及向非国家行为体扩散，与历史上由大国兴衰引发的权力转移存在根本差异。这种转移不仅涉及权力还涉及文化，具有自身文化价值、实践和历史的非西方国家与西方国家共享舞台。② 因此，多元文明兴起产生了一个重要结果：国际社会不再可能由单一文明所主导，不同文明都有自己独特的世界观和偏好，并且都希望依照自身偏好重塑世界秩序。多元文明的世界深嵌于一个更大的环境之中，这个环境已经不再被一个单一的标准所界定，因为一个单一的、不容置疑地界定道德优劣的标准是无法用来界定这个大环境的，而这个大环境的特征就是现代文明。③ 事实上，现代文明就是多元文明共生与共存的文明，文明间的异质性和对话取代同质性和社会化成为影响国际互动的关键因素。

二　全球治理的"去中心化"

当前国际社会出现的另一个重要变化是全球治理的"去中心

---

① ［美］詹姆斯·罗西瑙主编：《没有政府的治理》，张胜军等译，江西人民出版社 2001 年版，第 3 页。

② Christian Reus-Smit, "Cultural Diversity and International Order," *International Organization*, Vol. 71, No. 4, 2017, pp. 851 – 885.

③ ［美］彼得·卡赞斯坦：《多元多文明构成的是世界：多元行为体、多元传统与多元实践》，载［美］彼得·卡赞斯坦主编《世界政治中的文明：多元多维的视角》，秦亚青等译，上海人民出版社 2012 年版，第 2 页。

化"。全球治理存在多种模式，如超国家治理、等级治理和网络治理等。① 依据治理主体的属性差异可以将其区分为以主权国家、政府间国际组织以及非政府间国际组织等为中心的治理模式。② 这种对治理模式的静态区分富有启示意义，但是将其置于历史进程中进而揭示治理的发展趋势更具有现实意义。作为自由主义主导下的一项研究议程，当前的全球治理研究很大程度上忽视了权力因素的重要作用。③ 通过将有关学者提出的多元权力界定纳入对全球治理整体进程的分析当中，我们可以发现全球治理模式在多元文明兴起与国际关系民主化背景下正在经历一场重要转变。正如有关学者指出的，全球治理正在从过去西方主导的治理格局中摆脱出来，从"扭曲的全球治理"走向"真正的全球治理"。④

（一）霸权治理与少边治理

霸权治理与大国主导的少边治理是传统国际社会中最主要的治理模式。他们暗含了一个由"中心—边缘"构成的二元结构，中心由霸权国家或少数几个强国构成。在霸权治理体系下，霸权国家主导着规则制定并通过强制和诱导等手段迫使其他国家遵守。正因如此，相关学者强调领导性国家在增进合作过程中扮演关键角色。⑤ 在"少边主义"（mini-lateral）或"K 集团"模式下，少数大国通过协

---

① Miles Kahler and David A. Lake, "Economic Integration and Global Governance: Why So Little Supranationalism?" in Walter Mattli and Ngaire Woods eds., *The Politics of Global Regulation*, Princeton: Princeton University Press, 2009, pp. 245 – 250.

② 檀有志：《网络空间全球治理：国际情势与中国路径》，《世界经济与政治》2013 年第 12 期。

③ Michael Barnett and Raymond Duvall, "Power in Global Governance," in Michael Barnett and Raymond Duvall eds., *Power in Global Governance*, Cambridge: Cambridge University Press, 2005, p. 2.

④ 谢来辉：《从"扭曲的全球治理"到"真正的全球治理"：全球发展治理的转变》，《国外理论动态》2015 年第 12 期。

⑤ U. Saul and C. Seidel, "Does Leadership Promote Cooperation in Climate Change Mitigation Policy?" *Climate Policy*, Vol. 11, No. 2, 2011, pp. 897 – 915.

商制定规则并共同推动其他行为体遵守。① 总体上，处于中心和边缘的各国呈现出一种类似国内社会的等级结构，霸权国和大国扮演着中央政府的角色。有学者曾直接指出，无政府只是偶然现象，霸权治理才是常态。强国通过提供公共物品来交换小国对他们重要利益的承认，这类似于国内中央政府的交易，是国内等级结构在国际上的复制。② 同样，戴维·莱克提出了"关系性权威"概念并将国家区分为主导国与附属国，这种权威等级取决于二者之间易变的平衡。③ 在上述模式下，尽管议题具有全球性，决策权却集中于掌握权力或权威的中心国家。尽管参与者具有全球性，多数边缘国家却仅仅处于从属地位。传统的霸权或大国主导的治理模式本质上反映了"西方中心主义"价值取向，即西方强国单独或共同主导世界，以西方价值偏好塑造国际秩序。

（二）"去中心化"的治理

当前"去中心化"治理作为新治理模式日益显现。就治理对象与主体而言，它与霸权治理等传统模式并无太大差异。在传统治理体系下，霸权国为国际社会制定规则以解决各种全球性问题，参与者也往往具有全球性。真正将二者区分开来的是治理主导权的"去中心化"，或者说治理结构由等级结构转向碎片化结构。④ 这一趋势发轫于战后第三世界的民族解放运动，并在非国家行为体与多元文

① ［美］米尔斯·卡勒：《小数目和大数目中的多边主义》，载［美］约翰·鲁杰主编《多边主义》，苏长和等译，浙江人民出版社 2003 年版，第 339 页。

② Ahsan I. Butt, "Anarchy and Hierarchy in International Relations: Examining South America's War-Prone Decade, 1932 – 41," *International Organization*, Vol. 67, No. 3, 2013, pp. 575 – 607.

③ ［美］戴维·莱克：《国际关系中的等级制》，高婉妮译，上海人民出版社 2013 年版，第 7—11 页；David A. Lake, "Rightful Rules: Authority, Order, and the Foundations of Global Governance," *International Studies Quarterly*, Vol. 54, No. 3, 2010, pp. 587 – 613.

④ Frank Biermann et al. , "The Fragmentation of Global Governance Architectures: A Framework for Analysis," *Global Environmental Politics*, Vol. 9, No. 4, 2009, pp. 14 – 40.

明兴起的推动下深入发展。它具体包含三个重要内涵：其一，去国家中心。与国家作为国际事务核心参与者的传统治理不同，非国家行为体（非政府组织、跨国公司以及个人等）扮演日益关键的角色。① 其二，去西方中心。西方已经主导国际秩序数百年，非西方大国崛起不只意味着权力结构的改变，也意味着非西方文明将与西方文明共同塑造未来秩序。正如阿米塔·阿查亚（Amitav Acharya）指出的，世界正朝"多厅影院"（multiplex world）的方向发展。② 经济合作与发展组织（Organization for Economic Co-operation and Development，OECD）国家完全可以强行决定各种协议条款的时代已经一去不复返了。③ 其三，去霸权中心。在旧霸权衰落后，未来很难由新兴霸权国家接替并重建秩序。根源在于，不论在全球层次还是地区层次，霸权秩序反映的体系控制思想都不再适用。国际社会进入这样一种状态：美国在 21 世纪的权力问题不是衰落问题，而是即使最强国家也不能在没有他国帮助的情况下达成预期结果。④

三　变革环境下的制度诉求

随着多元文明兴起与"去中心化"趋势的不断显现，国际社会的权力均衡性特征与异质性特征不断增强，并对治理制度提出了新的要求。总体来看，这种新要求体现在两个方面。首先，国际制度必须能够反映各方存在的多元偏好。在传统的权力不对称环境下，西方主导着全球治理进程，国际制度只要能够体现西方国家或霸主国家的偏好即可。然而，随着非西方国家与非国家行为体积极参与

① Peter M. Haas, "Addressing the Global Governance Deficit," *Global Environmental Politics*, Vol. 4, No. 4, 2004, pp. 1 – 15.

② Amitav Acharya, "The Future of Global Governance：Fragmentation May Be Inevitable and Creative," *Global Governance*, Vol. 22, 2016, pp. 453 – 460.

③ ［法］丹尼尔·康帕格农：《全球治理与发展中国家：盲点还是未知领域?》，谢来辉译，《国外理论动态》2013 年第 4 期。

④ Joseph S. Nye, "The Future of American Power：Dominance and Decline in Perspective," *Foreign Affairs*, Vol. 89, No. 6, 2010, pp. 2 – 12.

到全球治理进程当中，国际制度必须能够将各方偏好都纳入进来。例如，中国对于复杂的国际议题正在积极倡导的"中国方案"。[①] 其次，国际制度必须能够在偏好各异的行为体之间展开充分协调。在权力不对称/等级结构下，霸权国家基于物质实力优势施加强制是实现合作的重要保证。然而，多元文明兴起与去中心化趋势意味着全球治理结构日益"扁平化/平面化"，国际社会中不再存在唯一的制度建构和执行权威。制度的建构和执行出现了由特定行为体依托自身权力强行推进，向不同行为体协商推进的转变。因此，当前的国际环境要求国际制度必须具备在不同诉求间展开充分协调的能力。

面对国际环境对治理制度提出的新要求，各类制度表现出了不同的应对能力或有效性。那么，什么样的制度形式能够契合不断涌现的多元文明或多利益攸关方的诉求呢？上述变化构成了分析弱制度设计及其有效性的总体背景，下一节将从制度类型出发评估全球治理各议题的进展。

第二节　寻找有效的全球治理制度

在国际环境出现显著变化的情况下，寻找与之契合的制度类型成为国际社会的一项重要任务。对此，学术界从不同视角分别进行了探索。罗伯特·基欧汉指出，在现代世界政治内在的结构和利益多样性条件下更倾向于产生复杂性制度，而不是综合性、一体化的

---

① 2013 年 9 月 6 日，"中国方案"首次在外交舞台上被提及。二十国集团领导人第八次峰会结束后，时任外交部部长王毅介绍习近平主席出席峰会有关情况时说，新形势下，中国正站在更高、更广的国际舞台上纵横驰骋。我们将为世界奉献更多的中国智慧，提供更多的中国方案。盛卉：《专家谈习近平提出"中国方案"：对中国外交提出新要求》，2014 年 7 月 15 日，http://politics.people.com.cn/n/2014/0715/c99014-25284820.html，2018 年 10 月 30 日。

制度。[①] 软法研究认为，非正式的协议、宣言与公告等相对于严格的条约或习惯法等硬法形态更契合当前的全球治理趋势。[②] 学术界的探索总体上遵循了两种思路：一是对既有制度的局限展开分析进而作出反向推论，即如果当前的制度设计无效，那么与之相反的设计可能就是有效的；二是通过对既有各类制度展开梳理，从中寻找出相对有效的制度类型。鉴于第一种逻辑并不可靠，在此将采取第二种路径展开分析。

一　制度有效性评估

关于制度有效性的评估，学术界从不同视角做了大量工作。这些评估总体上体现在两个方面：其一，基于多元议题对制度有效性展开的一般性评估。一些学者指出，机制能够产生积极的影响，但并没有达到集体最优状态。[③] 制度有效性评估面临三个障碍，即数据、外部因素与自愿参与，通过变量控制发现国家的行动并不必然由制度导致。[④] 其二，针对单一议题中的具体制度进行有效性评估，如环境议题等。相关学者依据制度的功能与要素对现有全球环境治理机制展开评估后，认为该机制的有效性得分是中等偏低的。[⑤] 其他相关的评估工作也得出了类似结论，治理的组织性和制度性工具不是低效就是不足，进而出现了与治理危机相关的政治合法性危机。[⑥]

[①] Robert O. Keohane and David G. Victor, "The Regime Complex for Climate Change," *Perspectives on Politics*, Vol. 9, No. 1, 2011, pp. 7 – 23.

[②] 何志鹏、尚杰：《国际软法作用探析》，《河北法学》2015 年第 8 期。

[③] Carsten Helm and Detlef Sprinz, "Measuring the Effectiveness of International Environmental Regimes," *The Journal of Conflict Resolution*, Vol. 44, No. 5, 2000, pp. 630 – 652.

[④] Evan J. Ringquist and Tatiana Kostadinova, "Assessing the Effectiveness of International Environmental Agreements: The Case of the1985 Helsinki Protocol," *American Journal of Political Science*, Vol. 49, No. 1, 2005, pp. 86 – 102.

[⑤] 薄燕：《全球环境治理的有效性》，《外交评论》2006 年第 6 期。

[⑥] Manuel Castells, "Global Governance and Global Politics," *Political Science and Politics*, Vol. 38, No. 1, 2005, pp. 9 – 16.

在此基础上，"治理赤字"与"治理失灵"等界定被提出来了。① 总体而言，相关评估共同指向了一个令人惊诧的结论——几乎所有全球治理制度都是无效或存在局限的。

既有制度普遍低效这一论断不仅是对国际社会近几十年行动的彻底否定，也不符合现实。这一悲观结论主要是由评估方法上的局限导致的：其一，忽视了国内治理与国际治理存在的本质差异。在无政府状态下，用国内治理的标准衡量国际制度的作用，所有国际制度都必然是低效的。其二，忽视了问题的累积性和制度作用的渐进性特征。全球治理中的许多问题都是长期累积的结果，无政府状态下的国际制度缺乏强制能力，相关问题的解决必然是一个长期过程。当前研究侧重于静态观察制度的功能与结果，将必然导致对一些制度有效性的低估。其三，评估过程中受到了决定论思维干扰。依据结构主义逻辑，相关研究认为当前制度是霸权国家在冷战期间建立的，环境调整意味着这些制度难以适应治理需要。显然，这一决定论思维忽视了制度自身的适应能力。事实上，冷战时期的制度并非都是霸权国家主导的，也并非所有制度都必然随着权力结构改变而面临挑战，如《联合国海洋法公约》的合法性在当前变得更强了。

基于上述考虑，制度的有效性评估需要将下述两个方面纳入考量。其一，通过反事实推理来更准确地评估制度有效性，即如果没有制度将会发生什么？② 其二，放弃仅仅关注"功能—结果"的静态分析，采用比较研究方法，关注制度的相对有效性（relative effec-

---

① Peter M. Haas, "Addressing the Global Governance Deficit," *Global Environmental Politics*, Vol. 4, No. 4, 2004, pp. 1 – 15；秦亚青：《全球治理失灵与秩序理念的重建》，《世界经济与政治》2013 年第 4 期；卢静：《当前全球治理的制度困境及其改革》，《外交评论》2014 年第 1 期。

② Carsten Helm and Detlef Sprinz, "Measuring the Effectiveness of International Environmental Regimes," *The Journal of Conflict Resolution*, Vol. 44, No. 5, 2000, pp. 630 – 652.

tiveness)。① 具体包含两个维度的比较：一是将其放置于治理的历史进程中展开纵向比较，关注议题与行为体行为发生的变化。二是对比不同类型制度在治理过程中的作用，或者将建立制度的议题与没有建立制度的议题展开横向对比。通过上述视角的补充和修正，当前全球治理呈现出一个重要特征，即弱制度表现出了更强的相对有效性。

二   强制度与"制度困境"

在强制度主导的议题中，如世界贸易组织、国际货币基金组织等主导的经济议题，治理赤字呈现出不断扩大的趋势。正如相关研究指出的，当前许多国际制度主要是西方国家在战后确立起来的，主要反映了他们的价值偏好，并设置了严格的执行程序来保证执行。换句话说，这些制度都是典型的强制度。作为第二次世界大战战胜国，美国等西方国家基于自身主导世界的长远利益考虑设计了1944—1945年的国际制度。他们不仅处在设计或者制定全球治理规则的地位，而且控制或者主导着国际机构。其他国家，即使是诸如中国这样的世界大国，也大多不是国际规则的制定者。② 随着非西方世界崛起，这些西方主导建立的全球制度出现了严重的合法性和有效性危机。非西方国家在这些制度中的参与受到限制，尽管西方国家作出了诸多辩护，但是其本身所体现的不平等性危及了各方对其认同，出现了明显的合法性危机。同时，这些制度的有效性也遭到质疑，他们在相关议题中出现的治理失败受到了

---

① Arild Underdal and Oran R. Young eds. , *Regime Consequences*: *Methodological Challenges and Research Strategies*, Dordrecht: Kluwer Academic Publishers, 2004, p. 43; Ronald B. Mitchell, "Problem Structure, Institutional Design, and the Relative Effectiveness of International Environmental Agreements," *Global Environmental Politics*, Vol. 6, No. 3, 2006, pp. 72 – 89.

② 庞中英：《全球治理赤字及其解决：中国在解决全球治理赤字中的作用》，《社会科学》2016年第12期。

广泛关注。① 随着新兴国家的迅速崛起，长期主导国际秩序的八国集团面临着严峻的合法性和有效性赤字。② 其中，对东欧国家的社会化改造一直以来被西方标榜为现代民主化的典范，但是越来越多的学者注意到西欧制度在东欧表现出的"水土不服"。"现在童话故事破灭了，东欧国家存在众多问题，但不能像烂苹果一样被踢出去"。③ 这些强制度不得不在两种前景中作出抉择，要么接受改造以便将其他各方的诉求纳入进来，要么被新制度取代，这两种选择都意味着需要在制度设计上作出改变。

三 弱制度与强治理

与强制度面临的严重困境不同，弱制度主导的议题领域取得了一系列积极进展。在气候与海洋等议题中，治理赤字加大的趋势得到遏制甚至出现了改善，各国的观念和行为出现了重要转变。这可以从下述三个方面作出判断：其一，纵向上，这些议题在制度建立前后出现了显著变化。相对于之前的混乱局面，"蓝色圈地运动"在《联合国海洋法公约》通过后得到了有效遏制，各国都在一定范围内划定了领海并维护航行自由。其二，横向上，与其他议题相比，在一些弱制度主导的议题中出现了强制度难以产生的合作现象，如气候治理等。其三，特定群体的行为和观念变化。尤其是对于新兴国家而言，众多学者认为他们通常享受权力优势而拒绝承担责任，面临着身份冲突（双重身份）的困扰，既想在全球事务中有更大的发言权，作为发展中国家又要抵制影响国内

---

① Jacqueline Best, *Governing Failure: Provisional Expertise and the Transformation of Global Development Finance*, Cambridge: Cambridge University Press, 2014, pp. 189 – 194.

② Andrew F. Cooper and Agata Antkiewicz eds., *Emerging Powers in Global Governance: Lessons from the Heiligendamm Process*, Waterloo: Wilfrid Laurier University Press, 2008, p. 3.

③ Jan-Werner Mueller, "Eastern Europe Goes South: Disappearing Democracy in the EU's Newest Members," *Foreign Affairs*, Vol. 93, No. 2, 2014, pp. 14 – 19.

增长的倡议。① 从霸权周期角度来看，未来新兴国家的策略不是制衡而是推卸责任，在全球治理中搭乘美国的便车。② 但是，新兴国家在众多弱制度主导的议题中表现出了积极遵约的态度。以"基础四国"为代表的发展中大国在气候治理中日益扮演着引领者角色，反倒是他们积极督促一些发达国家履行责任。

　　本书随后各章将围绕对上述两个现象的解释展开：为什么在当前国际环境下弱制度表现出了比强制度更高的有效性？或者说，为什么弱制度能够产生强治理？在正式展开论证之前，有必要对弱制度和强治理两个变量作出更加明确的界定。下一部分，将具体阐述界定两个变量的指标和方法。

第三节　弱制度与强治理界定

　　与国际关系研究中的其他概念（如权力③等）一样，无论是国际制度还是全球治理，学术界都存在众多的界定。概念界定上的差异是无法避免的，既是因为社会现象本身就是复杂的，也因为研究者和实践者无法摆脱自身观念的影响。因此，这里并不准备提出能

---

　　① Stewart Patrick, "Irresponsible Stakeholders? The Difficulty of Integrating Rising Powers," *Foreign Affairs*, Vol. 89, No. 6, 2010, pp. 44 – 53.

　　② Randall L. Schweller and Xiaoyu Pu, "After Unipolarity: China's Visions of International Order in an Era of U. S. Decline," *International Security*, Vol. 36, No. 1, 2011, pp. 41 – 72.

　　③ 权力是界定最为多样化的一个概念，既包括资源型与关系型界定，也包括硬权力与软权力界定。最典型的是迈克尔·巴内特区分出了四种权力概念：强制性的（compulsory）、制度性的（institutional）、结构性的（structural）和生产性的（productive）。Michael Barnett and Raymond Duvall, "Power in International Politics," *International Organization*, Vol. 59, No. 1, 2005, pp. 39 – 75. 此后他们又将这一区分运用到了全球治理分析当中。Michael Barnett and Raymond Duvall, "Power in Global Governance," in Michael Barnett and Raymond Duvall eds., *Power in Global Governance*, Cambridge: Cambridge University Press, 2005, pp. 3 – 4.

够涵盖一切的概念界定,而是尽可能准确地描述所关注的具体现象。在借鉴既有研究的基础上,这一节主要界定了弱制度与强治理的主要内涵,并提出了相应的判定方法和具体指标。这些界定虽然不一定全面,但是足以展现出本项研究所尝试阐述的一组关系。

一 制度与弱制度的界定

学术界提出了一系列关于制度的界定,但是总体上都认为制度由一系列要素构成。学术界注意到制度存在类型差异,并提出了一系列分类方法,如强制度与弱制度、综合性制度与复杂性制度等。这里采纳了弱制度与强制度的分类方法,但是与相关研究将有效性作为分类依据不同,制度内部各要素的特征(清晰性、内聚性与强制性等)构成了制度分类的主要指标。

(一)制度的界定与分类

1. 制度的界定

在 20 世纪 80 年代的讨论中,学术界提出了两个关于国际制度的经典定义。奥兰·杨将国际机制界定为社会制度,围绕他行为体预期在一个给定的国际关系领域中汇聚。[①] 在此基础上,斯蒂芬·克拉斯纳(Steohen Krasner)等学者将制度界定为,一系列围绕行为体的预期所汇聚到的一个既定国际关系领域而形成的隐含的明确的原则、规范、规则和决策程序。[②] 此后,该界定得到了广泛认可并出现了一系列发展。亚历山大·温特从规范角度指出,制度是一系列相对稳定的认同与利益(或利益结构)。制度主要是认知实体,是一种

[①] Oran R. Young, "International Regimes: Problems of Concept Formation," *World Politics*, Vol. 32, No. 3, 1980, pp. 331–356.

[②] John Gerard Ruggie, "International Regimes, Transactions, and Change: Embedded Liberalism in the Postwar Economic Order," *International Organization*, Vol. 36, No. 2, 1982, pp. 379–415; Stephen Krasner, "Structural Causes and Regime Consequences: Regimes as Intervening Variables," in Stephen Krasner ed., *International Regimes*, Cornell University Press, 1983, p. 2.

集体知识。自助就是一种制度，是在无政府状态下可能存在的许多认同与利益结构之一。[①] 玛莎·芬妮莫尔通过区分规范和制度强调了制度的聚合性，规范指的是单独的行为准则，制度是诸多行为准则的组合汇集与相互关联。[②] 其他学者将国际制度界定为相对稳定的一系列与国际体系、体系中的行为体及其活动有关的构成性、管制性和程序性规范、规则。[③] 这些界定表明，制度由原则、规范、规则和决策程序等众多要素构成，他们指导和协调了行为体行动，进而促进特定问题的解决。因此，制度的整体特征可以通过对各构成要素的分析来把握。

2. 制度的分类

制度的类型差异引起了学术界广泛关注，依据不同的标准可以区分出不同的制度类型。约翰·鲁杰最早将其区分为双边主义、多边主义以及帝国主义。[④] 制度复杂性研究兴起后提出了如下分类：综合性管理制度为一端，高度碎片化的协议为另一端，二者之间是嵌套型或复杂性机制。[⑤] 制度设计研究依据成员与议题范围等外在形态，提出了新的分类标准。苏长和依据功能将当今世界的国际制度区分为四类：涉及国际关系最基本的原则性制度，涉及规范性制度，涉及国际组织中权力有序分配或过渡的规则制度，涉及行为规则的制度。[⑥] 此外，制度分类还体现在其他相关研究进程中，如国际法学

[①] Alexander Wendt, "Anarchy Is What States Make of It: The Social Construction of Power Politics," *International Organization*, Vol. 46, No. 2, 1992, pp. 391 – 425.

[②] Martha Finnemore and Kathryn Sikkink, "International Norm Dynamics and Political Change," *International Organization*, Vol. 52, No. 4, 1998, pp. 887 – 917.

[③] John Duffield, "What Are International Institutions?" *International Studies Review*, Vol. 9, No. 1, 2007, pp. 1 – 22.

[④] ［美］约翰·鲁杰：《对作为制度的多边主义的剖析》，载［美］约翰·鲁杰主编《多边主义》，苏长和等译，浙江人民出版社 2003 年版，第 12 页。

[⑤] Robert O. Keohane and David G. Victor, "The Regime Complex for Climate Change," *Perspectives on Politics*, Vol. 9, No. 1, 2011, pp. 7 – 23.

[⑥] 苏长和：《全球治理体系转型中的国际制度》，《当代世界》2015 年第 11 期。

者将法律区分为从软法到硬法的连续体。硬法是指具有法律约束力的明确义务，并授予解释和执行法律的权力。软法指的是法律安排在义务、精确性和授权的一个或多个维度上被削弱。① 制度分类也体现在对制度各个构成要素的分类当中，如规范的分类研究等。② 玛莎·芬妮莫尔基于规范的功能差异将其区分为限制性规范、构成性规范以及评判性规范或规定性规范。③ 总体而言，这些分析奠定了制度类型研究的基础，但他们都未能对本项研究关注的制度现象作出完整性描述。

　　本项研究依据制度构成要素的属性将其区分为强制度和弱制度。关于弱制度，学术界在相关分析中多有涉及，如制度设计研究中关于强制度与弱制度的区分等。④ 目前，主要存在三种分类视角：视角一，关注制度的有效性，弱制度指有效性较低的制度。萨拉·博斯（Sarah V. Percy）将强规范界定为，由于一项规则的存在，行为体行为在规范是否存在的情况下明显不同。⑤ 一些软法研究学者也将软法界定为有效性较低的法律。这种界定在制度研究中被广泛接受，但是，在被应用于研究制度类型与治理有效性的关系时存在循环论证的问题，即强制度能够产生强治理是因为强制度有效。视角二，将制度化程度作为分类标准，弱制度指制度化程度较低的制度。由于传统研究将制度化视为制度内涵的清晰化以及执行机制的程序化，制度化本身通常被视为制度强化的过程。然而，弱制度作为

① Kenneth W. Abbott and Duncan Snidal，"Hard and Soft Law in International Governance，" *International Organization*，Vol. 54，No. 3，2000，pp. 421 – 456.

② Matthew Interis，"On Norms：A Typology with Discussion，" *The American Journal of Economics and Sociology*，Vol. 70，No. 2，2011，pp. 424 – 438.

③ Martha Finnemore and Kathryn Sikkink，"International Norm Dynamics and Political Change，" *International Organization*，Vol. 52，No. 4，1998，pp. 887 – 917.

④ Barbara Koremenos et al.，"The Rational Design of International Institutions，" *International Organization*，Vol. 55，No. 4，2001，pp. 761 – 799.

⑤ Sarah V. Percy，"Mercenaries：Strong Norm，Weak Law，" *International Organization*，Vol. 61，No. 2，2007，pp. 367 – 397.

制度化结果的现实表明这一界定存在明显局限。视角三，关注制度构成要素上的差异。本章研究也将从这一视角对弱制度展开界定。

（二）弱制度的界定标准

从制度构成要素判定制度属性，学术界已经展开了一系列探索，并从不同角度提出了一系列界定指标。杰弗里·勒格罗（Jeffrey W. Legro）基于对规范稳健性的研究提出了三项测量标准：具体性（specificity）、持久性（durability）和一致性（concordance）。[①] 上述指标也体现在厄恩斯特·哈斯（Ernst B. Haas）的研究中，他采用有效性（effectiveness）与内聚性（coherence）两个指标界定了制度退化。[②] 哈斯关于内聚性的研究与近期制度复杂性研究所关注的规则兼容性本质上一致。与弱制度研究联系密切的软法研究也提出了三个界定指标：责任（obligation）、精确性（precision）与授权（delegation）。[③] 总体上，各位学者提出的界定指标既存在一定的重合，也存在一定的差异。综合上述指标的测量对象，我们可以借助清晰性、内聚性与约束性三个指标对制度的强弱进行测量（如表1-1所示）。弱制度可以被界定为主要规则内涵模糊、规则之间兼容性较低或相互冲突、缺乏明确惩罚机制的规则、规范体系。三个界定指标相互关联，低清晰性通常以引入冲突性规则的形式存在，且为避免强权政治而通常与非强制性相伴。正如"软权力"与"硬权力"存在的差异一样，弱制度是一种不同于强制度的制度类型，弱制度具有独特的属性与促进合作的逻辑。

---

① Jeffrey W. Legro, "Which Norms Matter? Revisiting the 'Failure' of Internationalism," *International Organization*, Vol. 51, No. 1, 1997, pp. 31 – 63.

② Ernst B. Haas, "Regime Decay: Conflict Management and International Organizations, 1945 – 1981," *International Organization*, Vol. 37, No. 2, 1983, pp. 189 – 256.

③ Kenneth W. Abbott and Duncan Snidal, "Hard and Soft Law in International Governance," *International Organization*, Vol. 54, No. 3, 2000, pp. 421 – 456.

表1-1　　　　　　　　　　　弱制度与强制度的区分

	强制度	弱制度
清晰性	清晰	模糊
内聚性	相互兼容	冲突
约束性	强	弱

1. 清晰性

主要体现在两个方面：其一，主要规则与规范的界定。规则内涵可能是清晰的，如"最惠国待遇原则"；也可能是模糊的，如"保护的责任"（R2P）。由具体性（specificity）和正式性（formality）决定的规范清晰性会产生不同程度的解释偏离，清晰性越高越难赋予由此产生的解释偏差正当性。[①] 其二，制度整体上能否作出清晰的行为指示，主要与内聚性相关，规则冲突性会削弱制度准确性。内涵模糊指制度的核心规范缺乏清晰界定，或者因为存在"逃离条款"而具有了不确定性，难以提供明确的行为指导。

2. 内聚性

与机制复合体研究关于制度内不同规则关系的界定一致：各规则与规范之间可能是相互兼容的，共同促进特定结果的出现；也可能是相互冲突的，分别指向了不同的行为方向，从而难以确保行为体采取一致行动。[②] 在《核不扩散条约》中，关于核技术转让、核原料运输、存储与使用等方面的规则之间彼此增强。相反，在《联合国海洋法公约》中，关于领海与专属经济区内管辖权与航行自由的界定存在明显冲突，一种规则的实施意味着另一种规则所体现的权利遭到削弱。因此，弱制度的低内聚性是指制度内的规范与规则之间相互冲突，这种规则冲突通常以"逃离条款"等形式存在。

---

① Lisbeth Zimmermann, "More for Less: The Interactive Translation of Global Norms in Postconflict Guatemala," *International Studies Quarterly*, Vol. 61, No. 4, 2017, pp. 774 - 785.

② G. Kristin Rosendal, "Impacts of Overlapping International Regimes: The Case of Biodiversity," *Global Governance*, Vol. 7, No. 1, 2001, pp. 95 - 117.

3. 约束性

传统研究认为，惩罚程序是否存在或完善决定了制度震慑违约行为的能力。软法和非正式制度研究指出，软法和硬法的区别主要体现在执行机制的"软执行"（soft implementation）和"硬执行"（hard implementation）上。[①] 在强制度下，制度协调各方采取集体行动惩罚违约行为，或者授权受害国对违约行为展开合法性反击，如2019年中国与欧盟等寻求世界贸易组织授权对美国贸易保护主义的反击。[②] 弱制度则不设置严格的惩罚程序，或者设置的惩罚程序因为各种"逃离条款"或制度障碍而不具有可执行性。

需要指出的是，上述三个要素存在明显的相互关联性。清晰性在很大程度上受到内聚性影响，有时候正是因为冲突性规则的存在，制度才出现了内涵上的模糊性。制度的模糊性和低内聚性常常需要非约束性作为保障机制。

（三）弱制度与软法、非正式制度

软法与非正式制度是极易与弱制度产生歧义的两个概念，它们在不同程度上都包含了弱制度的某些属性，并促进了弱制度研究的出现。这里将具体阐述为什么没有选择两个相对成熟的概念展开分析。软法在非约束性方面与弱制度一致，非正式制度则在制度形式与非约束性上与弱制度一致。然而，它们分析制度的侧重点与弱制度又存在一定差异。它们强调构建制度的文本或组织形态的非正式性，弱制度侧重于分析制度构成要素的特征。它们常常作为弱制度的生成渠道或外在形态，但并非所有这些制度都是弱制度。

1. 弱制度与软法

弱制度与软法存在三个方面的差异。首先，正如制度和法律之

---

①　Alan E. Boyle, "Some Reflections on the Relationship of Treaties and Soft Law," *The International and Comparative Law Quarterly*, Vol. 48, No. 4, 1999, pp. 901–913.

②　Kenneth W. Abbott and Duncan Snidal, "Hard and Soft Law in International Governance," *International Organization*, Vol. 54, No. 3, 2000, pp. 421–456.

间存在的差异，弱制度和软法具有不同的指涉对象。在分析气候治理时，有关学者关注治理规则，以与关注法律文本本身的传统研究相区分。[①] 软法主要指的是国家间达成的不具有法律约束力的非正式文件，如协议与宣言等。弱制度反映的是基于各类正式或非正式文件确立的规则体系。在分析弱制度时虽然会将法律文件作为分析对象，但是所关注的并不是法律文本本身，而是其反映的规则与原则等。正如有关学者基于《战俘条约》分析战俘制度一样。[②]

其次，软法研究内部存在大量分歧。软法自身的诸多歧义决定了采用这一概念会引起不必要的争议。有学者将软法界定为非正式文件，也有学者将其界定为不具有法律约束力的规范。[③] 实效性、形式与约束性构成了学术界分析软法的三个维度，但是三者之间存在明显的逻辑冲突。实效性的"软"可能与形式上和强制性上的"硬"并存，形式上的"软"并不意味着实效性的"软"。[④] 此外，法律约束力不同的软法和硬法并非是简单的二元界分。[⑤]

最后，虽然注意到了规则清晰性与约束性等指标，多数软法研究将其局限在非正式协议。尽管非正式的软法在多数情况下构成了弱制度形成的基础，但是这并不是必然的。弱制度可以由硬法确立，那些内涵清晰的软法同样也可以产生强制度。诸如"靠右行驶"这类协调型的制度即使仅仅由非正式协议确立，依然是一项强制度。同样，《联合国海洋法公约》作为一项条约法是典型的硬法，但确立

---

① 薄燕、高翔：《原则与规则：全球气候变化治理机制的变迁》，《世界经济与政治》2014 年第 2 期。

② James D. Morrow, "The Institutional Features of the Prisoners of War Treaties," *International Organization*, Vol. 55, No. 4, 2001, pp. 971 – 991.

③ Anna Di Robilant, "Genealogies of Soft Law," *The American Journal of Comparative Law*, Vol. 54, No. 3, 2006, pp. 499 – 554；石亚莹：《论软法的优势和作用：以国际法为视角》，《法学杂志》2015 年第 6 期。

④ 赵春燕：《对"软法"概念的冷思考：兼谈对卢曼法社会学理论的正确理解》，《河北法学》2010 年第 12 期。

⑤ 罗豪才等：《软法与公共治理》，北京大学出版社 2006 年版，第 181 页。

的制度却是弱制度。此外，软法研究忽视了制度复杂性研究关注的
规则冲突因素，将二者统一起来也需要一个新的概念框架。

2. 弱制度与非正式制度

非正式制度是另一个极易与弱制度混淆的概念，目前学术界对其
尚不存在明确界定，但是大致存在两种倾向。其一，与软法界定类
似，指非正式协议。弗里德里希·克拉托赫维尔（Friedrich Kratoch-
wil）根据正式性（或非正式性）和公开性（或秘密性）两项标准对
国际协议作出了区分。① 非正式国际机制不具有正式法律地位，不产
生法律约束力，只具备政治或道德约束力。其二，非政府性的组织
形态，基于非正式或口头协议建立，不具有相关运行规则。这包括
未经国家授权的政府间组织，即非正式的政府间组织，如二十国集
团等。② 有学者将其界定为全球治理出现的新联盟。③ 同时，也包括
私人部门掌控的非政府组织，如私人跨国管理组织（PTROs）等。
学术界分析了非正式制度的产生根源与影响等，如肯尼思·阿伯特
（Kenneth W. Abbott）等学者基于"组织生态学"视角对其兴起进行
了分析。④ 非正式集团是全球权力转移以及治理体系变化导致的，是
国际社会为应对日益庞杂、严峻的全球性问题进行的制度创新。⑤

非正式制度和弱制度都具有明确的制度形态，并且都强调非约
束性。但是，正如弱制度与软法存在的差异，弱制度与非正式制度

---

① Friedrich Kratochwil, "Contract and Regimes: Do Issue Specificity and Variation of Formality Matters", 转引自刘宏松《正式与非正式国际机制的概念辨析》，《欧洲研究》2009 年第 3 期。

② Felicity Vabulas and Duncan Snidal, "Organization without Delegation: Informal Intergovernmental Organizations (IIGOs) and the Spectrum of Intergovernmental Arrangements," *Review of International Organizations*, Vol. 8, No. 2, 2013, pp. 193 – 220.

③ Shepard Forman and Derk Segaar, "New Coalitions for Global Governance: The Changing Dynamics of Multilateralism," *Global Governance*, Vol. 12, No. 2, 2006, pp. 205 – 225.

④ Kenneth W. Abbott et al. , "Organizational Ecology and Institutional Change in Global Governance," *International Organization*, Vol. 70, No. 2, 2016, pp. 247 – 277.

⑤ 韦宗友：《非正式集团、大国协调与全球治理》，《外交评论》2010 年第 6 期。

也并不完全一致（三者关系如图 1 - 1 所示）。非正式制度强调制度外在形式上的非政府性与非正式性，而弱制度强调内涵与规则的设置等问题。与软法和弱制度的关系类似，非正式制度可以是强制度也可以是弱制度，正式制度也可能是弱制度。事实上，许多弱制度都是各国政府正式签署建立的，如《巴黎协定》等。此外，非正式制度主要关注非正式集团（组织），而弱制度并不一定具有组织形态。

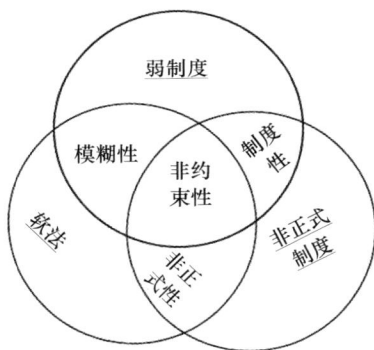

图 1 - 1 弱制度与软法、非正式制度

二 全球治理："治理赤字"还是"强治理"?

强治理是本项研究解释的另一个核心变量，在对其作出界定之前需要首先明确什么是全球治理。学术界对此作出了不同界定，但是本质上都强调通过建立制度解决全球问题。全球治理存在治理程度上的差异，通过界定相关指标可以区分出强治理和弱治理。近年来，"治理赤字"等概念被提出后，迅速成为一个普遍性观点，并被应用到了几乎所有议题的分析当中。为了避免不必要的误解，在此有必要对"治理赤字"与"强治理"的关系作出界定。

（一）全球治理与治理有效性

全球治理自诞生之日起便始终存在争论，直至今日学术界也未能形成完全一致的界定。① 学术界对全球治理的指涉对象存在较为一致的观点，即传统治理体系正在发生变革，由此出现了一种新的治理形式。但是，各方对这种新治理体系的概念化众说纷纭，以致全球治理沦落为无所不包的概念。芬克尔斯坦·劳伦斯（Lawrence S. Finkelstein）坦言，"我们说'治理'是因为我们并不明白正在发生的事情该如何称呼"。② 鉴于概念界定上存在的模糊性，能否在研究中赋予全球治理具体指向性的内涵成为决定研究成败的关键。

1. 全球治理的界定

关于全球治理的界定极为多元，接受度最广的界定有两项。一是由全球治理委员会在 1995 年发布的研究报告《天涯若比邻》中的界定：个人和公共或私人机构管理其共同事务的诸多方式的总和，包括有权强制遵守的正式制度和机制，也包括同意的或符合其利益的各种非正式的制度安排。③ 二是詹姆斯·罗斯瑙的界定：多层次——从家庭一直到国际层面——的人类活动管控体系，在这样一种管控体系中通过实施产生跨国影响的控制达到治理目标。④ 上述界定显然都过于笼统，后续学者从具体角度进行了完善。全球治理指在没有主权权威的情况下管理超越国家疆界的关系，就是在国际上做政府在国内做的事情；⑤ 抑或是一种关于世界政治的视角，各项议程与其联系是不同的。⑥ 全球治理总体上包含了下述内涵：治理主体

---

① ［德］戴维·赫尔德等：《全球大变革：全球化时代的政治、经济与文化》，社会科学文献出版社 2001 年版，第 70 页。

② Lawrence S. Finkelstein, "What Is Global Governance?" *Global Governance*, Vol. 1, No. 3, 1995, pp. 367–372.

③ Commission for Global Governance, *Our Global Neighborhood*, New York: Oxford University Press, 1995, p. 2.

④ ［美］詹姆斯·罗西瑙主编：《没有政府的治理》，张胜军等译，江西人民出版社 2001 年版，第 2 页。

⑤ Lawrence S. Finkelstein, "What Is Global Governance?" *Global Governance*, Vol. 1, No. 3, 1995, pp. 367–372.

⑥ Klaus Dingwerth and Philipp Pattberg, "Global Governance as a Perspective on World Politics," *Global Governance*, Vol. 12, No. 2, 2006, pp. 185–203.

的多元性和全球性，国家间体系在未来仍将长期位居世界事务的中心并与由各类其他行为体构成的多元中心体系共同构成一个复杂、竞合的全球治理体系;① 治理对象的全球性影响，相关议题影响整个人类的生存发展;治理手段，即协调各方的全球性正式和非正式制度。全球治理是一种机制，蕴含着自由主义的价值信念。② 简言之，全球治理就是通过制度协调全球各方一致行动以解决不断涌现的全球性挑战。

2. 治理有效性

全球治理存在程度上的差异，关于如何评估治理有效性学术界已作出了丰富探讨。总体上，治理有效性存在两种分析视角。

视角一：绝对有效性与相对有效性。早期研究主要从单案例出发，与之相关的是关注治理的绝对有效性，即制度是否产生了积极的治理进展。这一界定存在明显的局限，尤其是无法排除干预变量的影响。当论证某一因素导致治理出现相应进展时，由于缺乏比较对象，很难排除是否其他因素会导致更有效的进展以及其他因素对该治理结果的潜在影响。因此，相关学者提出比较研究是有效性分析的适当方法，关注治理的相对有效性。③ 这里强调的强治理正是一种相对有效性，即弱制度产生了比强制度更积极的治理进展。

视角二：治理结果与治理过程。就治理结果而言，强治理指议

---

① James N. Rosenau, "Patterned Chaos in Global Life: Structure and Process in the Two Worlds of World Politics," *International Politics Science Review*, Vol. 9, No. 4, 1988, pp. 327 – 364.

② Michael Barnett and Raymond Duvall, "Power in Global Governance," in Michael Barnett and Raymond Duvall eds., *Power in Global Governance*, Cambridge: Cambridge University Press, 2005, p. 2.

③ Arild Underdal and Oran R. Young eds., *Regime Consequences: Methodological Challenges and Research Strategies*, Dordrecht: Kluwer Academic Publishers, 2004, p. 43; Ronald B. Mitchell, "Problem Structure, Institutional Design, and the Relative Effectiveness of International Environmental Agreements," *Global Environmental Politics*, Vol. 6, No. 3, 2006, pp. 72 – 89.

题得到了有效治理，治理赤字消除，问题得到解决；弱治理则是一种治理处于混乱、无序与存在明显赤字的状态。这一界定忽视了治理的累积性特征，极易导致低估那些处于兴起阶段或应对复杂性议题的制度有效性。例如，当前世界环境持续恶化并不意味着这些环境机构与环境合作是无效的，事实上他们的技能与资源确实对环境问题改善起到了一定的作用，如果没有他们的参与情况可能更糟。[①]与之不同，基于治理过程的研究关注制度在治理进程中是促进议题不断改善还是加速恶化。强治理并不意味着议题已然实现了良好治理，而是出现了不断改善的趋势。议题治理程度呈现为一种连续体（如表 1 - 2 所示），弱治理一端意味着议题本身出现加速恶化的态势。另一端的强治理则表现为制度加速推进治理的状态，最理想的状态是治理赤字完全消除，议题实现良好治理。

表 1 - 2   弱治理与强治理的区分

	弱治理	强治理
治理结果	治理目标未实现，问题未解决	治理目标实现，问题得到解决
治理过程	议题出现停滞甚至恶化，行为体行为、观念等加剧问题恶化	议题不断改善，行为体采取有助于问题解决的行为、观念等

（二）"治理赤字"还是"强治理"？

全球治理赤字是学术界最为关注的问题之一，众多既有研究都围绕该问题的界定或解决展开。全球治理赤字指全球化的世界需要全球治理却严重缺少全球治理，目前的全球性机构没有发挥出全球治理的应有作用。[②] 一个与之密切相关的概念是"制度困境"，二者

---

① 庄贵阳、朱仙丽、赵行姝：《全球环境与气候治理》，浙江人民出版社 2009 年版，第 58 页。

② Peter M. Haas, "Addressing the Global Governance Deficit," *Global Environmental Politics*, Vol. 4, No. 4, 2004, pp. 1 - 15；秦亚青：《全球治理失灵与秩序理念的重建》，《世界经济与政治》2013 年第 4 期；庞中英：《全球治理赤字及其解决：中国在解决全球治理赤字中的作用》，《社会科学》2016 年第 12 期。

共同构成一个因果链条，制度的局限导致"治理赤字"的产生和扩大。彼得·哈斯指出，当前全球治理存在"制度困境"，解决的问题具有全球性，解决的手段却主要基于国家主权原则。[①] 基于问题的全球性推导出全球性合作的必要性是恰当的，但是由此认为基于主权原则的国家间合作手段无效则值得商榷。事实上，问题的关键并不在于制度是由国家还是非国家行为体建立的，而在于由国家主导建立的制度能否为各方的广泛参与提供可能以及能否有效解决相关问题。既有的"制度困境"界定存在误导性，很容易走向"所有基于国家主权原则确立的制度在应对当前问题时都是无效的"，从而影响对制度类型差异的关注以及对潜在有效制度的忽视。

强治理现象与全球治理赤字界定并不矛盾，在进行相关分析时需要谨记以下三点。首先，全球治理赤字是在历史进程中长期累积的结果，其解决必然是一个渐进过程。不能因为当前制度尚未解决这些问题，就认为它是无效的。其次，无政府状态下的国际合作要比国内合作更加困难，不能用国内治理标准衡量全球治理，期望在国际社会复制国内治理模式是不切实际的幻想。最后，全球治理赤字是一个长期存在的普遍现象，无论是强制度还是弱制度都未能彻底解决当前存在的全球性问题。正如有关学者指出的，全球治理赤字并不是一个新现象，如冷战时期的东西方对抗使得联合国安理会无法应对全球安全挑战。[②] 因此，承认存在全球治理赤字并不会妨碍分析不同制度类型的有效性差异。

---

① Peter M. Haas, "Addressing the Global Governance Deficit," *Global Environmental Politics*, Vol. 4, No. 4, 2004, pp. 1 – 15; Ramesh Thakur and Luk Van Langenhove, "Enhancing Global Governance Through Regional Integration," *Global Governance*, Vol. 12, No. 3, 2006, pp. 233 – 240.

② 庞中英：《全球治理赤字及其解决：中国在解决全球治理赤字中的作用》，《社会科学》2016 年第 12 期。

(三) 强治理的界定标准

这里主要采纳了相对有效性的界定。① 同时，从治理过程出发关注议题的变化态势。基于上述考虑，可以确定一系列判定治理有效性的指标。制度有效性评估最直接的方法是通过数据分析明确议题治理态势，但是纯数据分析会掩盖一些有意义的现象，如国家制定的那些在较长时间内才会产生影响的重要政策等。因此，本书借鉴了有关学者提出的替代方法，即分析"行为有效性"。② 具体而言，国家负有监管公共目标的责任，并确保以一种可见和可接受的方式使之得到实现，如制定长期政策与塑造社会观念等。③ 由于国际制度最终需要通过国家采取的国内行动来执行，国内行动提供了分析治理有效性的其他指标。综合上述考虑，治理强度总体上可以通过下述指标进行界定。

1. 治理进展

治理进展反映的是议题本身的变化，即出现了持续改善还是加速恶化的态势。与既有研究关注治理结果不同，制度有效性不只是体现在是否将问题根除，还在于议题是否出现了改善趋势，这对于治理那些历史累积产生的问题尤为重要。治理进展具体存在这样的程度区分：议题的恶化速度放缓、扭转进而正向发展，可以称为强治理；相反，议题也可能出现正向增长放缓、扭转进而趋于不断恶化的态势，可以被界定为弱治理。

2. 直接行为

行为体是否积极采取了有助于问题解决的直接行动或主动承担了相应的责任。在气候变化议题中，各国是否采取了与削减温室气

---

① Arild Underdal and Oran R. Young eds. , *Regime Consequences*：*Methodological Challenges and Research Strategies*, Dordrecht：Kluwer Academic Publishers, 2004, p. 43；Ronald B. Mitchell, "Problem Structure, Institutional Design, and the Relative Effectiveness of International Environmental Agreements," *Global Environmental Politics*, Vol. 6, No. 3, 2006, pp. 72 – 89.

② Daniel C. Matisoff, "Are International Environmental Agreements Enforceable? Implications for Institutional Design," *Int Environ Agreements*, Vol. 10, 2010, pp. 165 – 186.

③ Anthony Giddens, *The Politics of Climate Change*, London：Polity Press, 2009, p. 69.

体（Greenhouse Gas，GHG）排放直接相关的调整能源结构与发展清洁能源等行动，也包括发达国家积极承担向发展中国家提供资金以及技术援助等责任。

3. 合作

合作在治理中扮演关键角色，全球治理是全球应对共同挑战和威胁的"国际集体行动"，除了合作没有解决这些问题的其他可能。合作有助于资源合理调配，增强各国的应对能力。合作的深度和广度影响着未来的前景，强治理意味着出现了广泛的双边与多边合作。例如，气候治理中出现的中美与中欧清洁能源合作，东盟能源合作以及东亚清洁能源合作等。

4. 立法

国际社会中尽管存在一些国际机构直接执行国际制度的情形，如国际刑事法院对犯有战争罪的人员进行制裁，但是在国家主权体系占主导地位的背景下，制度最终主要通过国内机制来完成。[①] 气候治理仅靠市民社会和市场是不能使问题得到解决的，现实的策略在于借助政府权威。[②] 国家通过制定国内法规督促国内行动，并保证行动长期贯彻。因此，考察各国在国际制度确立后采取的国内立法行动可以确定其长期政策的变化。

5. 规范认同

行为体对制度核心规范的认同程度存在差异。杰弗里·切克尔（Jeffrey T. Checkel）指出，社会化可能只是处于理性计算阶段，又或者是角色扮演，还可能实现了完全内化。[③] 高度内化意味着行为体

---

① Yasuko Kameyama, "Can Japan be an Environmental Leader? Japanese Environmental Diplomacy since the Earth Summit," *Politics and the Life Sciences*, Vol. 21, No. 2, 2002, pp. 66 – 71.

② Anthony Giddens, *The Politics of Climate Change*, London: Polity Press, 2009, p. 128.

③ Jeffrey T. Checkel, "International Institutions and Socialization in Europe: Introduction and Framework," *International Organization*, Vol. 59, No. 4, 2005, pp. 801 – 826.

将制度框定的因果联系视为正确的，并相信通过制度界定的路径最终可以解决相关问题。

6. 规则衍生

制度的规则衍生与议程扩展能力等可以作为辅助性指标。制度可以衍生出一系列补充性的具体规则或地区性规则，使得治理呈现出明显的程序性和持续性等特征，进而治理进程具有了不可逆性。制度总是基于特定议题提出的，当议题发生变化时，制度能够随之扩展自己的议程，从而继续指导议题治理，那么就呈现为强治理。相反，如果制度难以随着议题变化作出相应的调适，议题陷入无制度治理的局面，那么就呈现为弱治理。

三　两个澄清

制度与治理都呈现出连续性分布的特征，即从弱制度到强制度，从弱治理到强治理。传统研究认为这两组变量存在线性对应关系，本书并不准备在二者之间确立起新的线性联系，而是要对这一误导性认知作出修正。正如学术界已然注意到的强制度可能导致弱治理一样，如出现的"治理赤字"与"制度困境"等界定，弱制度也不必然导致强治理。事实上，存在于由强制度到弱制度的连续体之间的每一种制度类型都可能产生不同的治理结果。弱制度能够产生强治理除了制度本身的相关特性外，还与其他条件性变量有关。因此，本书旨在系统阐释弱制度这一具体制度类型如何导致了强治理的出现。

制度设计并不是确保制度有效性的唯一根源。有学者就指出，国际组织有效性的首要障碍是国家利用国际组织增进狭隘的国家利益而不是广泛的组织目标，国际组织自主性越高表现越好，而自主性不能由制度设计来保证。[①] 此外，也有学者分析了民主制度对国家

---

① Ranjit Lall, "Beyond Institutional Design: Explaining the Performance of International Organizations," *International Organization*, Vol. 71, No. 2, 2017, pp. 245–280.

作出政治承诺（policy output）与转化政策结果（policy outcome）上的影响。① 当前强制度在众多议题中面临的合法性和有效性危机表明，我们不能判定某一类制度必然更"好"，也不应期盼某一类制度能够适用于所有议题。正如有关学者指出的，制度有效性取决于制度设计要素与问题结构变化之间的互动。② 但是，制度设计的确是影响制度有效性的关键要素，尤其是将其与其他因素结合起来考察时，制度设计尤其值得关注。

本章小结

制度的有效性取决于制度设计与其运作环境的契合性，没有一种制度能够在所有环境中都具有高度有效性。本章主要阐述了影响弱制度设计产生及其导致强治理结果的外在环境条件。依据单元属性和权力分布，国际环境大体上可以区分为权力不对称（霸权）环境和权力均衡的异质性环境。当前国际社会最显著的特征是随着新兴国家崛起，正在由霸权环境向权力均衡的异质性环境转变，这直接体现在多元文明兴起与全球治理去中心化的进程中。

国际环境的变化对国际制度提出了新的要求，不同类型制度表现出了不同的有效性。因此，明确下述问题成为当前最紧迫的议题，即哪一类制度在当前环境中更有效以及为什么会更有效？通过梳理相关议题可以发现，许多由西方国家主导建立并仅能反映其单方面偏好的强制度面临着严峻的合法性和有效性危机，国际社会共同参

---

① Michèle B. Bättig and Thomas Bernauer, "National Institutions and Global Public Goods: Are Democracies More Cooperative in Climate Change Policy?" *International Organization*, Vol. 63, No. 2, 2009, pp. 281 – 308.

② Ronald B. Mitchell, "Problem Structure, Institutional Design, and the Relative Effectiveness of International Environmental Agreements," *Global Environmental Politics*, Vol. 6, No. 3, 2006, pp. 72 – 89.

与建立的弱制度却指引相关议题取得了一系列进展。分析为什么弱制度在当前国际环境下会产生强治理这一问题，具有重要的理论和现实价值。当前的分析家集中展示了规范的"重要性"，很少反思这些关键问题：哪个规范重要，作用方式，它的重要性与其他因素的相关性。①

本章还提出了界定弱制度与强治理的一系列指标。与此前主要依据制度有效性以及制度化程度等标准界定制度强弱不同，在借鉴软法与制度复杂性研究的基础上，制度构成要素（规则和规范等）的清晰性、内聚性和兼容性等可以作为新的界定指标。与相关学者依据结果来判定治理强度不同，在借鉴相对有效性与治理过程等研究进展的基础上，治理进展、直接行为、合作、立法与规范认同等指标反映的治理态势提供了界定强治理的思路。

基于本章对国际环境的总体介绍以及相关概念的界定，下一章将开始从理论角度对"弱制度—强治理"的逻辑关系展开回答。本章关于国际环境变革与新制度诉求的分析，将在最后一章关于制度变革的反思中得到呼应。

---

① Jeffrey W. Legro, "Which Norms Matter? Revisiting the 'Failure' of Internationalism," *International Organization*, Vol. 51, No. 1, 1997, pp. 31 – 63.

第 二 章

弱制度设计：认知差异与观念平衡

本书探讨的核心问题是，弱制度如何导致了强治理的出现？然而，要回答该问题就必须明确弱制度是如何产生的。特定制度类型的出现总是与特定的环境密切相关。在西方主导国际秩序的背景下，西方国家主导确立了一系列严格反映自身偏好且便于对他国施加控制的国际制度。在现代世界政治内在的结构和利益多样性条件下，更倾向于产生复杂性制度，而不是综合性、一体化的制度。① 上述变化意味着我们需要重新审视传统国际制度建构理论的适用范围。基于西方主导国际秩序的历史经验提出的"建构者—接受者"单向互动制度建构模式，仅适合于解释强制度，在解释弱制度时存在逻辑漏洞。

弱制度的产生与特定环境密切相关。弱制度的相关设置表明它并没有完全契合任何一方的偏好，也就是说各行为体依据自身偏好确立制度（强制度）的努力失败了，这种限制行为体目标达成的因素——其他行为体偏好——便是弱制度出现的直接原因。弱制度建构过程体现为，存在认知差异的行为体都有自己偏好的制度设计方案，并积极争取将其确立为国际制度，制度建构呈现为双向互动过

---

① Robert O. Keohane and David G. Victor, "The Regime Complex for Climate Change," *Perspectives on Politics*, Vol. 9, No. 1, 2011, pp. 7 – 23.

程。在议题压力推动下，各方为确保制度建构完成而有意识地通过调整制度设计弥合分歧，在保证有限共识的情况下兼顾各方偏好。

这一章主要围绕弱制度的设计过程展开界定。首先提出了三个一般性假定，作为分析弱制度设计的总体背景。其次，从三项假定出发具体阐述了制度建构过程中存在的认知差异及其引发的倡议竞争。同时，对制度建构过程中的一项促进因素——议题压力进行了界定。最后，阐述了弱制度设计的出现。

第一节　弱制度设计的三个假定

制度设计不是凭空产生的，而是行为体在特定环境的约束下有意识设计的结果。分析弱制度的生成环境与过程，不仅有助于理解为何弱制度能够对环境变化表现出更强的适应性，也有助于明确弱制度的独特属性，从而为理解弱制度与强治理之间的因果关系奠定基础。通过对国际社会的总体分析与借鉴已有相关研究，这一节提出了三个一般性假定，即异质性、复合理性利己与有限认同。这些假定共同构成了分析弱制度设计的整体基础。

一　国际社会是异质性的

国际关系研究围绕着一个根本性判定展开，即行为体是同质性的还是异质性的。学术界的相关探索得出了一系列论断。雷蒙·阿隆（Raymond Aron）和斯坦利·霍夫曼（Stanley Hoffmann）认为，异质性系统（heterogeneous systems）趋向于不稳定，同质性系统则趋向于稳定。[①] 这里对异质性会产生怎样的结果不作预设，而主要强调存在异质性这一事实，并在此基础上展开理论推导。

---

① ［美］罗伯特·杰维斯：《系统效应：政治与社会生活中的复杂性》，李少军等译，上海人民出版社 2008 年版，第 115 页。

同质性在传统研究中处于核心地位，多数理论围绕该论断展开。理性主义假定行为体是同质的，最典型的界定是结构现实主义将国家视为只存在大小差异的弹珠或同类单元。① 同质性的出现是由——社会化和竞争——两个减少行为和结果多样性的进程导致的，竞争系统由更为成功的竞争者的理性所调控，所有幸存下来的单元变得彼此相像。② 建构主义等理论同样关注同质性、制度化和扬弃（winnowing）过程，但是演化路径关注持续性变化的存在以及未来多样性的根源。③ 社会化被界定为国家对体系中其他地方产生的规范内化的过程。④ 因此，行为体在互动之初是异质性的，但是结果却是走向同质，国际社会和经济体系最终呈现为同质性特征。⑤ 由于这种统一性，建构主义被视为理性主义的前一个阶段或补充就不足为怪了。⑥ 然而，这种封闭式逻辑并不契合国际关系现实，即异质性实际上处于不断发展当中。⑦ 社会化会导致一定程度趋同，但是异质性总是不可避免的，并直接影响着行为体的选择。⑧ 因此，更契合

① ［美］肯尼思·华尔兹：《国际政治理论》，信强译，上海人民出版社 2003 年版，第 124 页；［美］约翰·米尔斯海默：《大国政治的悲剧（新一版）》，王义桅等译，上海人民出版社 2008 年版，第 3 页。

② ［美］肯尼思·华尔兹：《国际政治理论》，信强译，上海人民出版社 2003 年版，第 101—103 页。

③ Michael Barnett，"Evolution without Progress? Humanitarianism in a World of Hurt," *International Organization*，Vol. 63，No. 4，2009，pp. 621 – 663.

④ Kai Alderson，"Making Sense of State Socialization," *Review of International Studies*，Vol. 27，No. 3，2001，pp. 415 – 433.

⑤ Fred Halliday，"International Society as Homogeneity：Burke，Marx，Fukuyama," *Millenium Journal of International Studies*，Vol. 21，1992，pp. 435 – 461.

⑥ ［美］彼得·卡赞斯坦：《变化世界中的国家安全》，载［美］彼得·卡赞斯坦《国家安全的文化：世界政治中的规范与认同》，宋伟等译，北京大学出版社 2009 年版，第 481 页。

⑦ Michael Barnett，"Evolution without Progress? Humanitarianism in a World of Hurt," *International Organization*，Vol. 63，No. 4，2009，pp. 621 – 663.

⑧ Duncan Snidal，"The Politics of Scope：Endogenous Actors，Heterogeneity and Institutions," *Journal of Theoretical Politics*，Vol. 6，No. 4，2014，pp. 449 – 472.

现实的假定行为体的异质性是普遍存在的，但是存在一定程度的共性。

近年来，异质性引起了广泛关注。一些学者从整体出发研究异质性对国际秩序的影响。塞缪尔·亨廷顿（Samuel Huntington）指出，冷战结束后，权力从西方向非西方的各文明转移，全球政治已变成了多极和多文明的。[①] 国际秩序产生于异质性的而不是单一的文化背景，多样性就像不对等的物质能力一样是给定的，文化多样性影响了国际制度的构建。[②] 价值观冲突和实力不平等构成了国际政治生活中的两个核心事实。[③] 另一些学者关注异质性对合作与制度设计等问题的影响。当国家间出现严重的利益分配冲突、偏好异质性和执行问题时，为保证合作顺利进行，需要选择硬法这一设计。[④] 此外，随着行为经济学兴起，心理账户（Mental Accounting）与前景理论（Prospect Theory）等观点相继出现，微观心理层次上的行为体偏好差异引起了广泛关注。[⑤] 异质性假定为展开更全面的分析奠定了基础。新古典现实主义强调，"单元同质性假定存在明显局限，放宽单

---

① ［美］塞缪尔·亨廷顿：《文明的冲突与世界秩序的重建》，周琪等译，新华出版社 1998 年版，第 8 页。

② Christian Reus-Smit, "Cultural Diversity and International Order," *International Organization*, Vol. 71, No. 4, 2017, pp. 851–885.

③ ［英］安德鲁·赫里尔：《全球秩序与全球治理》，林曦译，中国人民大学出版社 2018 年版，第 10 页。

④ C. A. Whytock, "A Rational Design Theory of Transgovernmentalism: The Case of EU-US Merger Review Cooperation," *Boston University International Law Journal*, Vol. 23, 2005, pp. 20–29, 32–47.

⑤ 20 世纪 80 年代初，为了解释行为体在特定情境下的消费行为与理性最大化模型不一致的现象，行为经济学家提出了前景理论与心理账户。心理账户指人们在心理上确立起不同账户，在消费时不仅会考虑当前成本还会考虑过去投入的成本。Richard Thaler, "Towards a Positive Theory of Consumer Choice," *Journal of Economic Behavior and Organization*, No. 1, 1980, pp. 39–60; Amos Tversky and Danniel Kahneman, "The Framing of Decisions and the Psychology of Choice," *Science*, Vol. 211, No. 4481, 1981, pp. 453–458.

元假定反而更有助于准确理解现实"。① 海伦·米尔纳（Helen Milner）也指出，"放松单一国家这一假设会产生对国际政治更丰富的新观察"。②

行为体的异质性体现在众多方面。其一，属性与能力差异，如国家与非国家行为体、大国与小国以及强国与弱国等；其二，制度与观念差异，如民主国家与专制国家、分属不同文明集团以及具有不同政治文化的国家等。中等强国的政治文化对一国的全球治理策略形成起到了"整体塑形"的效果。③ 此外，异质性也体现在不同层次的行为体上。微观层次上决策者的个体因素差异，宏观层次上行为体的身份差异等，都是异质性的重要表现。④ 详尽分析每个异质性因素的影响将陷入还原主义，基于异质性产生的结果却可以对其作出总体把握。异质性的影响集中体现在"决策时刻"，行为体的所有属性差异直接体现为决策时的偏好差异。因此，异质性分析可以从行为体偏好差异着手。

二　行为体是理性利己的

行为体理性利己是国际关系研究中被广泛接受的假定之一。肯尼思·华尔兹等学者借鉴微观经济学相关论点指出，国际政治与经济市场在结构上的相似之处只在于自助原则的通用性，国家的目标是为了确保自身生存，行为的选择取决于结果。⑤ 为了分析体系结构

---

① ［加］诺林·里普斯曼、杰弗里·托利弗、斯蒂芬·洛贝尔：《新古典现实主义国际政治理论》，刘丰等译，上海人民出版社 2017 年版，第 18 页。

② ［美］海伦·米尔纳：《利益、制度与信息：国内政治与国际关系》，曲博译，上海人民出版社 2015 年版，第 1 页。

③ 赵晨：《国内政治文化与中等强国的全球治理：基于加拿大的考察》，《世界经济与政治》2012 年第 10 期。

④ Jonathan Mercer, "Emotional Beliefs," *International Organization*, Vol. 64, No. 1, 2010, pp. 1 – 31；［美］罗伯特·杰维斯：《国际政治中的知觉与错误知觉》，秦亚青译，世界知识出版社 2003 年版，第 19、184 页；齐尚才：《错误知觉、议题身份与国际冲突：以中美南海航行自由争议为例》，《外交评论》2017 年第 5 期。

⑤ ［美］肯尼思·华尔兹：《国际政治理论》，信强译，上海人民出版社 2003 年版，第 122 页。

的作用，他们假定行为体的理性利己具有单一性，即对于特定事物
存在一致的价值判断。新自由制度主义总体上也接受了单一理性假
定，如规范的产生和扩散与国家基于成本—收益计算的利益一致。①
罗伯特·基欧汉正是基于此才提出，在气候治理中针对利己行为体
的激励而开展的减缓行动是五种框架中的最佳路径。② 新自由制度主
义对国内因素的关注使其有可能破除单一理性利己的界定，也确实
注意到了国际社会更多地体现出有限理性并且存在"移情"以及
"利他"现象。③ 然而，这种可能最终未能转变为切实的修正，相反
他们重新转向了单一理性假定。罗伯特·基欧汉明确指出，"国家由
于内部差别而具有非常大的多样性，虽然如此，体系理论可以帮助
我们理解世界政治经济中的各种限制性因素是怎样影响国家行
为的"。④

理性利己并不必然与体系解释绑定在一起，因此也并不必然是
单一的。学术界提出了两种解释行为的方法："由内及外"的单位层
次解释与"由外及内"的体系层次解释。⑤ 肯尼思·华尔兹将前者
视为还原主义并大加贬斥，主张开展体系分析。然而，正如罗伯
特·基欧汉指出的，没有一种体系分析是完美无缺的。理性主义强
调理性具有单一性，界定行为是否理性的标准是唯一的，在"猎鹿
博弈"中所有猎人都认为鹿的价值比兔子大。然而，与行为经济学

---

① Andrew Moravcsik, "The Origins of Human Rights Regimes: Democratic Delegation in Postwar Europe," *International Organization*, Vol. 54, No. 2, 2000, pp. 217 – 252.

② ［美］罗伯特·基欧汉：《气候变化的全球政治学：对政治科学的挑战》，《国外理论动态》2016 年第 3 期。

③ ［美］罗伯特·基欧汉：《霸权之后：世界政治经济中的合作与纷争》，苏长和等译，上海人民出版社 2012 年版，第 119—129 页；Robert O. Keohane, "Governance in a Partially Globalized World 'Presidential Address', 'American Political Science Association, 2000'," *The American Political Science Review*, Vol. 95, No. 1, 2001, pp. 1 – 13.

④ ［美］罗伯特·基欧汉：《霸权之后：世界政治经济中的合作与纷争》，苏长和等译，上海人民出版社 2012 年版，第 24 页。

⑤ ［美］罗伯特·基欧汉：《霸权之后：世界政治经济中的合作与纷争》，苏长和等译，上海人民出版社 2012 年版，第 28 页。

对传统经济学构成的挑战一致，异质性对单一理性假定发起了挑战。[1] 行为经济学认为，心理账户具有非替代性，即"每一元钱都是不一样的"。[2] 基于这一论断，理性判定标准并不是稳定的、客观的和外在的事实，而是根植于行为体自身的观念和背景知识当中，呈现出复合性特征，各行为体采纳的理性标准是不同的。就它们自身的价值标准而言，行为体的差异性行为可能都是理性利己的。在猎鹿博弈中，一些猎人可能认为兔子的价值比鹿更大，从而追逐兔子。

三　认同可以是有限度的

在二元价值观下，总是存在诸如善与恶、文明与野蛮的对立。关于行为体间的认同，人们倾向于将其界定为要么完全认同要么完全反对，很少关注有限认同问题。然而，现实中人们的态度并非总是泾渭分明，尤其是面对复杂事物时，可能赞同某些内容同时抵制另一些内容。这种有限认同意味着主体间性或者说文化在不同行为体那里的理解可能并不完全一致，规范建构的完成也不必然意味着行为体拥有了完全一致的认同。亚历山大·温特赋予文化或规范"动态性"以切合国际关系现实的核心依据包括：文化中不同逻辑之间的内在矛盾；施动者永远不可能是彻底社会化的，而只有彻底社会化的施动者才可能具有共有知识；共有知识产生的非本意结果；外力震动；创造力，即文化内部产生的新观念。[3] 同时，认同有限度的特征很大程度上是由观念转变的难易程度存在差异造成的。行为体对复杂性事物可能有限度接受，这与有关学者提出的认知结构界定一致。行为体既拥有一些根深蒂固的信念，也存在一些即时性认

---

[1]　Hafner-Burton et al. ，"The Behavioral Revolution and International Relations，" *International Organization*，Vol. 71，Supplement. 1，2017，pp. 1 – 31.

[2]　Richard Thaler，"Mental Accounting and Consumer Choice，" *Marketing Science*，Vol. 4，No. 3，1985，pp. 199 – 214.

[3]　[美] 亚历山大·温特：《国际政治的社会理论》，秦亚青译，上海人民出版社 2001 年版，第 234 页。

知，或者说核心认知与边缘认知。人们总是尽可能少地改变认识结构。如果必须有所改变，会首先改变那些最无关紧要、最不受证据支持以及与其他认识最无关联的部分。一旦核心认识发生变化，深远的认知变化也就会随之而来。① 由此可以得出一个更契合现实的假定，即行为体的认同或社会化可以是有限度的。

第二节　认知差异、倡议竞争与议题压力

制度建构的最终目标在于协调行为体共同解决特定问题。行为体进行制度设计时会受到物质和观念两方面因素的影响，但是人们总是过度强调物质因素而忽视观念因素。例如，博弈论因忽视非物质因素（心理因素等）对交易过程的影响而广受批判。② 这种局限同样体现在制度研究当中，人们常常忽视行为体的观念与文化差异等规范性因素的潜在意义，而主要关注问题中的客观性因素。有关学者提出了问题结构等概念，认为问题中行为体的动机、能力、信息与规范性环境等客观性因素影响了制度设计的选择。③ 这里强调规范性因素的影响，但并不否认物质因素的重要地位。因此，能够同时反映上述因素影响的行为体认知提供了合适的分析切入点，行为体认知由物质和观念因素共同塑造。行为体具有不同的偏好和利益界定，并希望依据自身偏好设计制度。在国际关系民主化的背景下，

① ［美］罗伯特·杰维斯：《国际政治中的知觉与错误知觉》，秦亚青译，世界知识出版社 2003 年版，第 303 页。

② Andrew T. Little and Thomas Zeitzoff, "A Bargaining Theory of Conflict with Evolutionary Preferences," *International Organization*, Vol. 71, 2017, pp. 523 – 557.

③ Arild Underdal and Oran R. Young eds., *Regime Consequences：Methodological Challenges and Research Strategies*, Dordrecht：Kluwer Academic Publishers, 2004, p. 43; Ronald B. Mitchell, "Problem Structure, Institutional Design, and the Relative Effectiveness of International Environmental Agreements," *Global Environmental Politics*, Vol. 6, No. 3, 2006, pp. 72 – 89.

依靠强制与胁迫等机制达到认知统一的传统制度建构路径不再有效，说服成为全球性制度建构的重要手段。与此同时，庞大的行为体数量以及诉求的多元性使得诱导也变得异常困难。因此，各行为体之间出现了激烈的倡议竞争。随着议题压力的增强，国际社会迫切期望尽快完成制度建构以展开治理行动。最终，行为体在制度设计上作出调整并导致了弱制度的出现。

一 认知差异：多元倡议的产生

传统研究过度强调国际指导，而忽视了规范根植于其他类型的社会实体，如区域、国家与次国家集团，这导致学者忽视了可能与国际指导相冲突甚至压倒后者的重要的次体系社会理解。[①] "双向互动"构成了弱制度设计的过程机制，其出现的深层根源在于权力均衡的异质性环境中认知差异的普遍存在。物质权力、政治体制以及文化背景等差异，造成了行为体对特定事物的不同界定。这些认知差异构成了行为体参与制度建构的知识基础，各方都希望依据自身偏好建立制度，并由此提出了存在明显差异的多元制度倡议。

（一）普遍存在的认知差异

认知是行为体关于客观实在的主观判断，不是客观事实在意识层面的二次再现，而是包含了行为体的价值取向。因此，即使关于同一现象，不同行为体以及同一行为体在不同情境下的认知往往存在明显差异。在不同文化中，关于"领导"的认知是不一样的，在日本文化中该词汇并不具有积极意义。[②] 认知差异常常作为分析错误知觉的基础来加以讨论，但是这里并不关注行为体认知是否正确，

---

① Jeffrey W. Legro, "Which Norms Matter? Revisiting the 'Failure' of Internationalism," *International Organization*, Vol. 51, No. 1, 1997, pp. 31 – 63.

② Yasuko Kameyama, "Can Japan be an Environmental Leader? Japanese Environmental Diplomacy since the Earth Summit," *Politics and the Life Sciences*, Vol. 21, No. 2, 2002, pp. 66 – 71.

而是强调认知差异本身在互动过程中的影响。秦亚青指出，比较突出的认知差异有两种：主客认知差异与主体间认知差异。① 基于这一判定，可以将认知差异进一步区分为两个类别。其一，不同行为体对同一事物的不同认知。新兴的非西方国家与美国享有不同的全球治理认知，西方国家的理想情景是像欧盟招募新成员那样让新兴国家拥抱西方的原则、规范，而新兴国家希望依据自身偏好对国际规则展开重塑。② 其二，认知差异也体现在同一行为体在不同情境下作出的不同判断，即"横看成岭侧成峰"。海伦·米尔纳指出，并不存在单一的国内偏好结构（structure of domestic preferences），偏好结构是因议题领域而变化的。③ 由此可以作出如下推断，行为体的价值取向总是存在明显差异并总是随着议题情境变化而改变，所以认知差异是普遍存在的。

（二）认知差异产生的根源

认知差异产生的根源在于行为体背景知识差异导致的不同认知偏好。背景知识是行为体基于自身属性和社会互动形成的关于如何开展以及评价相关行为的标准，各行为体之间往往存在明显差异。历史、习惯、社会角色、意识形态以及早期实践等差异，导致行为体对议题产生了不同的解读。影响背景知识构成的因素包括两个方面：其一，观念因素。从规范构成理性的角度来说，某些规范为国际制度设计中的"理性"提供了历史文化基础，界定了"理性"的内涵，因而也就塑造了制度的基本形态。④ 自由主义重视"国家—社会关系"——国家与它所内嵌的国内和跨国社会背景之间的关系——对国家行为的根本性影响，社会观念、利益和制度通过塑造

---

① 秦亚青：《主体间认知差异与中国的外交决策》，《外交评论》2010 年第 4 期。

② Stewart Patrick, "Irresponsible Stakeholders? The Difficulty of Integrating Rising Powers," *Foreign Affairs*, Vol. 89, No. 6, 2010, pp. 44 – 53.

③ ［美］海伦·米尔纳：《利益、制度与信息：国内政治与国际关系》，曲博译，上海人民出版社 2015 年版，第 15 页。

④ 朱杰进：《国际制度设计中的规范与理性》，《国际观察》2008 年第 4 期。

偏好影响国家行为。① 其二，物质因素。布兰特利·沃马克（Brantly Womack）指出，在不对称权力关系中的各方对同一事物的认知和敏感性是不同的。② 行为体在议题中的脆弱性与解决问题的经济成本等因素也促使国家形成不同立场，如推动者、拖后腿者、旁观者和中间者。③

（三）多元倡议的产生

在制度建构开始后，认知差异推动了不同制度建构倡议的出现。与传统研究基于意识形态崩溃的东欧国家等案例假定倡导者具有唯一性不同，倡导者通常是多元的，国家对适当性行为往往存在既有理解。④ 偏好影响政策结果——全球治理内容——与制度设计，崛起国与现状国存在不同的制度诉求。⑤ 行为体通过将议题与特定社会背景或类别联系起来，"框定"出议题的具体含义。并且，为了增强自身倡议的合理性，倡导者总是将新规范与既有规范联系起来。⑥ 玛莎·芬妮莫尔指出，事件本身并没有客观含义，但是行为体必须使它具有含义，并且行为体竞相给这些事件附加含义，因为这样做能够设定可以接受的行为动向的界限。⑦ 芬妮莫尔将框定视为国际组织

① Andrew T. Little and Thomas Zeitzoff, "A Bargaining Theory of Conflict with Evolutionary Preferences," *International Organization*, Vol. 71, 2017, pp. 523 – 557.

② Brantly Womack, "How Size Matters: The United States, China and Asymmetry," *Journal of Strategic Studies*, Vol. 24, No. 4, 2001, pp. 123 – 150.

③ Detlef Sprinz and Tapani Vaahtoranta, "The Interest-Based Explanation of International Environmental Policy," *International Organization*, Vol. 48, No. 1, 1994, pp. 77 – 105.

④ Andrew P. Cortell and James W. Davis, "When Norms Clash: International Norms, Domestic Practices, and Japan's Internalisation of the GATT/WTO," *Review of International Studies*, Vol. 31, No. 1, 2005, pp. 3 – 25.

⑤ Miles Kahler, "Rising Powers and Global Governance: Negotiating Change in a Resilient Status Quo," *International Affairs*, Vol. 89, No. 3, 2013, pp. 711 – 729.

⑥ Audie Klotz, "Norms Reconstituting Interests: Global Racial Equality and U. S. Sanctions Against South Africa," *International Organization*, Vol. 49, No. 3, 1995, pp. 451 – 478.

⑦ ［美］迈克尔·巴尼特、玛莎·芬妮莫尔：《为世界定规则：全球政治中的国际组织》，薄燕译，上海人民出版社 2009 年版，第 45—46 页。

发挥作用的手段，但是没有进一步解释这些"框定"差异可能造成的影响。规范建构很少只涉及一个偏好来源，而是由秉持不同观念的众多行为体共同参与确立的。正如阿米塔·阿查亚指出的，"不能只关注规范倡导者，还要关注地方和区域背景。规范建构不是一蹴而就或者线性的，规范会受到抵制，继而调整，争论和反馈是规范的永恒特征。规范建构和传播不只是强国的特权，传统研究忽视了非西方的声音"①。

二　制度建构的障碍：倡议竞争

倡议竞争在制度建构期间广泛存在，如联合国海洋法会议上的众多领海划界提案，但是学术界并未给予足够重视。基于权力和利益的理解，不关注管制理想的意义和国际政治中"立法时刻"必要的争论性和规范性维度。② 杰弗里·切克尔坦承，"我的理论将社会互动以一种线性和单向的方式模式化。我思考接收端——被说服者——的偏好变化，但是没有明确考虑相反过程，即说服者自身的偏好被挑战并向重新界定开放。我因此未能抓住所有行为体的偏好都在桌面上时的过程"。③ 然而，只有通过倡议竞争才能真正理解弱制度的产生。

（一）倡议竞争出现的根源

传统研究认为，大国依据目标国在国际社会中的显著性及其相对倡导者的权力，对弱国采取强制与对强国采取说服。④ 这一逻辑显

①　Amitav Acharya, "Who Are the Norm Makers? The Asian-African Conference in Bandung and the Evolution of Norms," *Global Governance*, Vol. 20, No. 3, 2014, pp. 405 – 417.

②　Robyn Eckersley, "Soft Law, Hard Politics, and the Climate Change Treaty," in Christian Reus-Smit ed., *The Politics of International Law*, Cambridge: Cambridge University Press, 2004, p. 81.

③　Jeffrey T. Checkel, "Why Comply? Social Learning and European Identity Change," *International Organization*, Vol. 55, No. 3, 2001, pp. 553 – 588.

④　Renee de Nevers, "Imposing International Norms: Great Powers and Norm Enforcement," *International Studies Review*, Vol. 9, No. 1, 2007, pp. 53 – 80.

然无法对倡议竞争作出解释。既然存在单向互动与双向互动两种可能，界定双向互动出现的条件就尤为重要了。认知差异转变为倡议竞争依赖于下述因素。

首先，行为体理性利己。这是倡议竞争出现的一般性基础，行为体提出的制度倡议与自身利益相契合，通过建立这些制度可以维护甚至增加其收益。制度建构需要承担物质成本，传统研究认为这决定了只有霸权国家或大国可以提供"公共产品"。然而，这一界定显然过于理想了。正如杰弗里·切克尔提出的"文化匹配"问题，接受国会依据自身偏好作出选择。① 对于与自身偏好相悖的主张，行为体会进行抵制或本土化改造。本土信念是合法的规范性秩序的一部分，这是接受外部规范的条件，本土行为体重构外部规范以确保规范契合行为体的认知偏好（priors）和身份。② 可见，行为体无论实力大小，都希望确立的制度与自身偏好契合，至少会抵制不匹配制度在本地区的执行。

其次，国际关系民主化。无政府状态不是一个纯粹的自助体系，弱国和地位低下的成员国能够依赖大量国际规范、制度和惯例来加强自身安全。③ 在第三世界民族解放运动兴起以后，主权规范得以在全球范围内确立。程序性民主开始成为国际社会中的根本性规则，在此情形下权力的重要性让位于权威。④ 当前的国家间权力仍然存在明显差异，但是权力的运用必须通过程序授权。以强权为后盾的强

---

① Jeffrey T. Checkel, "Norms, Institutions, and National Identity in Contemporary Europe," *International Studies Quarterly*, Vol. 43, No. 1, 1999, pp. 83 – 114.

② Amitav Acharya, "How Ideas Spread: Whose Norms Matter? Norm Localization and Institutional Change in Asian Regionalism," *International Organization*, Vol. 58, No. 2, 2004, pp. 239 – 275.

③ ［美］詹姆斯·罗西瑙主编：《没有政府的治理》，张胜军等译，江西人民出版社 2001 年版，第 33 页。

④ Michael Barnett and Raymond Duvall, "Power in Global Governance," in Michael Barnett and Raymond Duvall eds., *Power in Global Governance*, Cambridge: Cambridge University Press, 2005, p. 2.

制性行为难以取得预期结果，反而会遭到抵制甚至报复。在现代环境下，法律地位的平等性赋予了弱小行为体表达意愿的权利，他们借助认知联盟等手段在民主程序中发挥作用。克里斯蒂娜·施耐德（Christina J. Schneider）指出，制度性环境扩大了弱国的影响，在常规交易阶段，分配结果反映国家的政治经济影响力；在特殊交易阶段，这些改革为弱国增加交易能力提供了机会。在需要全体一致通过的情况下，弱国用否决权迫使强国支付成本。①

最后，多元权力均衡。传统研究强调物质权力，国家被区分为强国与弱国。随着权力形式走向多元化，这种区分变得日益模糊。约瑟夫·奈（Joseph S. Nye）提出了"软权力"概念，与经济实力和军事实力等"硬"权力依赖劝诱和威胁不同，"权力的第二张面孔"依赖吸引和榜样的作用。② 此外，其他学者提出了五种权力类型。③ 多元权力的存在意味着国际互动比传统研究设想的更复杂。世界政治存在复杂的三维问题领域，每一领域都有不同的权力分配结构。④ 小国家和非国家行为体依托自身相关属性得以与大国展开对话，如小岛屿国家与 IPCC 等依托相关属性获得了与其物质实力不相匹配的影响力。

（二）倡议竞争的影响

在上述因素推动下，行为体的认知差异转变为持续的倡议竞争。制度建构不再是"倡导者—接受者"的单向（uni-directional）进程，而是一个双向互动（two-way）过程。在倡导者向接受者施加影响之

---

① Christina J. Schneider, "Weak States and Institutionalized Bargaining Power in International Organizations," *International Studies Quarterly*, Vol. 55, 2011, pp. 331–355.

② ［美］约瑟夫·奈：《硬权力与软权力》，门洪华译，北京大学出版社 2005 年版，第 6 页。

③ Michael Barnett and Raymond Duvall, "Power in Global Governance," in Michael Barnett and Raymond Duvall eds, *Power in Global Governance*, Cambridge: Cambridge University Press, 2005, p. 2.

④ ［美］约瑟夫·奈：《硬权力与软权力》，门洪华译，北京大学出版社 2005 年版，第 7 页。

外，还存在一个"反馈回路"（feedback loop），即呈现出"双向社会化"特征。[①] 在此基础上，阿米塔·阿查亚提出了新的规范生命周期界定——规范循环（norm circulation）。[②] 基于上述发现，传统研究忽视的边缘大国、中等国家与小行为体重新受到关注。[③] 学术界关于双向互动已有大量阐述，在此主要关注倡议竞争的两个结果。

首先，行为体认知出现了一定程度的融合。国家的偏好在谈判过程中随着国内特征转变而变化，谈判过程本身也是偏好变化的潜在根源。[④] 这种偏好转变过程具体体现为，倡导者通过社会化手段为对方确立新的认知。托马斯·瑞斯（Thomas Risse）提出了强调互动双向性、寻求真相的争论逻辑，持不同主张的行为体共同确立对情境理解的交往性共识。[⑤] 争论的结果是各方认知达成一致，这与单向互动的结果一样。由此可见，既有研究（不论强调单向还是双向互动）关于互动结果的判定都过于理想化了。事实上，人们总是尽可

---

① Jochen Prantl and Ryoko Nakano, "Global Norm Diffusion in East Asia: How China and Japan Implement the Responsibility to Protect," *International Relations*, Vol. 25, No. 2, 2011, pp. 204 – 223; Gregory Chin, "Two-Way Socialization: China, the World Bank and Hegemonic Weakening," *Brown Journal of World Affairs*, Vol. 19, No. 1, 2012, pp. 211 – 230; Marcia Don Harpaz, "China's Coherence in International Economic Governance," *Journal of Chinese Political Science*, Vol. 21, No. 2, 2016, pp. 123 – 147; 朱立群：《中国与国际体系双向社会化的实践逻辑》，《外交评论》2012 年第 1 期。

② Amitav Acharya, "The R2P and Norm Diffusion: Towards a Framework of Norm Circulation," *Global Responsibility to Protect*, Vol. 5, No. 4, 2013, pp. 466 – 479.

③ Mark Beeson and Richard Higgott, "The Changing Architecture of Politics in Asia-Pacific: Australia's Middle Power Moment?" *International Relation of Asia-Pacific*, Vol. 14, 2014; Ann E. Towns, "Norms and Social Hierarchies: Understanding International Policy Diffusion 'From Below'," *International Organization*, Vol. 66, No. 2, 2012, pp. 179 – 209; 魏玲：《小行为体与国际制度：亚信会议、东盟地区论坛与亚洲安全》，《世界经济与政治》2014 年第 5 期。

④ Detlef Sprinz and Tapani Vaahtoranta, "The Interest-Based Explanation of International Environmental Policy," *International Organization*, Vol. 48, No. 1, 1994, pp. 77 – 105.

⑤ Thomas Risse, "Let's Argue: Communicative Action in World Politics," *International Organization*, Vol. 54, No. 1, 2000, pp. 1 – 39.

能少地改变认识结构。① 行为体认知发生彻底转变进而达成普遍共识只是众多结果中的一种，更常见的是各方认知有限度融合。行为体对于国际制度并不是完全接受或拒绝，而是通过本土化改造将自身特性保留下来了。②

其次，制度建构进程陷入停滞。全球治理的全球参与性与国际关系的民主程序相结合，使得每一个国家都成为关键行为体。国际制度需要经过投票程序才能建立和作出决策，每一个国家都能够决定制度的命运；同时，个体行动影响到集体行动的成功，拒绝承担责任将会危及整体行动的出现，并触发"集体行动困境"。在制度建构过程中，各方都希望建立明确反映自身偏好的制度，而当他们都拒绝对自身立场作出进一步调整时，制度建构将陷入停滞。当前网络空间的制度建构因为美国倡导的网络自由与中国等倡导的网络主权之间的对立而陷入停滞。停滞有时会持续很长时间，但是也存在缩短的可能。尤其是随着对停滞可能造成的危害作出详细阐释，行为体会有意识地避免这一僵局。在《联合国气候变化框架公约》谈判过程中，各方吸取了联合国海洋法谈判等议题的教训，通过采取灵活性手段使得制度建构停滞时间大大缩短。③

三　制度建构的促进因素：议题压力

建构制度是为了解决特定问题，行为体对议题发展态势的认知影响了制度建构进程。约翰·鲁杰指出，今天多边协定下的许多制度创造活动，都来自那些制度自身，来自对紧迫的集体性问题的不

---

① ［美］罗伯特·杰维斯：《国际政治中的知觉与错误知觉》，秦亚青译，世界知识出版社 2003 年版，第 303 页。

② Amitav Acharya, "How Ideas Spread: Whose Norms Matter? Norm Localization and Institutional Change in Asian Regionalism," *International Organization*, Vol. 58, No. 2, 2004, pp. 239 – 275.

③ 从 1945 年"杜鲁门公告"开始，至 1982 年《联合国海洋法公约》通过，谈判持续了 37 年时间，如果以公约正式生效的 1994 年为节点，则持续了 50 年，这一艰难进程对后世制度建构产生了深远影响。

断讨论。① 议题压力指行为体认为议题的急剧恶化将危及自身与集体的利益，从而产生加快行动的"紧迫性"感受，包括议题本身恶化引发的现实危机（real crises）和对议题严重性的认识引发的感知危机（perceived crises）。② 基于下述原因，感知危机更具有分析意义。其一，行为体承受能力等方面的差异决定了判断现实危机的单一标准并不存在，如俄罗斯与小岛屿国家对气候变化危机的判断存在差异。其二，现实危机也需要通过感知危机才能影响行为。在行为体认识到危机存在之前，现实危机并不能直接影响行动。议题压力的出现与发展主要受到下述因素影响。

首先，议题压力作为一种认知，可能源于行为体的客观经历。已有的观念会影响后续认知，这些已有观念产生于经历与同辈影响等。③ 议题压力的出现反映的是行为体对已有观念的修正或强化。行为体可能已经注意到相关问题存在潜在威胁，当威胁加剧后这些认知得到了强化，如小岛屿国家对海平面上升的认识随着气候问题加剧而进一步强化。行为体可能最初并不认为相关问题存在紧迫性，但是一些突发性事件导致其修正了已有认识。2005 年，美国在遭受卡特里娜飓风袭击后感受到了应对气候变化的巨大压力。20 世纪 60年代，美国与苏联等海洋强国与主张拓宽领海的众多沿岸国家爆发了一系列渔业纠纷，这使得各方意识到了尽快建立统一领海制度的必要性。

其次，议题压力可能是国家、国际组织等行为体有意推动的结果。全球治理中的许多议题涉及专业技术问题，并非所有行为体都具备认知能力。同时，许多议题的变化是渐进性的，且多数情况下

---

① ［美］约翰·鲁杰：《对作为制度的多边主义的剖析》，载［美］约翰·鲁杰主编《多边主义》，苏长和等译，浙江人民出版社 2003 年版，第 39 页。

② Phil Orchard, "Protection of Internally Displaced Persons: Soft Law as a Norm-Generating Mechanism," *Review of International Studies*, Vol. 36, No. 2, 2010, pp. 281 – 303.

③ ［美］罗伯特·杰维斯：《国际政治中的知觉与错误知觉》，秦亚青译，世界知识出版社 2003 年版，第 145 页。

不同现象的关联性并不能直接被感知。此外，能力等方面的差异导致各方受议题影响的程度存在不均衡性。这些因素使得掌握专业知识、受影响最突出与掌握众多话语资源的行为体扮演关键角色，他们通过科学论证议题与灾难事件的联系，借助软权力和话语资源传播治理的必要性。南太平洋岛国面临着气候变化、海平面上升等重大生存威胁，依托其脆弱地位与国际社会对它的关注，在气候治理中发挥着重要作用，建立了全球广泛参与的太平洋岛国论坛机制，包括中国在内的各大国都与该论坛建立了对话机制。在危机建构过程中，国际组织因其专业性、非人格性或中立性等特征更容易取信于国际社会，表现出了明显的道义性和专业性权威。① 例如，IPCC报告描述的气候环境急剧恶化强化了各方开展气候治理的意愿。

最后，议题压力可能是行为体自我身份建构的结果。建构主义认为身份是由行为体相互建构产生的，反映的是一种主体间性。身份同时也是行为体主观建构的结果，即行为体希望自己能够获得某种身份。② 身份是行为体在解决相关问题与承担相应责任的过程中形成的，行为体越期望获得某种身份，就越容易感受到相关议题的压力。2005 年之后，物质实力不断提升的中国希望获得一种负责任大国的身份，并由此先后向国际社会提出"和谐世界""和平发展道路"以及"人类命运共同体"等一系列价值理念。基于这一考虑，中国在面对气候变化等关系到人类未来发展的重要议题时，会将其与负责任形象建构联系起来，因此相对于其他国家更容易感受到这一议题压力。同样，东盟积极追求地区内的中心地位，即"维护东盟在开放、透明和包容的地区架构中的中心地位和积极作用，作为促进和外部伙伴关系与

---

① ［美］迈克尔·巴尼特、玛莎·芬妮莫尔：《为世界定规则：全球政治中的国际组织》，薄燕译，上海人民出版社 2009 年版，第 26，33—35 页。

② Ann E. Towns, "Norms and Social Hierarchies: Understanding International Policy Diffusion 'From Below'," *International Organization*, Vol. 66, No. 2, 2012, pp. 179 – 209.

合作的主要动力"①。对这一身份的追求导致东盟国家在大国战略竞争加剧的现状下，对卷入大国争斗并沦为大国博弈场的担忧急剧上升，承受了更大的涉及该地区的议题压力。

议题压力在两个方面影响了制度建构进程，并导致了弱制度的出现。其一，议题压力上升使得时间因素变得至关重要，国际社会需要尽快完成制度建构并展开行动以避免更大危机的出现。传统的国际法造法模式缓慢，建立强制度需要漫长的协调，且最终很可能会失败。② 议题压力增长使得行为体对倡议竞争导致制度建构的沉没成本和边际成本不断扩大的前景保持警惕，采取措施尽快完成制度建构成为最优选择。其二，议题压力促进弱制度设计还得益于倡议竞争产生的一个重要结果，即各方立场在经过激烈争论后被更加直观地展现出来了，尤其是他们都意识到单方面塑造其他各方认知是很难做到的。国际社会开始思考如何在有限认同条件下确立起能够协调各方行动的制度。

第三节　观念平衡：弱制度设计
与制度建立

各方在互动中仅产生了有限认同，且都不愿进一步调整自身核心偏好，构建认知一致的强制度意味着继续展开无休止的倡议竞争。同时，议题压力在行为体之间产生了必须尽快完成制度建构从而开

---

① Association of Southeast Asian Nations, "The ASEAN Charter," December 2007, p. 5, https：//asean. org/wp-conte nt/uploads/images/archive/publications/ASEAN-Charter. pdf.

② Phil Orchard, "Protection of Internally Displaced Persons：Soft Law as a Norm-Generating Mechanism," *Review of International Studies*, Vol. 36, No. 2, 2010, pp. 281 – 303; Walter Kälin, "How Hard Is Soft Law? The Guiding Principles on Internal Displacement and the Need for a Normative Framework," *Brookings*, 19 December 2001, p. 4, https：// www. brookings. edu/wp-content/uploads/2016/06/20011219. pdf；陈海明：《国际软法论纲》，《学习与探索》2018 年第 11 期。

启治理的紧迫感。在此情形下，为确保在自身利益不受损害的同时尽快启动治理，行为体通过调整制度设计来平衡各方偏好。有学者指出，当存在严重的利益分配冲突、偏好异质性和执行问题等情形时，需要具有强制效力的国际硬法的介入。① 事实却正好相反，在协定的目的或主要内容上存在较大的争议，抑或清晰而细致的协定很难达成，那么软法在谈判中就能为谈判者所青睐。软法可以起到让参与方暂时破除僵局、协商妥协或稀释争议性较大内容的作用，发挥硬法无法具备的功能。② 那些自由管制理想（liberal regulative ideals）事实上经常被不同国家的谈判权力和能力差异扭曲，但另一方面这些管制理想并不因此而变得无关紧要。③ 这里将从清晰性、内聚性和约束性三个方面阐释各方观念的平衡过程，即弱制度设计过程。

一 观念平衡：偏好与利益

观念平衡是对弱制度设计过程和结果的总体概括。它与国际关系理论中的权力均衡等论断存在一定的相似性，均势既是各国间权力大致平衡的状态，也是实现权力平衡的过程或策略。观念平衡也可以从两个方面加以理解：其一，它反映的是通过调整制度设计来兼顾各方偏好的过程，即在不同适当性界定之间的折冲，或者说是弱制度设计形成的过程；其二，它反映的是各方偏好得到兼顾的结果，即各方的多元偏好和利益在制度中实现了共存，弱制度就是体现观念平衡的制度形态。因此，关于弱制度的设计过程和具体形态的分析，就是探讨各方如何实现观念上的平衡以及达成何种平衡的

---

① 徐崇利：《全球治理与跨国法律体系：硬法与软法的"中心—外围"之构造》，《国外理论动态》2013 年第 8 期。

② Armin Schafer, "Resolving Deadlock: Why International Organizations Introduce Soft Law," *European Law Journal*, Vol. 12, No. 2, 2006, pp. 194 – 208.

③ Robyn Eckersley, "Soft Law, Hard Politics, and the Climate Change Treaty," in Christian Reus-Smit ed., *The Politics of International Law*, Cambridge：Cambridge University Press, 2004, p. 91.

过程。

观念平衡可以通过对比利益平衡加以理解。与利益平衡的根本区别在于观念平衡强调行为体偏好在互动中的作用，观念平衡首先是偏好的平衡，在此基础上才是不同利益的平衡。在分析行为体互动时，学术界此前主要关注行为体间的利益平衡，而忽视了偏好的影响。[①] 这在单一理性假定下尤为明显，合作被视为"分蛋糕"，各方依据实力大小等标准获得相应的份额。然而，正如行为经济学注意到的，偏好在互动中发挥关键作用，心理账户具有非替代性，"每一元钱都是不一样的"。[②] 国际社会中的互动与之类似，更为常见的情形是行为体对获取不同性质的利益存在偏好差异。具体而言，观念平衡不是通过利益分割的方式实现，如存在岛屿领土纠纷的双方以对半分的方式解决，而是通过制度设计将不同行为体的偏好都纳入进来，如在解决岛屿纠纷时将主权划归一方所有，但是赋予另一方自由航行、捕鱼和开采资源等权利。

二　弱制度设计的三条路径

作为过程的观念平衡，反映的是弱制度的设计过程。弱制度建构是行为体在互动中通过调整制度要素的方式来兼顾各方偏好的过程。基于上文论述，弱制度设计过程中行为体采取的具体策略包括调整制度清晰性、规则内聚性以及整体约束性。在此就这三种设计条路径作详细阐述。

（一）清晰性：内涵模糊化

降低制度内涵清晰性是平衡各方偏好中最常用的手段。在各方立场存在显著差异的情况下，妥协在制度建构中扮演重要角色。妥

---

① Andrew T. Little and Thomas Zeitzoff, "A Bargaining Theory of Conflict with Evolutionary Preferences," *International Organization*, Vol. 71, 2017, pp. 523 – 557.

② Richard Thaler, "Mental Accounting and Consumer Choice," *Marketing Science*, Vol. 4, No. 3, 1985, pp. 199 – 214.

协主要存在两种形式：其一，各方在彼此立场之间折中，确立一种相对清晰的共同标准。在海洋法谈判期间，倡导 3 海里领海的海洋强国与主张 200 海里领海的沿岸国家达成妥协，最终确立了 12 海里领海划界标准。这种妥协在强制度建构中较为常见。其二，各方放弃完全依照自身偏好构建制度，通过模糊制度内涵赋予不同行为适当性，以保障各方共同接受的制度内涵被执行。这种妥协主要存在于弱制度设计中，并且由于模糊了博弈中的相对收益问题而更广泛地体现在国际协调当中。《联合国海洋法公约》就领海和专属经济区内航行自由作了如下规定，沿岸国和航行国"应适当顾及"彼此权利（第 56 条第 2 款和第 58 条第 3 款）。①

制度内涵的模糊化可以通过两种方式实现。其一，在设计制度的主要规则和规范时，行为体采用一些模糊性词汇展开界定。这类词汇包括适当、理应以及尽量等，行为体在理解规则的具体内涵时存在广泛的自主裁量空间。为了达成协议，行为体通常利用灵活性语言达成妥协，这使得传统性条款变得模糊或者增加选项和说明（options and caveats）。② 其二，行为体不设定明确的合法性或适当性界限，给各方留下充足的解释空间，即每一方都可以对制度作出利己性解释。发达国家认为"共同但有区别的责任"强调的是"共同责任"优先，发展中国家则认为其强调的是"区别的责任"优先。模糊性可能导致推卸责任进而阻碍合作，但是也通过赋予制度灵活性促进了合作。国际法的模糊性，不但能够从道德的角度对强国进行约束，同时也充当了一个工具，使更狭隘的国家利益合法化。③ 关

---

① 中华人民共和国海事局：《联合国海洋法公约》，人民交通出版社 2004 年版，第 20—21 页。

② Katerina Linos and Tom Pegram, "The Language of Compromise in International A-greements," *International Organization*, Vol. 70, No. 3, 2016, pp. 587 – 621.

③ Robyn Eckersley, "Soft Law, Hard Politics, and the Climate Change Treaty," in Christian Reus-Smit ed., *The Politics of International Law*, Cambridge：Cambridge University Press, 2004, p. 90.

于这一制度设计的具体影响，将在下一章详细讨论。

制度模糊性作为有意设计的结果挑战了将制度化等同于清晰化的论断。制度化表现为议题中各规范与规则的系统化和法律化，目的是确保行为体更好地接受相关价值理念的指导并解决相关问题。制度化是一种把新的认同与利益进行内化的过程，而不是仅仅影响行为的外生过程；社会化也是一个认知的过程，而不仅是一个行动的过程。① 制度化既可能是行为体推动相关规则进一步明确的清晰化过程，如反雇佣兵规范在法律化以后变得更清晰了；也可能是行为体出于制度整体有效性的考虑展开的模糊化过程，通过保留甚至增强内涵的模糊性来完成制度化，如人道主义干涉规范在完成向"保护的责任"制度的转变以后，清晰性反而下降了，各方可以对其作出截然不同的解释。

（二）内聚性：引入冲突性规则

在各方认知一致或者存在能够主导制度谈判的行为体的情况下，国际制度呈现为以核心规则为中心其他各规则彼此增强的规则结构。在世界贸易制度中，最惠国待遇与报复原则等相互增强并共同保证了世界市场的自由与开放。然而，在权力均衡的各方仅存在有限认同的情境下，各方借助国际社会中存在的规范冲突，通过将自身主张与相关规范绑定争夺适当性，制度建构之争演变为国际社会中各类基本原则之争。鉴于此类争论不可能达成一致，更实用的方法是将相互冲突的规则纳入同一制度当中——降低内聚性。

降低内聚性的方式有两种。其一，直接将冲突性规则纳入制度当中，最典型的就是以但书或附加声明的方式设立"逃离条款"，即允许国家在不违反协议的情况下中止先前谈判中作出的让步。② 《联

---

① Alexander Wendt, "Anarchy Is What States Make of It: The Social Construction of Power Politics," *International Organization*, Vol. 46, No. 2, 1992, pp. 391 – 425.

② B. Peter Rosendorff and Helen V. Milner, "The Optimal Design of International Trade Institutions: Uncertainty and Escape," *International Organization*, Vol. 55, No. 4, 2001, pp. 829 – 857.

合国海洋法公约》对于复杂和短期内难以解决的问题，直接在第287 条、第 298 条和第 310 条规定允许各方通过附加声明的方式加以限定。目前，各国提交的附加声明（包括签署时、批准时以及追加的）共计 123 次，涉及划界、渔业与航行等各个方面。① 其二，将相互冲突的规则糅合后形成新的规则，如"共同但有区别的责任"与"保护的责任"等。"保护的责任"同时包含了人道主义原则与主权原则的内涵，将主权失败界定为干涉的前提，默许了各方依据自身核心认知展开行动，如北约在利比亚的干涉行动以及中国与俄罗斯等国对它国干涉叙利亚问题的抵制。②

（三）非强制性：确认与执行

非强制性指对违约行为缺乏迫使行为体作出改变的惩罚措施与机制，通常体现为不存在明确授权的第三方确认和执行机构，但也存在设立的机构缺乏确认和执行能力的情形。《联合国海洋法公约》将裁决争端的权力交给了国际海洋法庭与仲裁庭，该机制因为众多制度障碍而难以启动，即使启动也难以发挥影响。中国在 2006 年提交的"关于《联合国海洋法公约》第 298 条的声明"中排除了任何国际司法或仲裁管辖。③ "南海仲裁案"出现后，该声明成为中国抵制国际干预的合法依据。同样，大陆架划界委员会作为大陆架问题的主管机构只具有建议权而非裁定权，并将存在争议的区域排除在

---

① United Nations, "United Nations Convention on the Law of the Sea: Declarations Made upon Signature, Ratification, Accession or Succession or Anytime Thereafter", http://www.un.org/depts/los/convention_agree ments/convention_declarations.htm#Philippines% 20Understanding% 20made% 20upon% 20signature% 20 （10% 20December% 201982）% 20and% 20confirmed% 20upon% 20ratification，2018/12/6.

② ［加］阿米塔·阿查亚：《美国世界秩序的终结》，袁正清等译，上海人民出版社 2017 年版，第 118 页；杨永红：《从利比亚到叙利亚——保护责任走到尽头了？》，《世界经济与政治论坛》2012 年第 3 期。

③ "声明"指出：《公约》第 298 条第 1 款 a 款、b 款和 c 项所述的任何争端不接受《公约》第 15 部分第 2 节规定的任何国际司法或仲裁管辖。"Declarations and Statements"，http://www.un.org/depts/los/convention_agreements/convention_declarations.htm#China% 20after% 20ratification，2018/11/16.

审议之外。①

弱制度的非强制性设计主要由下述考虑驱动。其一，在制度建构过程中，各方都担忧作出让步会使自己被不公平制度长期锁定，非强制性可以降低各方对妥协的恐惧。一旦行为体不再恐惧因违约遭受强制惩罚，制度建构僵局将得到化解。其二，非强制性是与弱制度其他设置联系在一起的，模糊性与低内聚性需要非强制性作为保障，这是因为它们与强制性的结合会产生潜在的威胁。掠夺性国家可能会利用制度解释的模糊性，借助权力优势和强制机制合法地侵犯其他国家。正如软法研究注意到的，软法会加剧权力政治，强国会借助自身权力优势贯彻自身偏好的解释，抵制不利于自身的解释。② 在国际关系民主化深入发展的当前，更可能出现的情形是"多数人的暴政"，每个国家都存在沦为受害者的危险。鉴于此，各国都抵制设立强制惩罚程序，或者通过设立"逃离条款"避免强制程序被触发，这使得惩罚程序通常仅停留在文本意义上。

非强制性能够作为制度设计的选项，是因为强制性对于制度执行并不是必要条件。在主权体制下，各国对于向超国家机构让渡权力始终保持谨慎。各成员国担心国际机制作为一个独立代理人会滥用硬法来干预自身事务。③ 除了极少数情形以外，国际制度本身通常并不存在强制执行的能力。另一方面，被赋权的机构在执行时也常常面临一系列障碍。有学者通过探讨为什么国际组织惩罚一些而不惩罚另一些规范违反国家总结出了两大执行障碍——地缘政治利益竞争的出现以及规范违反范围和本质的

---

① CLCS/40/Rev.1，《大陆架界限委员会议事规则》，2008 年 4 月 17 日，https：//documents-dds-ny.un.org/doc/UNDOC/GEN/N08/309/22/PDF/N0830922.pdf？OpenElement.

② 何志鹏、尚杰：《国际软法的效力、局限及完善》，《甘肃社会科学》2015 年第 2 期。

③ Armin Schafer，"Resolving Deadlock：Why International Organizations Introduce Soft Law，" *European Law Journal*，Vol.12，No.2，2006，pp.194–208.

不确定性。① 同时，强制程序的最终执行直接依赖于各方立场一致，即存在强大的执行力量。传统研究认为霸权国家或少数大国组成的集团是制度的主要执行者，然而他们在当前环境下施加强制也变得日益困难。在认知发生分裂的情况下，大国无法强制其他大国采取行动，甚至对弱小国家的强制也因为国际关系民主化变得难以展开。这使得一些学者开始将霸权结构界定为由社会契约确立起的权威等级，统治者向被统治者提供一套有价值的政治秩序，而反过来被统治者承认统治者的正当性。②

三　弱制度的建立

弱制度是作为各方观念平衡的结果确立起来的。在各方仅存在有限度认同的情况下，上述制度设计通过调整制度构成要素兼顾了各方偏好，最终确立了内涵充满模糊性、各项规则彼此冲突并且整体缺乏强制性的弱制度。在当前国际制度主要通过法律形式确立的背景下，制度建立的标志是制度性文件在国际社会上获得广泛批准，如《战俘公约》与《核不扩散条约》等。这一制度建立门槛进一步增加了弱制度出现的可能性。随着国际关系民主化的深入发展，传统的中小国家与边缘国家等凭借投票权等优势对制度的最终确立发挥关键性影响。在多元偏好并存的情形下，反映特定行为体偏好的倡议将由于其他各方的抵制而难以转变为制度。弱制度通过上述设计最大限度地汇聚了共识，并对各方偏好实现充分兼顾，由此能够获得广泛支持。其结果是最终确立的制度并没有完全契合任何一方的偏好，但是却为各方提供了实现自身偏好的空间。

综上所述，与强制度作为特定行为体观念在全球推广的结果不

---

① Daniela Donno, "Who Is Punished? Regional Intergovernmental Organizations and the Enforcement of Democratic Norms," *International Organization*, Vol. 64, No. 4, 2010, pp. 593 – 625.

② ［美］戴维·莱克:《国际关系中的等级制》，高婉妮译，上海人民出版社2013年版，第2页。

同，弱制度是存在偏好差异的各方观念平衡的结果。设计上的差异使得弱制度具备了一系列与强制度不同的属性和优势，形成了一种独特的"制度—合作"逻辑，并为强治理的出现提供了可能。对此，下一章将展开详细论述。

本章小结

本章探讨了弱制度的设计过程。依据传统研究提出的假定和制度建构路径，弱制度是不可能被主动设计出来的。要想解释弱制度为什么会出现，就需要通过更新假定对制度建构背景展开重新界定。本章首先界定了异质性、复合理性利己与有限认同三个假定。在异质性世界中，背景知识差异导致行为体对议题产生不同的认知和框定，进而提出了不同的制度建构倡议。行为体的理性利己属性决定了他们都期望依据自己的方案确立制度，国际关系民主化与权力多元化进一步增强了各国推进自身主张的能力。在此情形下，制度建构并不是倡导者对接受者的单向社会化，不同制度建构方案的倡导者会发生激烈较量——倡议竞争。最后，倡议竞争的结果并不必然是某一方胜出，更常见的情形是各方形成了有限认同。这种有限认同不足以支持强制度的建立，追求认知一致意味着无休止的倡议竞争，制度建构迟迟难以完成将延缓治理的展开。

议题压力是在制度建构陷入僵局后推动其前进的重要因素，是行为体主观上感受到的解决相关问题的紧迫性，促使行为体积极寻找破除僵局的路径。在意识到各方认知达成全面融合进而形成新的集体认知结构已然不可能实现的情况下，行为体转而选择通过调整制度设计来整合各方偏好。这种调整既包括选择非正式的建构制度方式，也包括对制度构成要素的设计。

弱制度是行为体在议题压力作用下基于有限认同展开设计的结果，实现了各方观念的平衡。行为体通过降低制度清晰性、内聚性和约束性来兼顾各方偏好,从而在有限共识的基础上迅速完成制度建构。可见,弱制度遵循了一种不同于强制度的设计过程。弱制度的建立并没有消除行为体的认知差异,与强制度协调一致认同条件下的合作不同,他侧重于协调存在认知差异的各方行动。

　　那么,这些制度设计上的差异赋予了弱制度哪些独特属性,会产生什么样的治理结果呢?下一章将围绕弱制度与强治理的关系展开阐述。

第 三 章

弱制度与强治理：动态强化的合作

弱制度作为观念平衡的结果并未消除各方的认知差异，而是成为了容纳多元偏好的协调框架。传统研究认为，弱制度下的行为体存在推卸责任的巨大风险。那么，弱制度是如何协调各方行动并产生强治理的呢？这可以从权力均衡的异质性环境以及弱制度促进合作的独特逻辑两个方面进行回答。

传统研究将基于强制度分析确立的"制度—合作"逻辑——强制、选择性激励和单一适当性——误认为是适用于各类制度的一般性逻辑。单一适当性通过提供清晰的行为标准使行为体知道"必须/不可以这么做"，既为强制行为体遵约提供了依据，也为激励/诱导行为体遵约提供了"选择"标准。弱制度并不能提供这样的清晰标准，也不存在强制机制，就这些履约机制而言弱制度必然是低效的。然而，弱制度产生强治理的现实表明，用强制度的标准测量弱制度是错误的，二者促进合作的逻辑存在本质差异。软法与制度复杂性等研究的相关发现为探索弱制度作用机制奠定了基础，弱制度能够在强制度无法产生的地方协调合作，并且通过自身机制可以实现比强制度更有效的治理。[①]

---

① Hartmut Hillgenberg, "A Fresh Look at Soft Law," *European Journal of International-al Law*, Vol. 10, 1999, pp. 499 – 504.

这一章首先借鉴软法和制度复杂性研究的相关论点，阐述弱制度的一系列重要属性和能力。在此基础上，对比强制度的作用机制提出并分析了弱制度促进合作的三项机制：多元适当性、相互施压与额外性激励。最后，对治理在弱制度主导下呈现出的动态强化特征及其生成机制作出解释。

第一节　弱制度的独特属性与优势

弱制度并不是强制度在功能上的弱化，而是一种与强制度存在本质差异的制度类型，正如软法与硬法以及软权力与硬权力的差异。在明确了弱制度是通过与强制度不同的建构方式设计产生的以后，可以基于相关设计探讨弱制度相对于强制度的独特属性。对此，软法和制度复杂性研究已做了丰富探索并取得了一系列进展。协议语言上的变化可以对国家行为产生巨大影响，尽管整个协议是非约束性的。[①] 软法具有成本低、批准快、修订易与弹性大等优势。[②] 通过对上述发现的归纳和分析，可以发现弱制度主要存在三个独特属性和六项优势。这些属性和优势为强治理的产生提供了可能性，帮助我们初步了解弱制度为什么能够克服合作中出现的障碍，以及是如何克服这些障碍的。

一　弱制度的独特属性

软法和制度复杂性研究为分析弱制度的属性提供了有益思路。罗伯特·基欧汉指出，松散联结的特定制度集合具备两个显著优势，即跨议题的灵活性与随时间的适应性。与综合性的、紧密联结的垄

[①]　Katerina Linos and Tom Pegram, "The Language of Compromise in International Agreements," *International Organization*, Vol. 70, No. 3, 2016, pp. 587 – 621.

[②]　石亚莹：《论软法的优势和作用：以国际法为视角》，《法学杂志》2015 年第 6 期。

断制度不同，制度丛结能更快地适应变化，尤其是当这种适应需要改变的规范和行为很复杂时，制度丛结的适应性优势就更明显。① 在一个需要各方共同行动，而各方的利益和执行承诺的能力又异常多样的环境里，适应性和灵活性显得极为重要。彼得·哈斯也指出，在缺乏主导国家愿意领导或者缺乏一个世界政府的情况下，对全球问题的集体回应依赖于国际制度机制。只有灵活的、能扩展组织视野的制度才能够更有效地应对问题，帮助引导成员国走向更有效的且对国际社会有益的治理。② 总体上，弱制度的独特属性体现在三个方面，即灵活性、适应性及包容性。

（一）灵活性

既有研究通常将制度的灵活性与适应性放在一起讨论，并依据适应性来界定灵活性。制度会遭遇预计之外的环境或冲击，面临集团内部想改变重要规则和程序的新诉求，制度的灵活性被界定为制度性规则和程序对新环境的适应能力。相关学者进一步指出，总体上存在两种灵活性类型，即适应性（adaptive）和变革性（transformative）。③ 由此产生了一个结论，制度对复杂环境的适应能力（适应性）越强则灵活性越强。上述论断富有启示意义，但是为了便于对弱制度属性展开分析，有必要对灵活性与适应性作出区分。

灵活性指制度在解释和运用等方面的多样性。弱制度的内涵模糊意味着各方可以对其作出不同的解释，低内聚性意味着可以任择相互冲突的规则作为依据，这与软法相对于条约给各国留下了更大的自主活动和决策空间类似。这种解释上的灵活性产生了三个重要结果。其一，行为体得以灵活应对内部压力，在保证决策自由的同

① Robert O. Keohane and David G. Victor, "The Regime Complex for Climate Change," *Perspectives on Politics*, Vol. 9, No. 1, 2011, pp. 7 – 23.

② Peter M. Haas and Ernst B. Haas, "Learning to Learn: Improving International Governance," *Global Governance*, Vol. 1, No. 3, 1995, pp. 255 – 284.

③ Barbara Koremenos et al., "The Rational Design of International Institutions," *International Organization*, Vol. 55, No. 4, 2001, pp. 761 – 799.

时缓解了"时间不一致"（time inconsistency）等问题。[①] 同时，通过提供"择地诉讼"的可能降低了行为体对履约的恐惧。其二，在存在国内政治不确定性的情况下，弱制度通过设置"逃离条款"等方式在争议较大的特定问题与整体议题之间建立"防火线"，作为制度设计中增强灵活性的一种设置保证了制度的有效性。[②] 其三，有些制度确立了一些安排以便通过更加深刻的方式变革自己，这种更深刻的灵活性通常涉及允许重新谈判条款或要求为该机构的生存进行新的谈判和批准的日落条款（sunset provisions）。[③] 总体上，上述设置使得弱制度得以规避强制度经常面临的一些风险，如退出或违反行为会使强制度面临生存危机，但是这种情形却很少出现在弱制度中。

（二）适应性

适应性指制度在面临环境和议题变化时的应变能力。环境变化存在横向和纵向两个方面，适应性因此也需要从这两个方面加以理解。横向上的适应性体现为制度能够经受住议题、区域以及层次等变化的考验。不同议题、区域与层次包含了不同的行为体和利益结构，既存在行为体属性单一的议题或地区也存在属性多元的议题和地区。在将特定制度扩展至与此前不同的议题和区域时，各制度的表现存在差异，其中弱制度更容易实现扩展。纵向上的适应性体现

---

① Jeffrey Kucik and Eric Reinhardt, "Does Flexibility Promote Cooperation? An Application to the Global Trade Regime," *International Organization*, Vol. 62, No. 3, 2008, pp. 477 – 505; David H. Bearce et al., "Does Institutional Design Matter? A Study of Trade Effectiveness and PTA Flexibility/Rigidity," *International Studies Quarterly*, Vol. 60, No. 2, 2016, pp. 307 – 316.

② David H. Bearce et al., "Does Institutional Design Matter? A Study of Trade Effectiveness and PTA Flexibility/Rigidity," *International Studies Quarterly*, Vol. 60, No. 2, 2016, pp. 307 – 316.

③ B. Peter Rosendorff and Helen V. Milner, "The Optimal Design of International Trade Institutions: Uncertainty and Escape," *International Organization*, Vol. 55, No. 4, 2001, pp. 829 – 857.

为制度能够经受住环境随时间而变化的考验，权力分布与技术条件等外在环境在制度建立后总是不断变化，弱制度在环境变化后能够持续存在。

弱制度的适应性是由多个因素导致的。第一，内涵清晰性等设置导致的制度解释上的灵活性影响了制度适应能力。如果环境不稳定或发生巨变，或者规范高度准确，规范很可能被废弃。① 反之，制度解释可以随着环境变化而调整，确保了制度的延续。② 气候治理议题中的"共同但有区别的责任"通过被作出不同的解释在"京都时期"和"后京都时期"实现了延续。第二，多边性增加了制度的稳定性。今天国际制度的某些部分是有力的和具有适应性的，很大程度上是由于这些制度在形式上是多边的。③ 再次，非约束性。非正式的政府间协议具有高度的动态性、多层次性和适应性，由于具有非约束性，各国更倾向于采用这些机制解决紧迫和复杂的跨国问题。④ 最后，制度变革的成本。弱制度为行为体实现自身利益提供了窗口，行为体即使在利益发生变化的情况下依然能够通过调整对制度的解释来获得法理支持。在此情形下，改造制度不会带来更大收益却要面临高昂成本，尤其是弱制度往往获得了广泛认同。

（三）包容性

包容性表现为能够将不同主张以及不同类型的行为体包含在同一制度框架内，各方的诉求都得到充分兼顾。与强制度通常由特定国家主导并赋予其"先行者特权"不同，弱制度体现出一种更大的

① Diana Panke and Ulrich Petersohn, "Why International Norms Disappear Sometimes," *European Journal of International Relations*, Vol. 18, No. 4, 2011, pp. 719 – 742.

② Lisbeth Zimmermann, "More for Less: The Interactive Translation of Global Norms in Postconflict Guatemala," *International Studies Quarterly*, Vol. 61, No. 4, 2017, pp. 774 – 785.

③ ［美］约翰·鲁杰：《对作为制度的多边主义的剖析》，载［美］约翰·鲁杰《多边主义》，苏长和等译，浙江人民出版社 2003 年版，第 39 页。

④ Shepard Forman and Derk Segaar, "New Coalitions for Global Governance: The Changing Dynamics of Multilateralism," *Global Governance*, Vol. 12, No. 2, 2006, pp. 205 – 225.

平等性。① 强制度通过提高加入和退出的"门槛"来降低行为的不确定性，加入所能获得的收益与退出所需付出的代价影响了行为体的选择，获得成员资格的条件能够促进政策的转变。② 相反，弱制度并不谋求通过"筛选"程序来影响行为体，而是通过尽可能包容更多的行为体来确立一种强合法性，并由此形成一种促进合作的社会压力。秦亚青指出，与传统西方主导的治理理念（一元主义治理观、工具理性和二元对立思维方式）不同，多元主义（pluralism）包含了三个基本要素，即多样性、包容性与互补性。其中包容性意味着融合来自不同行为体的不同观念和实践，以便形成合理有效的全球治理。③ 与曼瑟尔·奥尔森（Mancur Olson）界定的行为体收益随着集团规模扩大而减少相反，收益会随着成员的增加而增加，这在海洋法谈判中表现得尤为明显。普遍的参与，所带来的结果远比任何少边安排来得更好。④ 包容性意味着各方的参与存在普遍性，合作也因此具有了更强的稳健性。

二　弱制度的六种能力

基于上述属性，弱制度在促进合作方面具有一系列独特能力或优势。这不但使其能够推动那些强制度难以发挥作用的议题实现治理，更构成了强治理出现的基础。在此，软法和制度复杂性等相关

---

① Robert O. Keohane, "Governance in a Partially Globalized World 'Presidential Address', 'American Political Science Association, 2000'," *The American Political Science Review*, Vol. 95, No. 1, 2001, pp. 1 – 13.

② Judith Kelley, "International Actors on the Domestic Scene: Membership Conditionality and Socialization by International Institutions," *International Organization*, Vol. 58, No. 3, 2004, pp. 425 – 457；庞珣：《国际公共产品中集体行动困境的克服》，《世界经济与政治》2012 年第 7 期。

③ 秦亚青：《全球治理失灵与秩序理念的重建》，《世界经济与政治》2013 年第 4 期。

④ ［美］米尔斯·卡勒：《小数目和大数目中的多边主义》，载［美］约翰·鲁杰主编《多边主义》，苏长和等译，浙江人民出版社 2003 年版，第 340 页。

研究的发现依然具有重要的借鉴价值。例如，软法能够更有效地应对不确定性，促进妥协以及互惠的合作。① 通过对相关研究的分析和归纳，这里界定了弱制度的六种能力。

第一，提供了一种没有明确责任界定的身份，由此形成一种弹性、动态的责任模式。像所有制度一样，弱制度通过提供一种参与者身份使行为体认为履行一定责任是适当的。但是，他并没有明确界定各方所需承担责任的界限或者说禁止性内涵，如不得进行奴隶贸易等。② 这产生了一种可能，即在一定条件下各方承担责任的程度存在不断提升的空间，尽管也存在向反方向发展的可能。因此，弱制度下的履约存在明显的"动态性"，这与软法研究提出的动态遵约逻辑一致。软法为行为体提供了遵守国际法的一种"动态"模式，从而克服了僵硬的、爆发式的改变国际法的路径，保障了国际法律秩序的稳定性和连续性。尽管各国不可能完全遵守软法，但软法却会影响各国的行为。③

第二，赋予了行为体利益调适的空间。有学者指出，如果国际法存在漏洞或模棱两可的条款，不能明显支持争端任何一方的立场，那么领土争端将难以通过和平方式解决。④ 然而，现实却常常正好与之相反。在各方存在偏好差异且都高度敏感的议题中，强制度仅能够赋予一方偏好合法性，获得制度支持的一方态度会更加激进或强硬，其他各方则日益不满并质疑制度本身的合法性，不但发生冲突的可能性会增加，制度本身也将遭遇困境。弱制度的模糊性使得各

---

① Kenneth W. Abbott and Duncan Snidal, "Hard and Soft Law in International Governance," *International Organization*, Vol. 54, No. 3, 2000, pp. 421–456.

② ［美］罗伯特·基欧汉：《霸权之后：世界政治经济中的合作与纷争》，苏长和等译，上海人民出版社 2012 年版，第 59 页。

③ 王学东、方志操：《全球治理中的"软法"问题：对国际气候机制的解读》，《国外理论动态》2015 年第 3 期。

④ Paul K. Huth et al., "Does International Law Promote the Peaceful Settlement of International Disputes? Evidence from the Study of Territorial Conflicts since 1945," *American Political Science Review*, Vol. 105, No. 2, 2011, pp. 415–436.

方都可以宣称自己的主张具有合法性，但是这种合法性又不具有唯一性。这种有限的合法性促使各方保持克制，并在框架内围绕具体行动展开进一步协商。总体上，弱制度从两方面推动了利益调适。其一，行为体之间的利益调适。在存在清晰规则界定的情况下，行为体作出妥协会面临显著的"观众成本"。[①] 由于弱制度不存在明确的适当性界定，行为体反而更容易作出妥协。其二，行为体内部的利益调适。行为体政策影响到内部成员的利益，如气候治理中民主国家在运输业上遭遇的挑战尤其明显，这涉及对个人（流动）自由的限制。[②] 弱制度赋予政府更大的自主性，为协调国内利益与国际责任提供了空间。

第三，为非国家行为体参与提供了广泛空间。内涵模糊性与规则冲突性使国家和国际组织更具有渗透性，因此专家和非国家行为体在国际合作中被赋予关键角色。[③] 强制度通过界定出明确的行为准则，将非国家行为体排除在外。弱制度的模糊性使得各方都积极借助非国家行为体的支持来提升自身的合法性。由此，非国家行为体成为促进治理的重要参与方，进而影响了制度的执行。[④] 此外，弱制度为"认知共同体"的形成提供了条件。内涵模糊使得国内相关群体可以对制度作出不同阐释，并与国际社会上立场一致的其他行为

① Jack S. Levy et al. , "Backing Out or Backing In? Commitment and Consistency in Audience Costs Theory," *American Journal of Political Science*, Vol. 59, No. 4, 2015, pp. 988 – 1001; Stephen Chaudoin, "Promises or Policies? An Experimental Analysis of International Agreements and Audience Reactions," *International Organization*, Vol. 68, No. 1, 2014, pp. 235 – 56.

② Michèle B. Bättig and Thomas Bernauer, "National Institutions and Global Public Goods: Are Democracies More Cooperative in Climate Change Policy?" *International Organization*, Vol. 63, No. 2, 2009, pp 281 – 308.

③ Karen J. Alter and Sophie Meunier, "The Politics of International Regime Complexity," *Perspectives on Politics*, Vol. 7, No. 1, 2009, pp. 13 – 24.

④ Lars H. Gulbrandsen and Steinar Andresen, "NGO Influence in the Implementation of the Kyoto Protocol: Compliance, Flexibility Mechanisms, and Sinks," *Global Environmental Politics*, Vol. 4, No. 4, 2004, pp. 54 – 75.

体联合向政府施压，由此为非国家行为体对目标国民众展开社会化提供了可能。在"制度碎片化"背景下，非国家行为体是机制复合体的重要参与者。①

第四，提供了获取"额外声誉"的机会。声誉反映的是行为体在互动中获得其他行为体认可的程度。过去的行动与后续的纠纷密切相关，声誉的影响超出了过去冲突发生的即时环境。在互动过程中，领导人必须考虑国际冲突中政策决策产生的声誉影响。② 声誉是行为体决策时的关键性考量，会赋予行为体权力合法性，影响行为体的利益。甚至有学者指出，霸权战争本质上是对声誉的争夺。③ 在强制度下，违反制度会损害声誉但是遵守却不会明显增加收益。相反，在弱制度下，由于不存在界定行为适当性的唯一标准，行为体只要作出高于其他行为体预期的行动就会赢得额外声誉。对于希望提升自身地位或改善形象的国家而言，弱制度主导的议题是其提升声望的理想领域。此外，弱制度中不存在固定的主导者，成为引领者的潜在可能激励了各方积极行动。

第五，为区域化和集团化治理提供了条件。集团性政治在弱制度建构过程中发挥了重要作用，谈判联盟在制度确立后转变为治理联盟和相互施压联盟。弱制度的模糊性以及执行机制的虚弱，使得集团政治在制度执行过程中仍然扮演着重要角色。这既是出于避免其他行为体施压的需要，也是出于增强向其他行为体施压能力的需要，即迫使其他行为体承担起更多责任。同时，区域一体化作为一

---

① Amandine Orsini, "Multi-Forum Non-State Actors: Navigating the Regime Complexes for Forestry and Genetic Resources," *Global Environmental Politics*, Vol. 13, No. 3, 2013, pp. 34 – 55.

② Alex Weisiger and Keren Yarhi-Milo, "Revisiting Reputation: How Past Actions Matter in International Politics," *International Organization*, Vol. 69, No. 2, 2015, pp. 473 – 495.

③ Randall L. Schweller and Xiaoyu Pu, "After Unipolarity: China's Visions of International Order in an Era of U. S. Decline," *International Security*, Vol. 36, No. 1, 2011, pp. 41 – 72.

种国家与全球的中间层次，避免了国家单边主义和全球多边主义存在的局限。弱制度促进了地区合作，建立起了能够协调区域间互动的全球制度框架，避免了区域化的负面影响。① 尤其是弱制度为差异性较大的地区开展一体化提供了可能，如东亚作为差异性最显著的地区采取的"东盟方式"。

第六，是一种规范生成机制。② 相较于强制度，弱制度涵盖了更广泛的议题和规则，同时由于内涵的模糊性以及强合法性，规范倡导者更容易将后续提出的新规范与之建立联系，进而实现规范的建构和扩散。同时，弱制度作为一般性机制，避免了强制度通常会面临的地区性文化或制度差异的挑战，行为体可以依据本地区的特性在弱制度基础上建立起具体的行为准则。这些规则由于更为清晰和具体，有效弥补了弱制度可能存在的局限。

上述界定并未完全涵盖弱制度所有的独特属性和能力，然而，仅通过归纳的这些属性便可以发现弱制度为强治理的出现提供了可能。但是，要进一步揭开弱制度与强治理之间的因果机制，还须借助演绎方法从更加微观的层面分析弱制度下行为体的互动过程。弱制度的上述属性和优势也具体体现在行为体的互动过程当中，并构成了一种不同于强制度的遵约逻辑。

第二节　弱制度的三项遵约机制

弱制度能够产生强治理，关键在于弱制度遵循了一种不同于强制度的"制度—合作"逻辑。对于强制度下的行为体遵约行为，学术界提出了强制、选择性激励和单一适当性三种机制。曼瑟尔·奥

---

① Ramesh Thakur and Luk Van Langenhove, "Enhancing Global Governance Through Regional Integration," *Global Governance*, Vol. 12, No. 3, 2006, pp. 233 – 240.

② Phil Orchard, "Protection of Internally Displaced Persons: Soft Law as a Norm-Generating Mechanism," *Review of International Studies*, Vol. 36, No. 2, 2010, pp. 281 – 303.

尔森指出，强制和激励是国际合作出现的两个重要机制。① 然而，在有限认同环境下，强制度的三种遵约机制出现严重的内在冲突并引发了"集体行动困境"。弱制度遵循了一种不同的合作逻辑，并由此具备了强大的协调能力。首先，承认了多元适当性的存在；其次，将行为体合作的动力由制度强制转变为行为体相互施压，即合作的出现源于行为体对利己考量与社会压力的权衡；最后，与"选择性激励"不同，弱制度在实现利益与责任平衡的基础上，通过额外性激励诱导所有参与者承担责任。

一　强制度下的"制度—合作"逻辑

行为体为什么会遵守制度呢？伊恩·赫德（Ian Hurd）指出，权力货币对于所有关系而言并不是同样的，而是包括强制、利己与合法性三种形态，行为体因为惧怕惩罚、规则符合自身利益或认为规则合法选择遵约。② 就三方互动而言，自己的罪恶感和羞耻心、受害者的报复以及社会指责促进了遵约。③ 杰弗里·切克尔认为，遵守规范是一个包括工具性选择和社会学习的过程。④ 总体上，学术界通过分析强制度界定了三项遵约机制，即强制、选择性激励与单一适当性，并认为其适用于所有制度。但是，它们显然并不适用于弱制度，并且它们的关系在不同环境中存在差异——决定了强制度有效性的变化。

（一）单一适当性

适当性指行为体主观上认为采取制度规定的行动是正确的。"适

① ［美］曼瑟尔·奥尔森：《集体行动逻辑》，陈郁等译，上海人民出版社1995年版，第3页。

② Ian Hurd, "Legitimacy and Authority in International Politics," *International Organization*, Vol. 53, No. 2, 1999, pp. 379 – 408.

③ Paul G. Mahoney and Chris W. Sanchirico, "Competing Norms and Social Evolution: Is the Fittest Norm Efficient?" *University of Pennsylvania Law Review*, Vol. 149, No. 6, 2001, pp. 2027 – 2062.

④ Jeffrey T. Checkel, "Why Comply? Social Learning and European Identity Change," *International Organization*, Vol. 55, No. 3, 2001, pp. 553 – 588.

当性逻辑"是建构主义关于合作出现的核心解释，有学者将规范界定为在一个给定集团内盛行的自愿行为。① 制度或规范建构了行为体的身份和认同，从而产生了对行为适当性的判断。② 建构主义认为，适当性标准是基于倡导者偏好确立起来的，通常是单一的和清晰的。倡导者通过说服等机制促使他者接受自己的倡议，社会化就是将倡导者个体观念确立为群体观念。社会化对象被假定为不存在根深蒂固的信念，倡导者是接受者期望归附的集团中的权威成员。③ 强制度与之一致，依靠自身的明确界定为行为体提供了一个"明线"（bright line），以及一个"焦点"（focal points）。④ 行为体可以据此判断哪些行为违背制度应该予以谴责，也懂得为避免遭受声誉损失需要恪守规则的底线。⑤

在权力不对称环境下，单一适当性机制与其他两项机制相互促进，为霸权国家强制或激励其他国家遵守制度提供了明确依据。在各方认知一致时，单一适当性标准更容易被广泛接受。玛莎·芬妮莫尔指出，清晰和具体的规范与普世性规范更容易传播。⑥ 然而，在权力均衡的异质性环境下，适当性的唯一性与自愿遵守存在明显冲突。适当性标准越清晰则制度涵盖的利益范围就越局限，利益被忽视的行为体自愿遵守的动机也就越低。当特定行为体的偏好被确定

① Matthew Interis, "On Norms: A Typology with Discussion," *The American Journal of Economics and Sociology*, Vol. 70, No. 2, 2011, pp. 424 – 438.

② ［美］罗纳德·杰普森、亚历山大·温特、彼得·卡赞斯坦：《规范、认同和国家安全文化》，载［美］彼得·卡赞斯坦《国家安全的文化：世界政治中的规范与认同》，宋伟等译，北京大学出版社 2009 年版，第 55 页。

③ Jeffrey T. Checkel, "International Institutions and Socialization in Europe: Introduction and Framework," *International Organization*, Vol. 59, No. 4, 2005, pp. 801 – 826.

④ Robert O. Keohane and Lisa L. Martin, "The Promise of Institutionalist Theory," *International Security*, Vol. 20, No. 1, 1995, pp. 39 – 51.

⑤ Kenneth W. Abbott and Duncan Snidal, "Hard and Soft Law in International Governance," *International Organization*, Vol. 54, No. 3, 2000, pp. 421 – 456.

⑥ Martha Finnemore and Kathryn Sikkink, "International Norm Dynamics and Political Change," *International Organization*, Vol. 52, No. 4, 1998, pp. 887 – 917.

为适当性标准时，其他行为体对相关标准采取抵制态度，在不能通过强制等手段促使其转变认知的情况下，适当性标准将停留在文本意义上。

（二）强制

强制指强制程序在中心国家（或集团）的支持下启动，通过惩罚违约行为来确保各方遵守。强制是强制度的核心机制，也是理性主义最为关注的一项遵约机制，体现的是"结果性逻辑"，即行为体基于物质动机或成本—收益考量选择遵约，如果违约则将面临物质上的惩罚。强制机制的运转离不开两个条件：其一，权力不对称或大国一致，主导国或大国集团是施加强制的主体。戴维·莱克认为，在构建一套政治秩序时，主导国会对任性的附属国进行规训。① 在权力均衡的环境中，各方缺乏对其他行为体施加强制的能力。其二，施加强制的依据必须是明确的，即能够对违约进行甄别。只有在能够清楚界定违约现象的情况下，制度才能够确定强制的对象。在权力不对称环境中，强制与其他机制相互促进，共同确保遵约。在权力均衡的异质性环境中，确定强制对象所依赖的单一适当性标准与强制机制需要大国保持一致作为强制主体的要求之间相互冲突。单一适当性意味着只有特定行为体的偏好被接受，这将激起各方的争夺并最终走向分裂。由于反对者通常包含大国且总体力量会强于支持者（偏好得到满足的总是少数），这些制度的支持者很难对违反者施加强制。

（三）选择性激励

激励就是中心国家（或集团）通过提供非集体性利益诱导各方遵约。② 假定存在一个中心机构，对特定行为予以奖励以促进其推

① ［美］戴维·莱克：《国际关系中的等级制》，高婉妮译，上海人民出版社2013年版，第11页。
② ［美］曼瑟尔·奥尔森：《集体行动逻辑》，陈郁等译，上海人民出版社1995年版，第3页。

广，对另一些行为予以惩罚以减少其出现。选择性激励的一个重要形式就是成员资格，与之相伴的物质和社会收益会诱导行为体转变政策。① 选择性激励的关键在于"选择"：选择的依据必须是明确的，它构成了倡导和压制相关行为的标准；选择的主体是单一的，即由霸权国或认知一致的大国集团进行选择。选择性激励实质上是建立于大国贡献和制度建设的基础之上，它们是"流"和"源"的关系。② 在霸权体系或大国一致的环境中，选择性激励能够有效促进强制度的执行。在权力均衡的异质性环境中，选择性激励与其他遵约机制存在明显冲突。正如强制机制面临的，强制度确定单一适当性标准会引发各方的分裂。当不存在提供公共物品的中心行为体时，选择性激励表现出了非均衡性，即一方获益以另一方受损为代价。这在增强一方履约积极性的同时强化了其他各方的抵制情绪。选择性激励难以对存在认知差异的各方同时产生诱导作用，反而会加剧受益者和受害者的冲突。制度在面对众多抵制者，尤其是多个大国抵制者时，很难持续下去。

二　弱制度下的"制度—合作"逻辑

在权力均衡的异质性环境中，强制度的三项履约机制出现了严重的内在冲突，而弱制度及其所反映的遵约逻辑表现出了显著优势。弱制度抛弃了单一适当性标准的偏见，承认了多元适当性的存在。在此基础上，弱制度将认知差异这一制度建构的障碍转变为促进遵约的因素，具体表现为通过行为体之间的相互施压来推动履约。此外，弱制度提供了一种真正意义上的"额外性激励"，即行为体在保证自身利益的基础上通过采取一定行动获得额外收益。上述三项机

---

① Judith Kelley, "International Actors on the Domestic Scene: Membership Conditionality and Socialization by International Institutions," *International Organization*, Vol. 58, No. 3, 2004, pp. 425 – 457.

② 于宏源：《国际环境合作中的集体行动逻辑》，《世界经济与政治》2007 年第5 期。

制在弱制度中同时存在并相互作用，共同推动了合作的出现。

（一）多元适当性

适当性并不必然是清晰和唯一的，单一适当性只是强制度的界定思路。弱制度体现的是多元适当性，通过降低内涵清晰性与引入冲突性规则承认了不同偏好的合理性，即关于某一行为同时存在多种判定标准。《联合国海洋法公约》关于航行自由的界定既承认了航行国的自由也承认了沿岸国的主权管辖权。[①] 其一，各方都有自己偏好的判定标准与可接受的适当性范围，重叠部分构成了共同的适当性区间（如图 3 – 1 所示）。海洋强国的偏好分布在绝对的航行自由（最优）与接受沿岸国一定的限制（最次）之间，沿岸国偏好则分布在绝对主权（最优）与接受航行国的一定自由（最次）之间，双方都认为在一定海域内兼顾主权与航行自由是适当的。其二，不存在对违约的统一裁定，裁定权被重新授予各行为体。行为体依据自己偏好的标准进行评价，各方由于评判标准不一对同一行为存在不同判断，最典型的就是行为体自认为适当的行为在对方看来却并非如此。其三，不存在统一的履约要求，行为体自主界定履约的范围和方式。多元适当性通过回避谁的偏好具有适当性这一问题，绕过

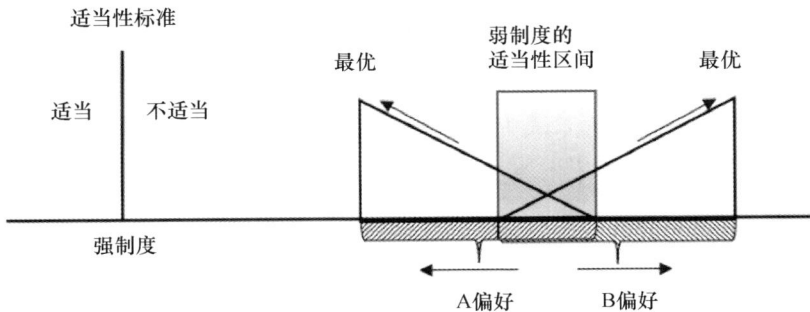

图 3 – 1　多元适当性与弱制度

① 中华人民共和国海事局：《联合国海洋法公约》，人民交通出版社 2004 年版，第 20—21 页。

了集体行动的最大障碍——责任分配之争。对各方偏好的兼顾也使得制度获得了强合法性，各方接受了承担一定责任的要求，履约积极性被充分调动起来。他们依据自身特征制定能够确保核心利益的履约方案，履约成本降低甚至会产生一定收益。各方愿意尽可能地展开行动，治理呈现出多种履约路径并存、资源迅速汇集的局面。

（二）"促进"机制：相互施压

弱制度通过承认多元适当性将认知差异保留了下来，在开展治理成为广泛共识的基础上，认知差异由制度建构障碍转变为促进遵约的因素。行为体有自己偏爱的适当性标准，并且希望按照自身偏好行事。学术界因此怀疑弱制度可能导致"择地诉讼"以及"竞次"（race to bottom）等悲观结果。[1] 但是，这种推卸责任的冲动并不是必然的。行为体低估自身责任的倾向受到了高估对方责任倾向的平衡，利己性诠释既是自己"逃脱"的手段，也是敦促对方行动的武器，对方预期与自身偏好之间的"预期差距"（expectation gap）构成了一种相互施压机制。正如软法可以动员成员国参与到多边监督机制中来，以互相监督各自对国际机制的参与情况。[2] 一方面，各方通过制度解释为对方制定行动目标并敦促其接受。弱制度的模糊性提供了一种可能，即行为体依据自己的标准评判对方行为，并且要求其依据自己的标准行事，否则便作出"不负责任"的指责。由于各方偏好不一，行为体面临的压力呈现出渐次增强的特征，决策越靠近自身最优偏好，认为其行为不适当的行为体就越多，面临的压力就越大。[3] 为避免声誉受损，行为体通常将其他行为体的反应作

---

[1]　Robert O. Keohane and David G. Victor, "The Regime Complex for Climate Change," *Perspectives on Politics*, Vol. 9, No. 1, 2011, pp. 7 – 23.

[2]　Armin Schafer, "Resolving Deadlock: Why International Organizations Introduce Soft Law," *European Law Journal*, Vol. 12, No. 2, 2006, pp. 194 – 208.

[3]　Robyn Eckersley, "Soft Law, Hard Politics, and the Climate Change Treaty," in Christian Reus-Smit ed., *The Politics of International Law*, Cambridge: Cambridge University Press, 2004, p. 90.

为重要决策考量。另一方面，行为体借助自主裁定履约范围的灵活性，在社会压力与自身偏好之间进行平衡。在责任被清晰界定的情况下，行为体受"观众成本"制约很难作出妥协。① 责任模糊反而使行为体能够自主展开利益调适，通过适度妥协化解压力。最终，行为体在一定程度上偏离了自己的最优偏好，即承担起了一定责任，但是又不可能完全按照对方偏好行事，这种灵活履约与强制度下要么履约要么违约不同。

非国家行为体基于弱制度赋予的重要角色强化了相互施压。它的作用建立在两个基础上：认知偏好以及对制度的解释与国家存在差异；② 掌握着符号、认知、社会和监督四种权力。③ 它的作用主要体现在三个方面：其一，利用制度的模糊性为所有行为体提出具有雄心的行动目标。其二，凭借中立性与专业性等优势充当各方履约的"裁判"，并通过羞辱与指责等展开施压。④ 这包括将国家的相关行为与议题变化联系起来影响各方评判，甚至在一些专业性较强的议题中通过夸大威胁的方式展开施压。其三，利用弱制度的模糊性将其与国内规范相联系或融合，构建起跨国认知共同体（epistemic community），即知识型专家的跨国网络系统。⑤ 国际制度最终依赖国

---

① Jack S. Levy et al. , "Backing Out or Backing In? Commitment and Consistency in Audience Costs Theory," *American Journal of Political Science*, Vol. 59, No. 4, 2015, pp. 988 – 1001.

② Lars H. Gulbrandsen and Steinar Andresen, "NGO Influence in the Implementation of the Kyoto Protocol：Compliance, Flexibility Mechanisms, and Sinks," *Global Environmental Politics*, Vol. 4, No. 4, 2004, pp. 54 – 75.

③ Magnus Boström and Kristina Tamm Hallström, "NGO Power in Global Social and Environmental Standard-Setting," *Global Environmental Politics*, Vol. 10, No. 4, 2010, pp. 36 – 59.

④ Amanda M. Murdie and David R. Davis, "Shaming and Blaming：Using Events Data to Assess the Impact of Human Rights INGOs," *International Studies Quarterly*, Vol. 56, 2012, pp. 1 – 16.

⑤ ［美］约翰·杰拉尔德·鲁杰：《什么因素将世界维系在一起？新功利主义与社会建构主义的挑战》，载［美］彼得·卡赞斯坦、罗伯特·基欧汉、斯蒂芬·克拉斯纳《世界政治理论的探索与争鸣》，秦亚青等译，上海人民出版社 2006 年版，第 269 页。

内行为体来执行，立场接近的各国公民群体的联合构成了自主行动以及向政府施压的强大力量。

（三）"激励"机制：额外声誉

在多元偏好共存的环境下，选择性激励难以对各方同时产生诱导，反而会加剧分裂。基于多元适当性界定，弱制度提供了一种额外性激励。选择性激励侧重于对被选择的行为和对象进行激励，额外性激励则不再对行为体进行区分，也不再对行为进行具体限定，因此能够产生更显著的影响。额外性激励的优势主要体现在两个方面。其一，当履约需要付出一定代价（尤其是需要牺牲在其看来非常重要的利益）而未来存在不确定性时，行为体基于"风险规避"考量会对履约持谨慎态度。① 只有在既有利益得到保证（激励具有额外性）时，履约才会变得积极。其二，鉴于成员偏好多元以及由此导致的利益界定存在差异，由特定主体主导下的单一激励标准并不能够对各方产生激励。额外性激励不存在单一、明确的选择标准与选择主体，而是将是否进行激励交由各方自主决定。由于行为体都可以通过争取多数国家的认可来获取额外收益，激励的合法性更强，各方也更注重行为对集体利益而不是特定行为体狭隘利益的影响。

额外性激励的重要形式是额外声誉。声誉是行为体获得认可的程度，额外声誉指在不损害自身以及他者利益的情况下由履约获得的声誉。他的诱导作用体现在三个方面：其一，声誉影响行为体的生存和发展，是决策时的重要考量。② 它既是一种权力资源，也是赋

① Hafner-Burton et al. , "The Behavioral Revolution and International Relations," *International Organization*, Vol. 71, Supplement. 1, 2017, pp. 1 – 31; Jack S. Levy, "Prospect Theory, Rational Choice, and International Relations," *International Studies Quarterly*, Vol. 41, No. 1, 1997, pp. 87 – 112.

② Randall L. Schweller and Xiaoyu Pu, "After Unipolarity: China's Visions of International Order in an Era of U. S. Decline," *International Security*, Vol. 36, No. 1, 2011, pp. 41 – 72.

予权力合法性的关键因素。其影响往往超出生成时的环境，波及行为体在未来以及其他议题的互动。① 其二，获取额外声誉的成本较低而收益显著。由于不存在统一的评价标准，评价参照主要是行为体的既有行为，即既有行为构成了各方对其认知的基础。② 如果与以往行为一致，他便不会遭受指责，但声誉也不会改善。如果比以往有了进步，他便会获得额外声誉。由于不存在单一的选择主体，每一方都可以依照自己的预期进行评判。一国获得的积极评价越多则声誉越大，弱小国家因各方对其预期较低反而更容易获得赞赏。其三，声誉具有自我增强的属性。行为体在获得声誉后便会竭力避免失去，甚至愿意付出更大的代价去维持它。③ 由于履约裁量权被赋予了各方，额外性激励本质上是一种自我激励，即自主选择是否获取额外收益，而非被特定国家授予。在额外声誉激励下，行为体出现了主动提高责任的现象。

三　弱制度下的合作形式

弱制度下的合作比传统研究界定的"适当性逻辑"与"结果性逻辑"更加复杂，既包含了适当性的作用，也体现了成本—收益的理性思考。杰弗里·切克尔在界定规范遵守问题时提出了一种包含理性选择和社会学习的综合路径。④ 玛莎·芬妮莫尔等学者提出了"战略性社会建构"，在规范倡导者建构规范、偏好、身份和共同知

---

① Alex Weisiger and Keren Yarhi-Milo, "Revisiting Reputation: How Past Actions Matter in International Politics," *International Organization*, Vol. 69, No. 2, 2015, pp. 473 – 495.

② ［美］罗伯特·杰维斯：《国际政治中的知觉与错误知觉》，秦亚青译，世界知识出版社 2003 年版，第 145 页。

③ Hafner-Burton et al., "The Behavioral Revolution and International Relations," *International Organization*, Vol. 71, Supplement. 1, 2017, pp. 1 – 31; Jack S. Levy, "Prospect Theory, Rational Choice, and International Relations," *International Studies Quarterly*, Vol. 41, No. 1, 1997, pp. 87 – 112.

④ Jeffrey T. Checkel, "Why Comply? Social Learning and European Identity Change," *International Organization*, Vol. 55, No. 3, 2001, pp. 553 – 588.

识的过程中，工具理性和战略性互动发挥了重大作用。① 这一分析折中主义路径很好地解释了弱制度下的合作，即行为体会采取他们认为具有适当性的行为，但是也受到"结果性逻辑"影响。弱制度的约束力来自其他行为体的评价，即"观众成本"。基于对声誉和责任的权衡，行为体为避免不承担责任引起的声誉损失会承担起一定责任；同时，他们又不可能完全依照对方偏好行事，那样虽然会获得广泛赞赏但却面临巨大的履约代价（如图 3 - 2 所示）。这种有限履约打破了此前要么"是"要么"否"的履约偏见。

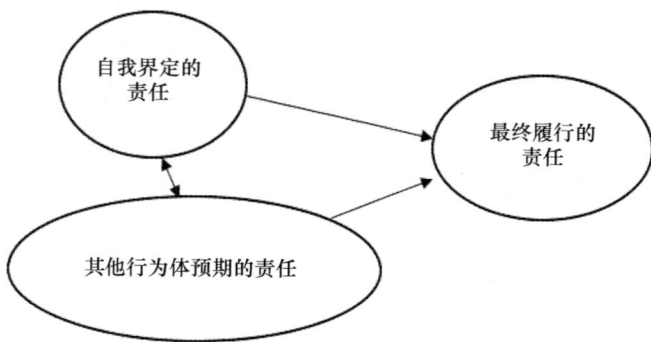

图 3 - 2　弱制度与行为体履约

上述分析明确了弱制度下的行为体合作机制，促进合作的关键是行为体对社会压力与自身偏好的平衡。弱制度提供了一种身份，虽然责任界定模糊，但是承担一定责任是必要的，这使得行为体在相关机制作用下会逐渐偏离最优偏好。弱制度通过满足多元利益诉求获得了强合法性，即各方对制度高度认同。多元适当性虽然提供了"择地诉讼"的机会，但是也使得全球治理处于持续竞争的压力下，不必非得契合强国的利益。② 软制衡（soft balancing）指出，弱

① Martha Finnemore and Kathryn Sikkink, "International Norm Dynamics and Political Change," *International Organization*, Vol. 52, No. 4, 1998, pp. 887 - 917

② Thomas Gehring and Benjamin Faude, "The Dynamics of Regime Complexes: Microfoundations and Systemic Effects," *Global Governance*, Vol. 19, 2013, pp. 119 - 130.

国遭遇单极强国时可以利用非军事工具（如国际制度等）限制超级大国。[①] 在弱国享有否决权而相关决策需要全体一致才能通过时，弱国具有迫使强国让步的能力。[②] 同样，强国避免了被弱小国家集团政治绑架的危险。这种各方在同一制度框架内主动行动和相互施压的局面，构成了合作出现的基础。

第三节　弱制度下动态强化的治理进程

与强制度建立即问题迅速解决不同，弱制度下的强治理并不是短时间内迅速实现的，而是一个动态强化过程。弱制度通过降低合作"门槛"来促成有限合作，首先解决了开始合作的问题，为各方确立起了进一步行动的信心和基点，形成了"路径依赖"的"既有知识"。[③] 此后，在治理过程中进一步解决了治理强度问题。随着议题压力的增长与声誉竞争的出现，行为体预期累积性增长，相互施压等三项机制的作用基点不断上升，各方承担的责任随之持续增加。最终，随着合作的不断升级，议题呈现出了强治理特征。

一　"低门槛"的合作起点

在治理成员众多的复杂性议题——尤其是涉及责任分担的公共问题时，不可避免地会出现集体行动问题。集团的规模越大，提供

---

① Robert A. Pape, "Soft Balancing Against the United States," *International Security*, Vol. 30, No. 1, 2005, pp. 7 – 45.

② Christina J. Schneider, "Weak States and Institutionalized Bargaining Power in International Organizations," *International Studies Quarterly*, Vol. 55, 2011, pp. 331 – 355.

③ 这种既有知识反映的是行动本身以及由此出现的观念变化，它构成了"路径依赖"生成的基础。一旦这种行动出现，在后续过程中或者重复持续下去，或者出现进一步增强。

最佳集体物品的可能性就越小。① 与成员规模相关的一个关键因素是成员属性的多样性。② 在成员众多且差异显著的议题中主要存在两种实现合作的方法。一是建立制度，制度为行为体提供确定性信息与降低交易成本。③ 然而，由于制度作为一种公共产品也需要在充满不确定性的环境中建构完成，这种解释陷入了循环论证和内在逻辑矛盾当中。相关学者为了摆脱上述问题，或者求助于"霸权稳定论"——制度由霸主国家提供；④ 或者求助于制度本身的独立性——制度尤其是正式的国际组织作为独立行为体能够创造新制度。⑤ 二是"少边主义"，少边合作可以成功替代霸权国家在提供集体物品中的作用。⑥ 同样，主要大国取代霸权国家成为制度的执行力量。然而，这仍然未能解决一些关键问题。当大国无法达成一致时，合作是否真的难以出现？换言之，制度是否只能依靠单一的执行者才能发挥作用？要回答这些问题就需要进一步明确是否存在降低合作门槛的可能。

强制度与弱制度体现了两种治理思路。猎鹿博弈中存在两个纳什均衡——都去猎鹿或都去猎兔，传统解释不足以回答行为体会选

---

① ［美］曼瑟尔·奥尔森：《集体行动逻辑》，陈郁等译，上海人民出版社 1995年版，第 2 页。

② Barbara Koremenos et al. , "The Rational Design of International Institutions," *International Organization*, Vol. 55, No. 4, 2001, pp. 761 – 799.

③ ［美］罗伯特·基欧汉：《霸权之后：世界政治经济中的合作与纷争》，苏长和等译，上海人民出版社 2012 年版，第 57—61 页。

④ ［美］约翰·伊肯伯里：《大战胜利之后：制度、战略约束和战后秩序重建》，门洪华译，北京大学出版社 2008 年版，第 43 页；John Ikenberry and Charles A. Kupchan, "Socialization and Hegemonic Power," *International Organization*, Vol. 44, No. 3, 1990, pp. 283 – 315.

⑤ ［美］迈克尔·巴尼特 玛莎·芬妮莫尔：《为世界定规则：全球政治中的国际组织》，薄燕译，上海人民出版社 2009 年版，第 60 页。

⑥ ［美］米尔斯·卡勒：《小数目和大数目中的多边主义》，载［美］约翰·鲁杰《多边主义》，苏长和等译，浙江人民出版社 2003 年版，第 342 页。

择哪个均衡。① 失败风险更高的纳什均衡——共同猎鹿可以被界定为
"高门槛"合作，失败风险更低的纳什均衡——共同猎兔可以被界定
为"低门槛"合作。强制度与弱制度分别对应了上述两类合作路径：
其一，"高门槛"合作的收益更高，但是条件也更苛刻。强制度依据
治理目标分配责任，各方履约意味着治理达成，治理周期更短。然
而，这种高效是以权力不对称为前提的，在权力均衡环境下它激起
的责任分配之争导致治理甚至都难以启动。② 其二，"低门槛"合作
的收益有限，但是更易实现。弱制度只要求各方承担自主界定的
责任，这些行动的影响有限，作为一个由弱到强的渐进过程治理
周期通常更长。但是，由于可以自主调适利益与责任，各方对制
度的认同更强，更愿意承担一定责任。弱制度对各方利益的充分
兼顾使得行为体不存在欺骗对方的动机，对被欺骗的恐惧也大大
降低。

　　降低合作门槛产生了两个重要结果。其一，弱制度解决的首要
问题不是能否迅速完成治理，而是如何尽快启动治理。对于难以在
短期内解决的议题，如何确保治理快速开始要比能否迅速完成治理
更重要，弱制度提供了在强制度无法运作的环境中实现合作的可能。
其二，弱制度促成的初步合作虽然程度有限但却极易达成。这种合
作的成功实现确立了各方开展深层次合作的信心，正如有关学者注
意到的，合作信心的建设对于治理行动的展开至关重要。③ 尽管最初
的合作程度令人沮丧，但是这一过程一旦开始将具有自我增强的能
力。最保守的预计就是出现"路径依赖"的局面，低程度的合作持

　　① Paul G. Mahoney and Chris W. Sanchirico, "Competing Norms and Social Evolution：Is the Fittest Norm Efficient？" *University of Pennsylvania Law Review*, Vol. 149, No. 6, 2001, pp. 2027 – 2062.

　　② Armin Schafer, "Resolving Deadlock：Why International Organizations Introduce Soft Law," *European Law Journal*, Vol. 12, No. 2, 2006, pp. 194 – 208.

　　③ David G. Victor et al., "The Climate Threat We Can Beat：What It Is and How to Deal with It," *Foreign Affairs*, Vol. 91, No. 3, 2012, pp. 112 – 121.

续展开。① 更为乐观的预计则是，这种合作呈现出动态增强的特征（如图 3 - 3 所示）。

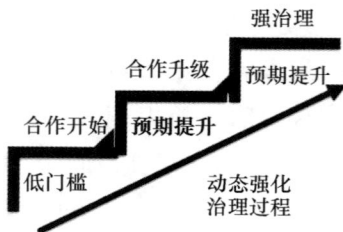

图 3 - 3   弱制度下的动态强化治理过程

二   治理强化：议题压力与声誉竞争

合作虽然构成了强治理产生的基础，但是合作不等于强治理。各方可能利用对制度的利己性诠释始终采取最低限度的责任，导致低水平治理；也可能纷纷提高自己的责任与开展更高层次的合作，进而实现强治理。如前文所述，弱制度下的合作产生于行为体对社会压力与自身偏好的平衡，社会压力越大则行为体越可能承担起更大的责任，进而引发合作的不断升级。因此，关键在于明确哪些因素会导致社会压力增大，或者说，哪些因素会导致行为体对彼此的预期出现上升？通过梳理相关过程可以发现，弱制度下的合作升级以及强治理的出现主要取决于两个因素——议题压力上升与声誉竞争的出现。

（一）议题压力上升

在制度设计过程中，议题压力作为干预因素推动了弱制度的出现。议题压力并不会随着制度的确立而消失，无论是社会化进程还是议题的治理进程通常都是长期展开的。因此，议题压力作为一种

----

① 每一种行动必须作为一系列这些行动、后来的认知和制度的后遗影响加以阐释。［美］罗伯特·基欧汉：《霸权之后：世界政治经济中的合作与纷争》，苏长和等译，上海人民出版社 2012 年版，第 56 页。

促进制度执行的力量继续存在。议题压力既包含议题本身产生的现实危机，也包括各方认为议题持续恶化等观念上的危机。非国家行为体基于专业性与中立性等优势，在构建观念上的危机方面扮演了重要角色。他们通常以"仲裁者"身份出现，通过羞辱和指责等方式影响各方的行为，但是他们的作用还依赖目标国的国内表现与第三方压力。① 鉴于此，各方通常会积极避免其作出不利于自己的判定。

随着议题压力上升，行为体互动出现了两个变化——行为体自身承担责任的意愿以及对其他行为体承担责任的预期都出现了明显上升，这最终促进了合作的升级。其一，就行为体自身而言，各方承担责任的意愿更强，愿意承担起比此前更大的责任，而弱制度的模糊性为各方提升责任提供了空间。由于全球气候变化的紧迫性，治理全球气候变化的倒逼机制正在发挥作用。② 2005 年卡特里娜飓风之后，布什政府一改执政初期的消极姿态，转而希望通过承担起更大的责任来推动全球减排。其二，就行为体对他者的预期而言，各方高度关注其他行为体承担责任的程度，要求对方承担更大责任的意愿变得更加强烈，以前看来可以接受的行为逐渐丧失适当性。预期的提升导致社会压力明显增强，迫使行为体作出更加积极的行动。气候治理中的发展中大国不承担明确减排义务最初为欧盟等发达国家所接受，然而随着议题压力上升（2008 年波兹坦会议后），他们转而要求发展中国家（尤其是新兴大国）承担起更多的责任。

（二）声誉竞争出现

声誉是行为体决策时的重要考量。它可以是在互动过程中自发形成的，一贯性的履约可以产生负责任的声誉；同时，它也可以是

---

① Amanda M. Murdie and David R. Davis, "Shaming and Blaming: Using Events Data to Assess the Impact of Human Rights INGOs," *International Studies Quarterly*, Vol. 56, 2012, pp. 1 – 16.

② 李慧明：《全球气候治理制度碎片化时代的国际领导及中国的战略选择》，《当代亚太》2015 年第 4 期。

行为体有意识创造的结果，即通过作出超过国际社会一般预期的行为获得额外声誉。在强制度下，只有在制度遭遇重大危机时，行为体通过采取与各方存在明显反差的负责任行动获得额外声誉。在东亚经济危机期间，中国并未像其他各国那样采取货币贬值行动，由此赢得了广泛赞赏。在弱制度下，由于缺乏统一的履约标准，行为体的既有行为或者与之属性类似的其他行为体的行为构成了国际社会的预期，行为体仅需要在行动中超越各方预期便能获得声誉。这可以解释近年来中国等新兴国家通过积极履行包括减排在内的各项责任所赢得的国际声誉。

鉴于声誉的重要性及额外声誉的易获得性，各方极易出现声誉竞争。各方都希望自己成为治理的领导者，治理过程中领导性国家在增进合作方面扮演重要角色。[①] 竞争存在两种主要形式：其一，边缘或底层国家向核心或上层国家发起挑战。规范在使国家行为标准化的同时产生了社会等级，导致国际社会的边缘地区产生了发展新政策的动机，政策因此可能从下面开始扩散。[②] 其二，在发生权力转移的情况下，新兴国家为获得更大的合法性会积极承担责任。当一方为获得额外声誉而主动承担更多责任时，不但会导致各方对自身与彼此预期的提升，也会带动对整个议题中各方预期的普遍提升。竞争压力具体呈现为两种形态：A 追加承诺获得的声誉会因为 B 追加了更大承诺而快速转移，A 将采取更积极的举措；在 A 提升了责任额度以后，各方会期望与 A 类似或比其更具优势的 C 采取类似举措，否则 C 的声誉将受到损失。基于上述考虑，既有强国为维护自身地位的合法性，往往会进一步提升自己承担的责任。

---

① U. Saul and C. Seidel, "Does Leadership Promote Cooperation in Climate Change Mitigation Policy?" *Climate Policy*, Vol. 11, No. 2, 2011, pp. 897 – 915.

② Ann E. Towns, "Norms and Social Hierarchies: Understanding International Policy Diffusion 'From Below'," *International Organization*, Vol. 66, No. 2, 2012, pp. 179 – 209.

三　"累积性"的合作预期

与强制度界定的固定责任不同，弱制度下行为体承担的责任随着互动的展开持续提升。行为体最初承担的责任成为各方评判其后续行为的基点，在后续互动中降低承担的责任会遭遇声誉损失，提高责任则获得额外声誉。当行为体为获得声誉而增加责任时，国际社会对他的预期也随之提升，从而出现判定行为适当性的新基点。同时，政策扩散推动了新基点的出现。[①] 由此出现了声誉—责任—声誉的循环，议题的治理在此过程中实现了动态强化。

首先，预期的累积性提升是一种自发的结果。在治理启动后，行为体确定了最初的行动目标，此后无论是出于争夺额外声誉的考虑还是受到技术发展等其他因素的推动，行为体总是在既有行动的基础上不断提升后续目标。在全球气候治理中，各国基于自身能力提出了最初的减排目标，随着能力的提升，他们在下一阶段的行动中进一步提高了目标设置。

其次，预期的提升是相互施压的结果。约翰·伊肯伯里（John Ikenberry）指出，新兴强国通过放弃行使某些权力的自由来换取其他国家对规则和制度进程的同意，以确保战后秩序的持久性和可预期性。[②] 领导者出于全球公益的目的设计出符合全球公意的问题解决方案。[③] 这些观点显然都过于理想化了，毕竟各国的利益并不是稳定不变的，但是揭示了一个重要事实——领导者必须兼顾追随者的

---

① Katharina Holzinger et al. , "Environmental Policy Convergence: The Impact of International Harmonization, Transnational Communication, and Regulatory Competition," *International Organization*, Vol. 62, No. 4, 2008, pp. 553 – 587.

② ［美］约翰·伊肯伯里：《大战胜利之后：制度、战略约束和战后秩序重建》，门洪华译，北京大学出版社 2008 年版，第 48 页；John Ikenberry and Charles A. Kupchan, "Socialization and Hegemonic Power," *International Organization*, Vol. 44, No. 3, 1990, pp. 283 – 315.

③ 李慧明：《全球气候治理制度碎片化时代的国际领导及中国的战略选择》，《当代亚太》2015 年第 4 期。

（动态）利益。在互动过程中，行为体对互动对方的预期随着对方（实力等）的变化而变化，并依照提升后的预期向对方施压，推动其强化行动或承诺。领导者要想维持自己的地位，就必须满足各方对他的期待。

最后，议题压力和声誉竞争缩短了预期的变化周期。议题压力使各方产生了尽快解决问题的紧迫感，并提高了对彼此的预期。议题压力与声誉竞争呈现出相互增强的关系，议题压力使行为体更容易通过相关行动获得额外声誉。同时，行为体为了凸显自身行动的重要性，会对问题的严重性进行"夸大"，当各方竞相渲染问题的严重性时，议题压力进一步增强了。

综上所述，弱制度下的治理是一个渐进性过程，虽然最初的治理并不理想，但是随后会持续强化。不设置明确的治理目标保证了治理迅速启动，也为最终实现更高水平的治理留下了空间。在治理复杂性议题时，直接依据最终目标分配责任将引起各方恐惧，承担责任的高昂成本导致行为体出现推卸责任的倾向。相反，不设定明确与强制性的目标反而缓解了各方对履约成本与不确定性的恐惧，更可能采取积极行动。这种动态强化的治理模式在治理开始阶段的低水平特征极易导致制度无效的判定，关注治理进程就显得尤为重要。

本章小结

上述各章从理论层面阐述了：弱制度是什么？弱制度是如何设计产生的？弱制度为什么能够产生强治理？弱制度是各方在权力均衡的异质性环境中为确保治理尽快启动而在有限认同的基础上设计的结果，反映的是一种观念平衡，即各方偏好都得到了不同程度的兼顾。借鉴软法等相关研究可以发现，弱制度具有灵活性、适应性和包容性等独特属性，并基于这些属性获得了六种重要能力，他们共同构成了弱制度促进合作以及产生强治理的基础。

在权力均衡的异质性环境中，弱制度能够产生强治理关键在于其遵循了一种不同于强制度的"制度—合作"逻辑。强制度所依托的强制、选择性激励与单一适当性等机制出现了严重的内在冲突。相反，弱制度通过多元适当性界定提供了一个模糊的适当性区间，判定行为适当性的权力被重新赋予行为体。在此基础上，弱制度通过相互施压而不是由制度或核心国强制，通过额外性激励而不是选择性激励，促使行为体承担起一定责任。行为体承担的责任取决于对自身偏好与社会压力的调适，虽然各方最初承担的责任有限，但是议题压力与声誉竞争会推动合作的升级。总体上，弱制度通过降低合作的"门槛"实现了在有限度认同条件下快速启动治理。随着行为体预期在互动中累积性提升，尤其是在议题压力增长以及声誉竞争的推动下，治理呈现出加速增强的态势。

全球气候治理为检验上述论断提供了理想案例，治理制度与治理现实都经历了多个发展阶段。依据传统观点，制度虚弱意味着各方都高度敏感的议题中将出现对抗甚至战争态势。如果国际法存在漏洞或模棱两可的条款，不能明显支持争端的任何一方，领土争端将难以通过和平方式解决。[①] 那么，为什么气候治理出现了相反的趋势呢？后续三章将对此展开系统分析。

---

① 　Paul K. Huth et al. , "Does International Law Promote the Peaceful Settlement of International Disputes? Evidence from the Study of Territorial Conflicts since 1945," *American Political Science Review*, Vol. 105, No. 2, 2011, pp. 415 – 436.

第 四 章

全球气候治理：制度与进展

气候变化指除在类似时期内所观测的气候的自然变异之外，由于直接或间接的人类活动改变了地球大气的组成而造成的气候变化。[①] 作为当前全球治理中最核心的问题之一，气候变化已然成为影响全人类生存发展的关键问题，各类极端气象事件直接威胁各国的生命和财产安全，所引发的生态系统变化更是会产生长远影响。同时，它还影响到了其他议题的产生与解决，如海洋酸化、水体膨胀与海平面上升等问题直接关系到全球海洋治理，北极冰川融化与北极航线出现等问题影响着极地治理。2012 年 6 月，在里约热内卢召开的"里约 +20"联合国可持续发展大会通过的会议文件《我们希望的未来》（第二十五款）指出，气候变化是贯穿各领域的问题，是持久存在的危机，气候变化波及所有国家，削弱所有国家特别是发展中国家实现可持续发展和千年发展目标的能力，威胁国家的延续和生存。因此，我们强调，要对抗气候变化，就需要根据《联合国气候变化框架公约》的原则和规定，采取雄心勃勃的紧急行动。[②]

近些年来，学术界针对气候治理中出现的大国博弈以及治理赤

---

① United Nations, "United Nations Framework Convention on Climate Change", 1992, https：//unfccc. int/sites/default/files/conveng. pdf.

② A/RES//66/288，《我们希望的未来》，2012 年 7 月 27 日，https：//documents-dds-ny. un. org/doc/UNDOC/GEN/N11/476/09/PDF/N1147609. pdf？OpenElement。

字持续扩大等批评声音不断。但是，就气候变化的趋势以及各国行为与观念上的转变而言，气候治理无疑处于正向发展当中。正因为如此，一些学者才提出将气候治理的"框架公约"模式移植到网络空间等其他议题的制度构建当中。相较于其他议题，气候治理因其独特的治理态势而尤其值得关注。气候治理制度出现了一个先强化后弱化的变化过程，而气候治理现实则呈现出了由强到弱再到明显增强的阶段性，尤其是哥本哈根会议后各国在"自主贡献"模式指导下的减排行动显然要比京都机制主导下的强制减排时期更为积极。通过分析各阶段制度与治理的关系，可以明确不同制度类型的有效性及其作用机制。

　　这一章主要是概述性的，旨在为后续分析奠定基础。鉴于当前学术界对气候治理成效的评估方法存在分歧，这里首先对气候治理议题的产生及其总体特征作出阐释。随后，依据第一章提出的相关指标对气候治理中的三个关键制度文件及其确立的制度展开界定。第三部分依据治理过程与相对有效性等标准对制度建立后的治理进程展开梳理，明确了气候治理的总体进展及其所表现出的阶段性特征。最后，对本章的案例梳理作出简单总结。

第一节　全球气候治理的兴起及其复杂性

　　气候治理是随着科学研究的深入而出现的。气候变化具有隐蔽性，所引发的灾难事件极易被理解为自然现象。气候问题的科学研究早于政治上的认识，温室气体研究可以追溯至 19 世纪，但是作为治理议题却是在 20 世纪后半叶随着温室气体观测数据建立才开始的。气候治理本身具有高度的复杂性，涉及发展、价值观念与生活方式等问题，还涉及国内与国家间利益的协调等。气候治理议题本身的复杂性与冷战结束后国际环境的变化，如非西方新兴国家群体性崛起、西方中心主义秩序被打破、国际关系朝着多元化方向发展等，共同构成了全球气候治理制度设计与治理展开的总体背景。

一　全球气候治理的兴起

气候变化是随着人们对整体环境问题的关注提升而出现的。气候与环境治理最早出现在西方发达工业国家，工业革命后的长期粗放型发展引发了严重的环境问题，出现了"伦敦烟雾事件"等。[①]西方社会随即制定了一系列改善大气环境的法律制度，如美国的《空气污染控制法》（1955 年）与《清洁空气法》（1963 年）以及英国的《清洁空气法案》（1956 年）。欧洲作为一个整体，欧洲议会于1968 年通过了《控制大气污染原则宣言》。同时，关注环境问题的国际非政府组织与政治团体广泛兴起。罗马俱乐部作为当代最具影响力的环境非政府组织发布了《增长的极限》（1972 年）等报告，直接推动了整个国际社会对环境问题的关注。绿党也在这一时期出现并通过参与选举影响各国治理进程，特别是推动了欧洲的"绿色化"。[②] 1972 年，在斯德哥尔摩召开的联合国人类环境会议第一次在世界范围内探讨环境议题，《联合国人类环境会议宣言》与《人类环境行动计划》强调各国应加强双边和多边合作，国际社会负有保护和改善环境的责任。[③] 这一时期的大气环境议题主要作为环境问题的一部分讨论且主要关注空气污染治理，如二氧化硫与颗粒物等，应对策略也主要是国家性的，即在各国范围内自主应对。然而，这最终为全球气候治理出现奠定了基础。

---

① 1952 年 12 月 5 日至 9 日，伦敦上空受反气旋影响，工厂生产和居民燃煤取暖排出的废气笼罩整个城市。当月因烟雾死的人多达 4000 人，成为 20 世纪十大环境公害事件之一，是发达国家粗放型发展的后果。

② 轩传树：《议会选举政治视角下的欧洲绿党》，《当代世界与社会主义》2016年第 5 期。

③ A/CONF. 48/14/REV. 1，"Report of the United Nations Conference on the Human Environment"，5 – 16 June 1972，https：//documents-dds-ny. un. org/doc/UNDOC/GEN/NL7/300/05/img/NL730005. pdf? OpenElement.

　　随着环境议题的影响上升，气候变化作为子议题受到了广泛关注。1979 年，世界气象组织（World Meteorological Organization，WMO）发起的第一届世界气候大会在日内瓦召开，科学家们指出大气中二氧化碳（CO_2）浓度增加将导致地球升温，气候变化由此开始作为一项单独议程。1982 年，《内罗毕宣言》指出气候变化会危及人类的生存发展。1985 年，联合国环境规划署（United Nations Environment Programme，UNEP）在奥地利菲拉赫召开环境会议，《菲拉赫声明》提出建构国际公约以应对气候变化，国际社会开始寻求建立共同行为准则。1988 年，多伦多会议就气候变化产生的根源作出了界定，强调各国需要共同行动。马耳他在联合国大会上提出"保护气候视为人类共同财产"的项目，大会意识到温室气体增加可能导致全球气温上升和海平面上升，影响全人类的生存发展。回顾菲拉赫会议关于实施一项气候改变的方案，强调及时采取行动以便在全球性方案范围内处理气候变化问题。[①] 随后，1989 年《海牙宣言》提出采取强制手段、建立权威机构等应对方案，制度建构自此正式拉开了序幕。

二　气候变化议题的复杂性

　　气候治理制度的设计及其有效性与议题本身的属性紧密相关。正如有关学者指出的，问题结构直接关系到制度设计及其有效性。[②] 与其他议题相比，气候治理具有一系列独特性。当前各种环境问题之间密切关联、具有明显的综合性和复杂性、在空间和时间上具有

---

① A/RES/43/53，"Protection of Global Climate for Present and Future Generations of Mankind，Resolutions and Decisions Adopted by the General Assembly During Its 43rd Session"，http：//www. un. org/zh/ga/43/res/&Lang = E，2018/11/3.

② Ronald B. Mitchell，"Problem Structure，Institutional Design，and the Relative Effectiveness of International Environmental Agreements，" *Global Environmental Politics*，Vol. 6，No. 3，2006，pp. 72 - 89.

不均衡性等。① 这种复杂性使得气候治理的难度比其他议题更大，相关结论也因此具有更强的现实意义。

第一，气候治理与科学研究密切相关，它是在科学与政治的动态互动中产生的。② "吉登斯悖论"（Giddens Paradox）表明，气候变化的危害无法直观感知使得无论它实际上多严重，绝大多数人都会选择袖手旁观；当人们感受到威胁并采取具体行动时，却已经为时已晚。③ 因此，科学研究直接关系到气候治理的进展。在科学研究取得实质性进展之前，国际社会并未注意到气候变化的影响。在气候治理开始后，科学研究的进展又直接决定着治理的进程。气候变化在科学上的不确定性曾经导致各国在行动上充满疑虑，而在 IPCC 第四次报告消除了不确定性之后，各国的治理行动变得更加积极了。

第二，气候治理是一个累积性和长期性进程。温室气体与其他污染物不同，具有一定的寿命期（从数年到数万年不等），属于存量污染物（stock pollutant），其影响主要由存量决定，当前大气中二氧化碳的存量是人类长期活动的结果。据世界资源研究所（World Resources Institute，WRI）统计，《联合国气候变化框架公约》附件一国家在 1850—1999 年的历史累积排放量占全球 78.89%，其他国家仅占 21.11%。④ 在人为二氧化碳净排放停止后，地表温度在多个世纪仍将保持在较高水平，除非在此期间大量净清除大气中的二氧化碳。⑤ 未来，除了采取"地球工程"或"太阳辐射管理"等手段外，

---

① 庄贵阳、朱仙丽、赵行姝：《全球环境与气候治理》，浙江人民出版社 2009 年版，第 7—9 页。

② Bentley B. Allan, "Producing the Climate: States, Scientists, and the Constitution of Global Governance Objects," *International Organization*, Vol. 71, No. 1, 2017, pp. 131 – 162.

③ Anthony Giddens, *The Politics of Climate Change*, London: Polity Press, 2009, p. 2.

④ 刘明明：《全球气候变化背景下碳排放空间的公平分配：以德班会议〈公平获取可持续发展〉的基本政治立场为分析进路》，《法学评论》2012 年第 4 期。

⑤ IPCC, "Climate Change 2014 Synthesis Report", https://www.ipcc.ch/site/assets/uploads/2018/02/SYR_AR5_FINAL_full.pdf.

气候治理必然是一个长期过程。① 这种累积性和长期性决定了治理极易出现责任分配之争。

第三，气候治理需要全球参与，因此涉及协调利益诉求不同的各方集体行动的问题。一些国家希望通过全球行动扭转气候恶化的态势，也有国家希望借此限制他国的发展或者获得资金与技术援助等，非国家行为体则试图推进国际正义或增强自身权威等。这意味着治理过程必然伴随着复杂的利益协调。曼瑟尔·奥尔森等学者认为，民主国家比专制国家更能够参与到公共物品的提供当中。② 罗伯特·基欧汉也认为，集权国家不太可能在气候问题上起带头作用，只要美国未能采取有效行动，他们就会有很好的一个借口来避免声誉受损。③ 但是，相关证据表明事实并没有他们预想的那么乐观。众多民主国家在气候治理行动中表现消极，如美国、日本与加拿大等都是"拖后腿者"。④ 由此，一些学者认为民主国家存在"言行"（words-deeds）不一的问题。⑤

第四，气候治理关系到发展和社会福利。臭氧治理通常被用来与气候治理类比，但是臭氧问题对国家竞争力的影响较小，《蒙特利尔议定书》成为最成功的环境条约。⑥ 相反，由于化石能源是当前

---

① "地球工程"是在地球因温室效应而急需降温时的一种紧急应对思路，包括向空中释放硫化物、造云、在沙漠和海洋大规模设置反光板等反射阳光。由于潜在负面效应尚不清晰，目前并未成为主要策略。太阳辐射管理看似会在短期内解决问题，实际上只会推迟后果的发生，而且可能会引发冲突。

② ［美］曼瑟尔·奥尔森：《集体行动逻辑》，陈郁等译，上海人民出版社 1995年版，第 2 页。

③ ［美］罗伯特·基欧汉：《气候变化的全球政治学：对政治科学的挑战》，《国外理论动态》2016 年第 3 期。

④ 谢来辉：《全球环境治理"领导者"的蜕变：加拿大的案例》，《当代亚太》2012 年第 1 期。

⑤ Michèle B. Bättig and Thomas Bernauer, "National Institutions and Global Public Goods：Are Democracies More Cooperative in Climate Change Policy?" *International Organization*, Vol. 63, No. 2, 2009, pp. 281 - 308.

⑥ David G. Victor et al. , "The Climate Threat We Can Beat：What It Is and How to Deal with It," *Foreign Affairs*, Vol. 91, No. 3, 2012, pp. 112 - 121.

最主要的能源类型，排放空间等于发展空间，各国对减排责任的分配都高度敏感。发展中国家认为，按照人均累积排放量发达国家历史排放量已远远超出其到 2050 年前应有的限额，未来的排放将继续挤占发展中国家的排放空间。① 发达国家认为，在当前清洁能源价格较高的情况下，限制化石能源消费或征收碳税会影响本国产品相对于发展中国家以及其他不参加减排行动国家的竞争力，进而影响经济发展。② 可见，气候治理本质上就是如何处理好各方在责任与发展上的平衡。

第五，气候治理涉及双重角色的协调。国家同时扮演着国际社会成员与国内社会管理者"双重角色"。作为国际社会成员，国家主要考虑获取国际声誉与维护人类共同利益等。作为国内社会管理者，国家主要关注维护民众利益与保障社会福利等。在双层博弈中，国家借助国际压力推动国内变革，或是借助国内压力促进国际协调。但是，上述机制必须维持在一种平衡的范围内，一旦平衡打破，国家将面临国际或国内的合法性危机。气候治理影响国家整体发展，国内利益分配也会因此发生调整，尤其是传统化石能源部门与高能耗部门。国家可能采取激进的减排措施谋求良好的国际声誉，但此举极有可能引发国内的强烈抵制，如全球气候联盟、经团联等对美国和日本决策的影响。③

---

① 康晓：《金砖国家气候合作：动力与机制》，《国际论坛》2015 年第 2 期；何建坤等：《全球长期减排目标与碳排放权分配原则》，《气候变化研究进展》2009 年第 6 期。

② 宫笠俐：《决策模式与日本环境外交：以日本批准〈京都议定书〉为例》，《国际论坛》2011 年第 6 期。

③ 全球气候联盟（GCC）（1989—2001 年）是美国最大的行业组织和国际性游说集团，曾代表着 600 万家商业、公司和企业的利益，尤其是对传统能源高度依赖的汽车、钢铁等产业部门。经团联是代表日本产业界利益的重要组织。两个组织出于维护经济增长和传统产业部门利益的考虑，主张采取以技术为基础的气候政策，而不是削减排放。在《京都议定书》制定和执行过程中，他们影响了两国的参与。

第二节　全球气候治理中的主要制度

经过三十多年的行动，全球气候治理领域建立起了较为完整的规则体系。气候治理制度由一系列制度性文件确立，既包括《京都议定书》与《巴黎协定》等正式法律文件，也包括"巴厘岛路线图"与《哥本哈根协议》等非正式文件。从义务性、精确性和授权性三个方面分析国际气候机制框架，可以发现其具有明显的软法特征，这是由国际环境和气候议题自身属性决定的。[①] 其他学者也从不同角度作出了类似界定。[②] 但是，具体分析这些文件及其确立的制度，可以发现他们存在着明显差异。这一部分将依据第一章提出的清晰性、兼容性和约束性等指标，对气候治理进程中最重要的三项制度文件展开分析，即《联合国气候变化框架公约》《京都议定书》与《巴黎协定》。通过相关分析界定了三项文件确立的制度的属性，明确了气候治理制度的演化进程。

一　《联合国气候变化框架公约》的制度属性

《联合国气候变化框架公约》是气候治理中最重要的制度文件，确立了治理的基本框架。此后的所有制度文件都是在其基础上完善调整后达成的，当然也包括存在明显差异的《京都议定书》与《巴黎协定》。基于界定制度强弱的三项指标可以发现，它所确立的是一项典型的弱制度。

首先，清晰性有限。在目标设置上，它提出的最终目标是将大

---

　　① 王学东、方志操：《全球治理中的"软法"问题：对国际气候机制的解读》，《国外理论动态》2015 年第 3 期。

　　② Robyn Eckersley, "Soft Law, Hard Politics, and the Climate Change Treaty," in Christian Reus-Smit ed., *The Politics of International Law*, Cambridge：Cambridge University Press, 2004, p. 83.

气中温室气体浓度稳定在防止气候系统受到危险的人为干扰的水平上。① 然而，它并没有在此基础上进一步确定各国的具体责任。在核心规则上，它确立的"共同但有区别的责任"等原则充满了模糊性，各国可以对自身的责任作出自主判断，这进一步加剧了责任界定上的模糊性。②"共同但有区别的责任"既可以解释为发达国家与发展中国家之间的责任区别，也可以界定为各国之间的普遍性差异；既可以解释为共同责任优先，也可以解释为区别责任优先。此外，它规定了发达国家负有协助发展中国家参与治理的义务，但是承担义务的程度和方式等却交由发达国家自主抉择，既可以是有偿的转让也可以是捐赠。

其次，各规则间相互冲突。罗伯特·基欧汉指出，目前还没有统一的机制来管理限制气候变化程度的努力。相反，这里有一个机制复合体，即一组特定机制的松散耦合。③ 在第 3 条提出的五项原则中，第一项原则规定"各缔约方应当在公平的基础上，并根据他们共同但有区别的责任和各自的能力，为人类当代和后代的利益保护气候系统。因此，发达国家缔约方应当率先行动"。第三项原则规定"各缔约方应当采取预防措施，预测、防止或尽量减少引起气候变化的原因，并缓解其不利影响"。显然，这些原则存在着潜在冲突。

最后，未设置明确的惩罚机制和强制程序。第一次缔约方会议（COP1）决定设立附属科技咨询机构和附属履行机构，但是二者职责在于审查缔约方的信息通报并提出报告，可以向缔约方与秘书处提出便于履约的建议，但不能对违约作出惩罚。国家通报的信息由

---

① United Nations, "United Nations Framework Convention on Climate Change", 1992, https://unfccc.int/sites/default/files/conveng.pdf.

② Judith Goldstein et al., "Introduction: Legalization and World Politics," *International Organization*, Vol. 54, No. 3, 2000, pp. 385 – 399.

③ Robert O. Keohane and David G. Victor, "The Regime Complex for Climate Change," *Perspectives on Politics*, Vol. 9, No. 1, 2011, pp. 7 – 23.

秘书处组织专家审查组展开审查与编写审查报告，当发生分歧时缔约方的意见会被列入报告摘要。① 审查和评估旨在以促进、非对抗、公开和透明的方式审查附件一缔约方来文信息，以确保缔约方会议掌握、评估各国履约情况，履约情况报告被定性为公众宣传文件。此外，第 13 条规定考虑设立一个解决与履行有关问题的多边协商程序。② 此后的缔约方会议试图运行这一程序，但是因为各方分歧较大而未能实现。

二　《京都议定书》的制度属性

气候治理试图复制臭氧治理模式——从《保护臭氧层维也纳公约》到《蒙特利尔议定书》逐步确立强制性制度。③《京都议定书》堪称全人类第一个以条约形式要求承担保护地球系统义务的执行性文件。④ 无论是从各个指标来看，还是相对于其他两个制度文件，它确立的都是一个典型的强制度，不但明确了减排目标和责任分配，还确立了相互兼容的执行、监督和惩罚机制。

首先，内涵清晰性是所有制度文件中最高的。气候治理的核心原则"共同但有区别的责任"被明确为发展中国家与发达工业国家的"南北差异"，发达国家承担主要责任并应该率先行动。在如何减排方面，它提出了具体减排路径，包括提高能源效率、森林保护和养护、开发新能源与充分发挥市场机制等。同时，它明确规定了发达国家（附件一国家）的总体减排目标以及各国的具体减排份额。

① "Report of the Conference of the Parties on It's First Session, Part Two: Action Taken by the Conference of the Parties at It's First Session", Berlin, 28 March – 7 April 1995, http://unfccc. int/cop4/.

② United Nations, "United Nations Framework Convention on Climate Change", 1992, https://unfccc. int/sites/default/files/conveng. pdf.

③ 1985 年通过《保护臭氧层维也纳公约》，1987 年 9 月 16 日通过《关于消耗臭氧层物质的蒙特利尔议定书》并于 1990 年调整、生效，臭氧层保护取得了一系列进展，臭氧层空洞有望彻底解决。

④ 杨洁勉主编：《世界气候外交和中国应对》，时事出版社 2009 年版，第 45 页。

发达国家整体在第一个承诺期内（2008—2012 年）的限制排放目标是比 1990 年削减 5%；附件 B 规定了各国的具体减排责任（参见附录四）：加拿大与日本减排 6%，美国减排 7%，欧盟减排 8%，新西兰、俄罗斯和乌克兰不必削减，爱尔兰、澳大利亚和挪威则分别被允许增加 10%、8% 和 1%。① 此外，它还对发达国家如何帮助发展中国家参与减排等作了规定。

其次，各项规则相互促进，表现出了明显的内聚性。这主要得益于责任主体范围的缩小，通常成员范围越小越容易展开协调，规则冲突的风险也越低。在将发达国家设定为强制减排主体以后，它确立了一系列促进减排的辅助性机制。最典型的就是三项灵活履约机制：联合履约（Joint Implementation，JI）（第 6 条）、清洁发展机制（Clean Development Mechanism，CDM）（第 12 条）与排放权贸易（Emission Trade，ET）（第 7 条）。② 它们允许发达国家通过碳交易、海外减排等手段履约，清洁发展机制还为发展中国家提供了获得技术和资金的机会。此外，为保证制度执行它还建立了调整适应基金和公约基金、全球环境基金等资金机制。这些基金主要为发展中国家（尤其是小岛屿国家）提供支持，资金来源于对共同履约和排放权贸易所涉及的转让和购买的征税等。

最后，设立了强制性和惩罚性的遵约机制。有学者表示，该遵约机制是国际环境条约中发展最快也是最为成熟的遵约机制。③ 它界定了明确的惩罚依据——减排目标以及提供援助等其他责任，规定了未能依照上述要求行动的国家将面临的相应惩罚。它在第 3 条第 13 款指出：如附件一缔约方在承诺期内的排放少于其依本条确定的

---

① United Nations, "Kyoto Protocol to the United Nations Framework Convention on Climate Change", 1998, https：//unfccc. int/kyoto-protocol-html-version.

② 排放权交易，即无力完成减排的国家，可以从超额完成任务的国家购买超出的额度。集团方式，各国（如欧盟）作为一个整体采取有的国家削减、有的国家增加的方法，在总体上完成减排任务。

③ 黄婧：《〈京都议定书〉遵约机制探析》，《西部法学评论》2012 年第 1 期。

分配数量，差额应记入其以后的承诺期。① 第 19 条规定，争端的解决比照适用《联合国气候变化框架公约》第 14 条。此后，这些强制机制在一系列修正案的补充下被进一步完善。2005 年，遵约委员会建立以后，其运行程序、机制与议事规则等得到了详细界定，两个核心机构分别是负责审查各国执行情况的执行事务组与开展信息通报的促进事务组。② 促进事务组对不遵约的缔约方有提供意见和建议、促进提供资金和技术援助的权力，强制执行事务组则有权对不遵约的缔约方采取强制性措施。③

三　《巴黎协定》的制度属性

作为《联合国气候变化框架公约》第二个执行性法律文件，《巴黎协定》构建起了一种新的治理机制。因其灵活性与非强制性特征，许多学者将其界定为软法。④ 鉴于其通过条约形式确立（条约法通常被界定为硬法），将其界定为弱制度更为恰当。此后，国际气候体制逐渐从严格走向松散，目标的约束力不断被弱化，各方愈加倾向于灵活和松散的国际合作机制。⑤

首先，在清晰性方面，制度内涵重新变得模糊。各条款在表述

---

①　如果未能履行第三条第 1 款作出的承诺，执行事务组应采取下列措施：从下个承诺期的分配数量中扣减过量排放；处罚率 1.5，如果在下个承诺期结束时仍不履行承诺，则再增加 0.25；有关缔约方在不履行承诺的情况被确定后应制定一项履行承诺行动计划，说明准备在下个承诺期如何行动，并提交执行事务组核准。FCCC/CP/2000/5/Add.2，《2000 年 11 月 13 日至 25 日在海牙举行的缔约方会议第六届会议第一期会议报告》，2001 年 4 月 4 日，http://www.ccchina.org.cn/file/source/da/da2002073105.pdf，2018 年 11 月 4 日。

②　Decision 27/CMP.1，"Procedures and Mechanisms Relating to Compliance under the Kyoto Protocol"，2005，https://unfccc.int/files/kyoto_protocol/compliance/application/pdf/dec.27_cmp.1.pdf.

③　黄婧：《〈京都议定书〉遵约机制探析》，《西部法学评论》2012 年第 1 期。

④　袁倩：《〈巴黎协定〉与全球气候治理机制的转型》，《国外理论动态》2017 年第 2 期。

⑤　张晓华、祁悦：《预期的国家自主决定的贡献概念浅析》，2014 年 1 月 10 日，http://www.ncsc.org.cn/yjcg/fxgc/201401/t20140110_609642.shtml，2018 年 11 月 7 日。

上大量采用应该、尽量与酌情等模棱两可的词汇。各缔约方逐步增加当前的国家自主贡献，并反映其尽可能大的力度（第 4 条第 3 款），将气温升幅控制在工业化前 2℃之内，并努力限制在 1.5℃ 内（第 2 条第 1 款）。① 这些表述背后不存在量化、统一的减排目标与责任划分，只是模糊地规定各国依据国情在平等、共同但有区别的责任和各自能力的原则基础上，通过自主贡献实现上述目标，所有缔约方的努力将随着时间推移逐渐增加。此外，规则的冲突性也加剧了责任的模糊性。它规定发达国家应承担更大的责任，包括为协助发展中国家缔约方减缓和适应两方面提供资金等（第 9 条）。同时，它又赋予发达国家自主决定贡献目标的权力，发达国家是否承担了更大责任取决于各国的主观判断。

其次，在内聚性方面，规则的冲突性再次显现。在责任分配上，"共同但有区别的责任"的冲突性内涵再次显现，在规定所有缔约方都要参与减排的同时，承认了发展中国家具有特殊性（第 4 条）。发达国家与发展中国家区别的责任界限被淡化，共同的责任与区别的责任再度成为争论的焦点。各方可以采取截然相反的行为，但都可以从中获得合法性依据。发展中国家强调，发达国家应发挥带头作用，努力实现全经济绝对减排目标。发达国家强调，发展中国家应当继续加强减缓努力，实现全经济绝对减排或限排目标。在透明度方面，规则冲突体现在透明度原则与主权原则之间（第 13 条）。它在要求各方实现信息公开的同时，强调"透明度框架应为发展中国家缔约方提供灵活性，以促进性、非侵入性、非惩罚性和尊重国家主权的方式实施，并避免对缔约方造成不当负担"。这些潜在的规则冲突并不能提供确定性的行为依据。

最后，在约束性方面，制度的强制和惩罚程序进一步削弱。与京都机制中的强制减排程序不同，它确定的遵约程序主要是缔约方

---

① United Nations, "The Paris Agreement", 2015, https://unfccc. int/sites/default/files/english_paris_agreement. pdf.

会议每五年一次的总结与专家委员会的建议。缔约方会议定期总结协定执行情况，以评估实现协定宗旨和长期目标的集体进展情况。全球总结的结果应为缔约方提供参考，以国家自主的方式根据本协定更新和加强他们的行动和支助以及国际合作（第 14 条）。这与《联合国气候变化框架公约》要求各国进行信息通报类似，秘书处虽然通过信息评估将各国履约状况分级进而影响各国声誉，但是却不能通过相关机构强行贯彻自己的决议。此外，它要求建立一个以专家为主的委员会来促进执行和遵守。然而，委员会的工作是促进性的，行使职能时采取透明、非对抗与非惩罚性的方式，关注缔约方各自的国家能力和情况，每年向缔约方会议提交报告（第 15 条第 2款）。① 总体来看，《巴黎协定》体现了一种新的全球治理方式，其灵活性与包容性等特征是"东盟方式"在全球层次的同类。②

第三节　全球气候治理的进展与特征

治理有效性评估主要存在两种路径：基于制度目标与治理结果的比较；基于治理进程中议题与行为体变化的比较。两类评估在相对简单的议题中或许可以实现统一，但是在类似气候治理的复杂议题中通常会产生不同的结论。如果将气候问题是否解决作为测量治理的标准，的确很难对其作出积极评价。然而，当视角转向治理进程，气候议题也确实出现了显著变化。依据当前治理态势，有充分理由相信全球气候治理呈现出了强治理的特征。全球环境治理至少取得了三项重要进展：参与者增多、规则和规范增多、

---

① United Nations, "The Paris Agreement", 2015, https：//unfccc. int/sites/default/files/english_parisagreement. pdf.

② Amitav Acharya, "The Future of Global Governance：Fragmentation May Be Inevitable and Creative," *Global Governance*, Vol. 22, 2016, pp. 453 – 460.

资金更加雄厚。①

一　基于治理结果的评估

基于治理结果评估治理有效性是气候治理研究中最常见的方法。同时，气候治理研究倾向于将气候变化谈判进程与气候治理结果等同起来。在上述两种倾向推动下，学术界得出了一个悲观结论——气候治理失败了。

首先，气候变化并没有停止。基于功能主义逻辑，行为体建立制度是为了解决相应问题。《核不扩散条约》旨在解决核扩散问题，《战俘条约》旨在解决战俘的人道主义问题，气候治理制度旨在解决全球气候变化问题。虽然国际社会一直在积极协调减排，全球温室气体排放总体上仍然在增加，较工业化前升温控制在2℃或1.5℃的目标不断受到挑战。过去三个十年比1850年以来任何一个十年都偏暖，依照当前的变化速度，2100年全球气温很可能超过4℃。② 鉴于当前制度并没有解决气候问题，人们很容易断定治理无效。

其次，将气候治理进程等同于谈判进程。目前的悲观论断大多是由此得出的。治理开始至今，国际社会围绕责任分配的谈判充满波折。《京都议定书》签署后迟迟难以生效，发达国家随后也并未按照规定行动。在"后京都时期"，各方始终难以达成具有普遍约束力的制度安排。在《巴黎协定》大幅降低减排约束性的情况下，美国依然选择退出。这些波折令人沮丧，众多学者因此认定当前治理低效。然而，谈判仅是治理进程的一部分而非全部，谈判结果也并不必然会转化为行动，积极参与谈判但是拒绝贯彻谈判结果的现象并不鲜见。

最后，将治理有效性等同于行为一致性。正如所有人在交通规则

① 庄贵阳、朱仙丽、赵行姝：《全球环境与气候治理》，浙江人民出版社2009年版，第29—30页。

② IPCC，"Climate Change 2014 Synthesis Report"，https：//www.ipcc.ch/site/assets/uploads/2018/02/SYR_AR5_FINAL_full.pdf.

制定后都靠右行驶，人们也期待在国际议题中通过保持行为上的一致来解决相关问题，如各国依据《核不扩散条约》在禁止核技术和核原料转让上采取一致行动实现了对核扩散的控制。因此，人们预期气候治理也将出现各方一致行动的局面。然而，各国在气候治理中采取的行动却存在显著的差异。发达国家侧重于通过新技术开发与能源替代战略减排，发展中国家则强调保证自己的排放权利，即在发展的基础上逐步减排。当交通规则同时允许一些人靠左行驶而另一些人靠右行驶时，这种冲突似乎很难使人们相信治理是有效的。

　　上述评估方法反映了气候治理的一些重要方面，但是忽视了一个根本性问题——气候议题的复杂性。气候变化是一个历史累积产生的问题，其解决也必然是漫长的。同时，气候治理涉及发展问题，国家的首要责任在于保证国民的生存与发展，任何国家都不可能以牺牲自身发展为代价换取气候问题快速解决，激进行动由于会危及国内政治稳定而通常会迅速回撤，如 2018 年 11 月以来"黄背心运动"对西方各国的冲击。① 在认识到气候治理的长期性以后，基于结果逻辑的评估就不再适当了，过程视角变得极为重要。

二　基于治理过程的评估

　　在评估气候治理制度的有效性时，人们总是倾向于强调"如果不作出比当前更大的努力，21 世纪末将面临巨大的风险"。然而，如果探讨的问题是"制度是否重要"，我们似乎更应该关注"如果没有之前的行动，当前的情况是否会更糟糕"。基于治理过程的评估将议题本身以及行为体行为和观念等在纵向上的变化作为主要关注

---

① "黄背心运动"起源于法国总统马克龙为推动减排而采取的增税行为。在美国退出《巴黎协定》后，马克龙高呼"使地球再次伟大"，法国俨然成为应对气候变化的全球领袖，宣布 2018 年将柴油税每公升上调 6.2%。但是，这也导致油价暴涨，点燃了民众积蓄已久的愤怒。他们指责马克龙关注气候变化导致的"世界末日"，却忽视为支付油费、寻找工作和为过上体面生活而挣扎的农村和城郊区域民众的疾苦。孔田平：《法国"黄背心"运动挑战马克龙新政》，《中国社会科学报》2019 年 1 月 17 日。

对象，能够规避"目的—结果"模式存在的局限。相关数据表明，气候变化本身以及各国的行为和观念等在治理开始后都出现了显著变化。因此，我们有理由对气候治理作出更加乐观的评价。

第一，议题的变化。全球平均气温与海平面等宏观指标被广泛用于测量气候变化，但是它们无法排除自然因素干扰，也难以揭示议题的变化。1998—2012 年全球平均地表温度上升速度为 1951—2012 年的 1/3 或 1/2，IPCC 将其视为辐射强迫趋势减弱等自然因素的结果。① 然而，基于减排行动方面的变化，有理由相信它是由制度导致的。碳排放作为气候变化的主要人为因素，整体排放量、排放增速以及排放增速均值等指标有助于更准确地把握议题变化。相对于基准年，伞形国家碳排放量都是增加的，但年排放增速是趋缓的。② 2012—2019 年，全球温室气体排放的年平均增速为 1.1%，明显低于 21 世纪头十年（2.6%）。③ 与能源有关的全球碳排放数据表明（如图 4 - 1 所示）：碳排放总量在持续增长，由 1990 年的 205 亿吨增加至 2020 年的 315 亿吨；碳排放增速总体上在放缓，"京都时期"出现了加速增长，平均增速由 1.2% 增加至 2.81%，其中 2003—2007 年是迄今增速最高的时期（2.96%—4.62%）。进入"后京都时期"增速开始持续放缓，平均增速降至 0.38%，即使排除新冠疫情（2020 年）的影响这一数值也仅为 1.06%，其中 2014—2016 年（-0.31%—0.31%）是 1992 年以后增速最低的时期。对于短暂的碳排放增加不应"反应过度"，如 2017 年全球能源需求虽然增长了 2.2%，但是一次能源消费增量约有 60% 来自天然气和可

---

① IPCC, "Climate Change 2014 Synthesis Report", https：//www.ipcc.ch/site/assets/uploads/2018/02/SYR_AR5_FINAL_full.pdf.

② 段晓男等：《〈京都议定书〉缔约国履约相关状况及其驱动因素初步分析》，《世界地理研究》2016 年第 4 期。

③ J. G. J. Olivier and J. A. H. W. Peters, "Trends in Global CO_2 and Total Greenhouse Gas Emissions", December 2020, https：//www.pbl.nl/sites/default/files/downloads/pbl-2020-trends-in-global-co2-and_total-greenhouse-gas-e missions-2020-report_4331.pdf.

再生能源。[①] 排放大国作为关键治理主体出现了更显著的变化。中国
1994—2004 年排放年均增速约为 4%，2006—2016 年降至 3.2%，如
果将指标换成年增长率，2017 年的增长率仅为 1.6%。[②] 上述议题变
化可能被理解为经济增长规律的自发结果，为进一步确定其与治理
制度的因果关系，还需要其他方面的指标作为补充。

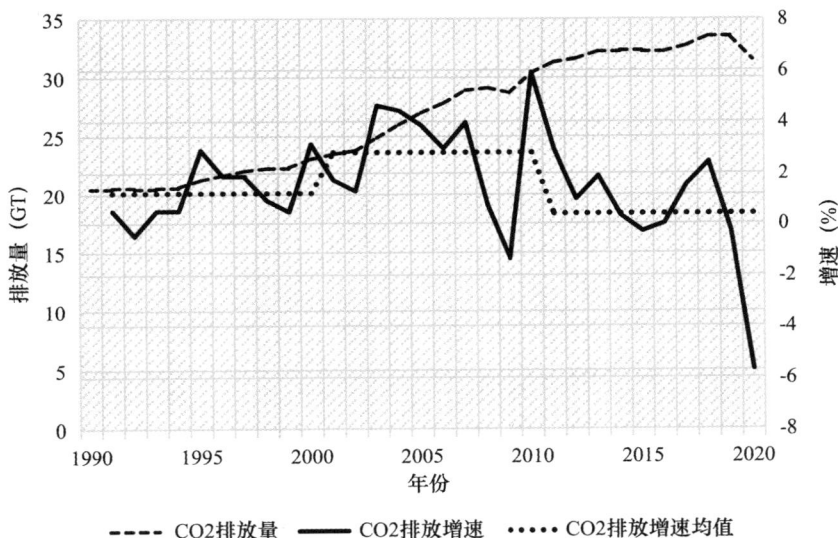

图 4 – 1　全球与能源有关的 CO_2 排放趋势（1990—2020 年）[③]

　　第二，各国围绕减排展开的直接行动。当前越来越多国家提出

---

　　① BP：《BP 世界能源统计年鉴》2018 版，2018 年 7 月 30 日，https：//www. bp.
com/content/dam/bp/country-sites/zh _ cn/china/home/reports/statistical-review-of-world-en-
ergy/2018/2018srbook. pdf，2022 年 5 月 27 日。

　　② 中国国家发展改革委组织编制：《中国应对气候变化国家方案》，2007 年 6 月
4 日，https：//www. fmprc. gov. cn/ce/ceun/chn/zgylhg/jsyfz/kccfz/t326968. htm，2018 年
10 月 29 日；BP：《BP 世界能源统计年鉴》2018 版，2018 年 7 月 30 日，https：//www.
bp. com/content/dam/bp/country-sites/zh _ cn/china/home/reports/statistical-review-of-world-
energy/2018/2018srbook. pdf，2022 年 5 月 27 日。

　　③ IEA，"Global Energy Review：CO2 Emissions in 2020"，https：//www. iea. org/
articles/global-energy-review-co2-emissions-in-2020.

和更新了减排目标，在目标设置和执行上也越来越积极。与"京都时期"为发达工业国家设定强制减排目标不同，各国在"后京都时期"纷纷主动提出减排目标。截至 2021 年 10 月，所有 192 个缔约方提交了 165 份最新国家自主贡献，涵盖了 2019 年全球排放总量的 94.1%。[①] 同时，应对气候变化涉及技术的创新和应用。各国积极推进绿色与可持续发展战略，开展新能源技术研发与节能技术推广。如图 4-2 所示，全球能源结构呈现出持续改善的趋势，清洁能源占比迅速扩大。长期被视为"滞后者"的美国也积极调整能源结构，经过"页岩气革命"，天然气消费占比达到 25% 并持续上升。[②] 中国已成为世界上最大的风能和太阳能发电国家以及新能源汽车生产国和保有国。经过长时间发展，印度在太阳能和风能利用上取得了显著进展，可再生能源投资居全球首位，被气候行动追踪组织（Climate Action Tracker，CAT）评为该领域的全球领导者。[③] 此外，发达国家的支持是发展中国家应对气候变化的重要保证，虽然双方围绕援助的数量和方式仍然存在争论，但是发达国家的资金援助和技术转让确实在进行，尤其是双边援助。

第三，国内法制体系建设。国际制度最终依托国内政策和法律来执行，立法和政策是国家履行国际承诺的工具和标志。治理开始后，气候和环境立法成为各国国内立法的普遍趋势。格兰瑟姆气候变化与环境研究所关于全球 99 个国家气候变化法律和政策的分析揭示了两个重要现象。其一，无论是发达国家和发展中国家，都在加速开展气候立法。如图 4-3（a）所示，1997 年这些国家的气候法

---

① FCCC/PA/CMA/2021/8/Rev. 1，"Nationally Determined Contributions under the Paris Agreement. Revised Note by the Secretariat"，25 October 2021，https：//unfccc. int/ sites/default/files/resource/cma2021_08r01_E. pdf.

② Robert A. Hefner III，"The United States of Gas：Why the Shale Revolution Could Have Happened Only in America，" *Foreign Affairs*，Vol. 93，No. 3，2014，pp. 9 - 14.

③ Climate Action Tracker，"India"，https：//climateactiontracker. org/countries/india/，2022/3/23.

(%)

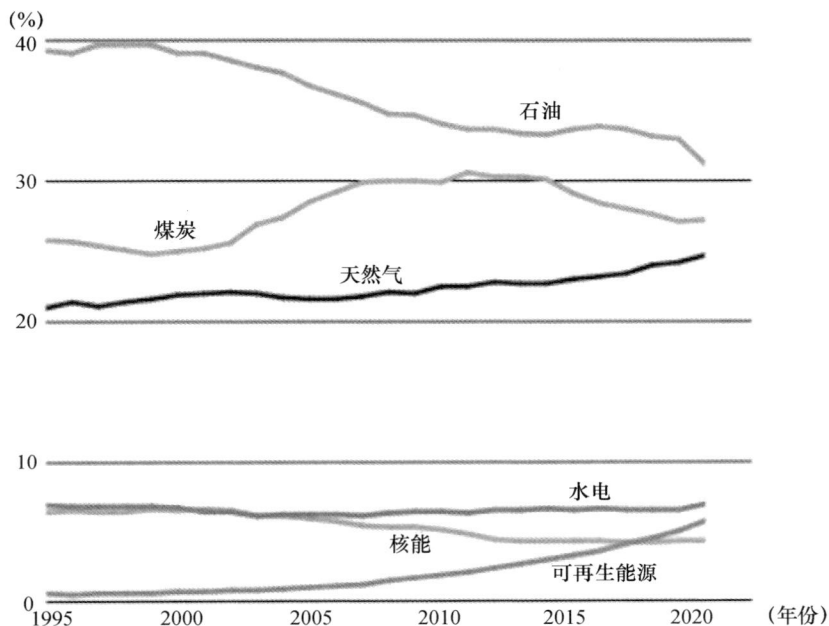

图 4 − 2　全球一次能源消费占比（1995—2020 年）①

律/政策只有 54 项，2009 年增加至 426 项，2016 年则上升到 854
项。② 2017 年，在 177 个国家中有将近 1400 个气候法律/政策确立，
1997 年则只有 70 个，20 年里增长了 20 倍，目前只有少数国家没有
通过国家法律/政策确认气候变化问题。③ 其二，立法数量呈现出显

---

① BP：《BP 世界能源统计年鉴》2021 版，2021 年 7 月 8 日，https：//www. bp.
com/content/dam/bp/country-sites/zh ＿ cn/china/home/reports/statistical-review-of-world-en-
ergy/2021/BP_Stats_2021. pdf，2022 年 3 月 25 日。

② Grantham Research Institute on Climate Change and the Environment，"The Global Cli-
mate Legislation Study：Summary of Key Trends 2016"，http：//www. lse. ac. uk/GranthamInsti-
tute/wp-content/uploads/2016/11/The-Global-Climate-Legislation-Study_2016-update. pdf.

③ Grantham Research Institute on Climate Change and the Environment，"Global Trends
in Climate Change Legislation and Litigation：2017 Snapshot"，http：//www. lse. ac. uk/
GranthamInstitute/wp-content/uploads/2017/11/Legislation-and-litigation-2017- policy-brief ＿
web. pdf.

著的阶段性。如图 4 - 3（b）所示，它在"京都时期"长期保持较低水平（每年不超过 50 个），进入"后京都时期"开始急剧增长，并在 2009—2015 年达到峰值（每年有 100—143 个）。截至 2020 年 6 月，全球已有超过 1800 余项法案，其中近 75% 是 2007 年以后通过的，因此气候治理的国内法律根基很大程度上是在"后京都时期"建立起来的。①

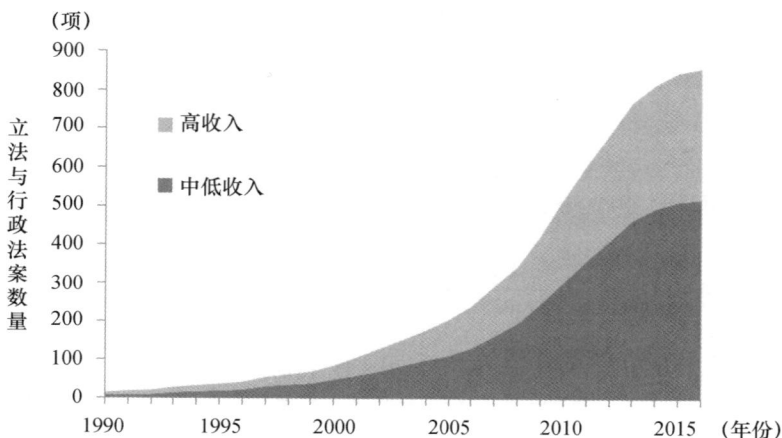

图 4 - 3（a）　全球气候立法发展趋势（1990—2015 年）②

第四，双边与多边合作。环境协议在治理开始后呈现出爆炸式增长。③ 节能减排与清洁能源技术发展成为重要的合作领域。例如，中国与各方展开了全面合作，2014 年签署了《中美气候变化联合声明》，

① Shaikh Eskander, Sam Fankhauser, and Joana Setzer, "Global Lessons from Climate Change Legislation and Litigation", https：//www. nber. org/chapters/c14503. pdf.

② Grantham Research Institute on Climate Change and the Environment, "Global Trends in Climate Change Legislation and Litigation：2017 Snapshot", http：//www. lse. ac. uk/GranthamInstitute/wp-content/uploads/2017/11/Legislation-and-litigation-2017-policy-brief _ web. pdf.

③ Ronald B. Mitchell, "International Environmental Agreements：A Survey of Their Features, Formation, and Effects," *Annual Review of the Environment and Resources*, Vol. 28, 2003，pp. 429 – 461.

（项）

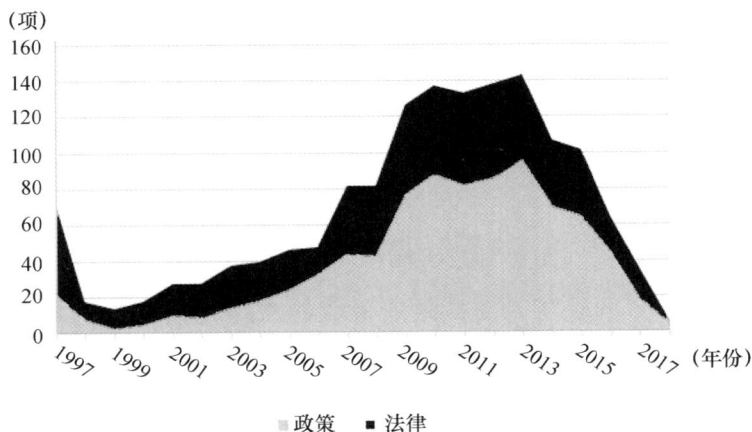

图 4 – 3 （b）　全球每年通过的气候法律/政策数量（1997—2017 年）①

2018 年发表了《中欧领导人气候变化和清洁能源联合声明》，与东盟的清洁能源合作也在稳步展开。② 中国与加拿大建立了部长级对话，协调双方的气候谈判立场与推进清洁能源合作。③ 同时，气候变化成为区域内部与区域间互动的关键议题，如东盟内部的清洁能源合作以及欧亚会议上的气候对话等，2006 年首脑会议通过《关于气候变化的宣言》，2007 年又通过《可持续发展北京宣言》。在多边层面上，出现了众多针对特定问题的机构，如 2009 年成立的旨在向成员国提供可再生能源政策信息并促进相关合作的国际可再生能源机构（International Renewable Energy Agency，IRENA）。减灾作为适应

---

①　Grantham Research Institute on Climate Change and the Environment, "Global Trends in Climate Change Legislation and Litigation: 2018 Snapshot", http://www. lse. ac. uk/GranthamInstitute/publication/global-trends-in-climate-change-legislation-and-litigation-2018-snapshot/.

②　钟旖：《专家：中国与东盟清洁能源合作前景可期》，《中国新闻网》2018 年 6 月 27 日，http://www. nea. gov. cn/2018 – 06/27/c_137284341. htm，2018 年 12 月 19 日。

③　《中国—加拿大气候变化和清洁增长联合声明》，2017 年 12 月 4 日，http://qhs. ndrc. gov. cn/gwdt/201712/t20171204_869540. html，2018 年 10 月 29 日。

气候变化的重要内容，2015 年第三次联合国世界减灾大会通过
《2015—2030 年仙台减灾框架》，设立了七大目标和四大优先事项。[①]

第五，观念上的变化。各方对气候变化的关注程度持续上升。
2015 年皮尤研究中心在全球范围内组织了一场关于全球首要威胁的
调查，气候变化已经超越众多议题被各国民众视为严重威胁，尤其
是在拉美和非洲。[②] 中国气候传播项目中心组织的公众气候变化认知
调查显示，95% 的受访者支持政府采取的减缓气候变化的相关措施，
96.9% 支持政府对温室气体排放实行总量控制。[③] 此外，各方对气候
变化的认知出现了变化。设置减排目标与发展清洁能源技术不再被
视为发展负担，而成为一种道义上的责任与新的发展机遇，即低碳
发展虽然是应对气候变化的要求，但是能够产生高效发展等额外效
益。这种转变在新兴大国群体中体现得最为明显，中国的气候变化
认识由担忧减排影响发展转变为强调减排与发展的内在一致性。[④] 巴
西出现了类似变化，由最初主张"发展中国家有权污染"转变为倡
导"发展中国家也肩负减排责任"。[⑤] 印度也逐渐转变了自身"零责
任"的认知，关注环境保护、能源安全和气候变化的协同效应，从强

---

① United Nations, "Sendai Framework for Disaster Risk Reduction 2015 – 2030",
2015, https://www.unisdr.org/files/43291_sendaiframeworkfordrren.pdf.

② Jill Carle, "Climate Change Seen as Top Global Threat: Americans, Europeans,
Middle Easterners Focus on ISIS as Greatest Danger", 14 July 2015, Pew Research Center,
http://www.pewresearch.org/wp-content/uploads/sites/2/2015/07/Pew-Research-Center-
Global-Threats-Report-FINAL-July-14-2015.pdf.

③ 国家发展和改革委员会：《中国应对气候变化的政策与行动 2017 年度报告》，
2017 年 10 月，第 32 页，http://files.ncsc.org.cn/www/201802/20180225100525825.pdf，
2018 年 10 月 28 日；中国气候传播项目中心：《中国公众气候变化与传播认知状况调查报
告 2017》，2017 年 11 月 1 日，http://i.weather.com.cn/images/cn/index/dtpsc/2017/11/
07/32734DC489728AA72583F608386985C8.pdf，2018 年 10 月 31 日。

④ 庄贵阳等：《中国在全球气候治理中的角色定位与战略选择》，《世界经济与政
治》2018 年第 4 期；严双伍、肖兰兰：《中国参与国际气候谈判的立场演变》，《当代
亚太》2010 年第 1 期。

⑤ 何露杨：《巴西气候变化政策及其谈判立场的解读与评价》，《拉丁美洲研究》
2016 年第 2 期。

调发展优先转变为发展优先兼顾气候变化。[①]

三　气候治理的阶段性

全球气候治理兴起至今呈现出了明显的阶段性。有学者指出，应对气候变化的国际进程呈现出波浪式前进的特征，可以划分为"公约时期""议定书时期""巴厘路线图时期"和"德班平台时期"。[②] 依据制度设计与治理进展，可以将其分为三个阶段（如图4-4所示）："自愿承诺"减排的"公约时期"（1985—1997年）、"自上而下"强制减排的"京都时期"（1997—2009年）以及"自下而上"自主贡献减排的"后京都时期"（2009年以后）。总体上，气候治理制度发生了两次变化：从《联合国气候变化框架公约》到《京都议定书》——制度强化，从《京都议定书》到《巴黎协定》——制度弱化。气候治理则呈现出了相反的态势：治理开始后经历了一个迅速发展的阶段，进入"京都时期"后则出现了放缓甚至倒退，随着"京都机制"被抛弃，治理再度迎来了高潮。

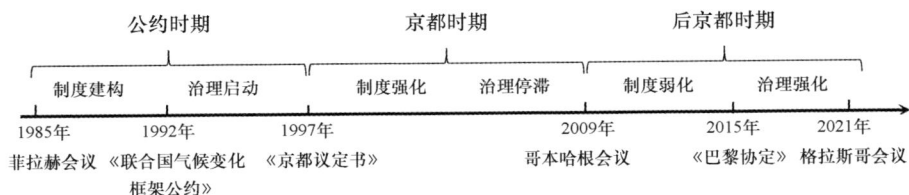

图4-4　全球气候治理的三个阶段

（一）第一阶段："公约时期"（1985—1997年）

从气候治理作为全球性议题被提出到《京都议定书》签署，是

[①]　王润等：《"来印度制造"下的印度能源与气候政策述评》，《气候变化研究进展》2017年第4期。

[②]　张晓华、祁悦：《应对气候变化国际合作进程的回顾与展望（上）》，2015年8月13日，http://www.ncsc.org.cn/yjcg/fxgc/201508/t20150813_609657.shtml，2018年11月7日。

构建制度与开启治理的时期。1985 年，菲拉赫会议正式开启了气候制度建构进程。然而，各国间的偏好差异迅速引发了激烈的倡议竞争，制度建构一度陷入僵局。基于联合国海洋法会议的教训以及《保护臭氧层维也纳公约》的经验，各方转而尝试通过调整制度设计来兼顾各方偏好，以确保制度尽快完成建构并开启治理进程，《联合国气候变化框架公约》由此产生。此后，各国依据自愿减排模式纷纷提出了行动目标与计划，全球气候治理正式出现。例如，日本在 1990 年提出了《防止全球变暖行动计划》。在这一时期，美国、日本、加拿大等发达国家与欧盟一道作为气候治理的倡导者，谋求确立自己在这一新议题中的领导地位，并通过"示范效应"引导发展中国家参与进来。发展中国家由于面临严峻的发展问题，立场相对保守，但是也开始采取转变发展方式、提高能源效率等方面的行动。例如，中国与印度等发展中大国虽然拒绝承担强制减排义务，但是将发展转型纳入了发展规划当中。[①] 正如有关学者注意到的，这一阶段的气候治理虽然取得的实质性进展有限，但却是迄今为止最活跃的一个时期。

（二）第二阶段："京都时期"（1997—2009 年）

从《京都议定书》签署至哥本哈根会议，大致是气候制度不断强化而治理陷入低潮的时期。"自上而下"模式被视为解决全球协调问题的最佳方式。[②] 京都机制试图通过明确责任分配来加快治理，结果却是发达国家的态度日趋保守甚至出现了倒退，拒绝承担减排以及资金与技术转让等责任。[③] 这一时期的治理弱化围绕着《京都议定书》的生效和执行体现在三个方面：首先，它在美国等发达国家

---

① 《关于国民经济和社会发展"九五"计划和 2010 年远景目标纲要的报告》，1996 年 3 月 5 日，http：//www. gov. cn/test/2008 - 04/21/content_950407. htm，2019 年 3 月 4 日。

② Charles F. Sabel and David G. Victor，"Governing Global Problems under Uncertainty：Making Bottom-Up Climate Policy Work，" *Climatic Change*，05 October 2015，DOI 10. 1007/s10584 - 015 - 1507 - y.

③ 谷德近：《巴厘岛路线图：共同但有区别责任的演进》，《法学》2008 年第 2 期。

抵制下迟迟不能生效。国际社会虽然为发达国家确立了强制减排责任，但是这并未被发达国家所认可。此后，发达国家以拒绝批准协议的方式胁迫发展中国家让步，并通过修改协议来为自己"松绑"。其次，发达国家在它生效后拒绝按照规定行动。1990—2005 年，附件一国家整体减排量只有 2.8%，且是以经济转型国家减排 35.2% 为前提的，工业化国家排放量实际增长了 11%。2009 年，加拿大的碳排放总量比 1990 年增加了 17%，而其减排目标是到 2012 年降低 6%。① 最后，"后京都时期"谈判开始后，京都机制迅速被抛弃了。"巴厘岛路线图"为发展中国家规定了实质性义务，区别责任名存实亡，责任分配完全退向了共同责任。② 这一时期出现的有限治理进展主要是由自愿减排驱动的，尤其是未被赋予减排责任的发展中国家以及处于制度外的美国等采取的行动。

（三）第三阶段："后京都时期"（2009 年以后）

蒙特利尔会议至哥本哈根会议期间（2005—2009 年），"自上而下"的京都机制在发达国家抵制下迅速被抛弃了，"自下而上"模式逐渐成为事实上的治理思路。"多哈修正案"通过后，《京都议定书》第二承诺期（2013—2020 年）在名义上进入实施阶段。③ 但是，治理实质上却是由"自下而上"模式主导，各国自主提出减排目标，非国家行为体积极参与监督和施压，如 C40、城市和地方政府联盟（United Cities and Local Governments，UCLG）等。因此，从蒙特利尔会议至《巴黎协定》签署（2005—2015 年）大致是制度弱化时期，而治理在哥本哈根会议前后却迎来了转折。各国虽然并未消除分歧，但是在行动上都变得更加积极。在减排方面，2008 年国际金

---

① ［美］罗伯特·基欧汉：《气候变化的全球政治学：对政治科学的挑战》，《国外理论动态》2016 年第 3 期。

② 谷德近：《巴厘岛路线图：共同但有区别责任的演进》，《法学》2008 年第 2 期。

③ 由于美国、日本、加拿大、俄罗斯、新西兰等附件一国家均拒绝参与，"多哈修正案"直至 2020 年 12 月 31 日才生效，而《京都议定书》第二承诺期到 2020 年也已经到期了。

融危机是一个重要转折点。欧盟此前的领土排放大致稳定，但此后一直在下降，特别是基于消费的排放量从 2000 年开始上升，但随后与地域排放量一起下降。[①] 在资金和技术援助方面，发达国家也出现了明显转变。如图 4 – 5 所示，此前的援助大致稳定（50 亿美元），而之后大幅增加。各国总体上呈现出竞相履约的态势，奥巴马政府与当前拜登政府谋求通过主导气候治理重塑美国全球领导者地位，欧盟也试图通过强化减排行动维持"绿色领袖"地位，新兴大国试图通过积极参与治理塑造负责任大国形象。大国竞争履约带动国际社会不断更新减排目标，治理出现了加速趋势。

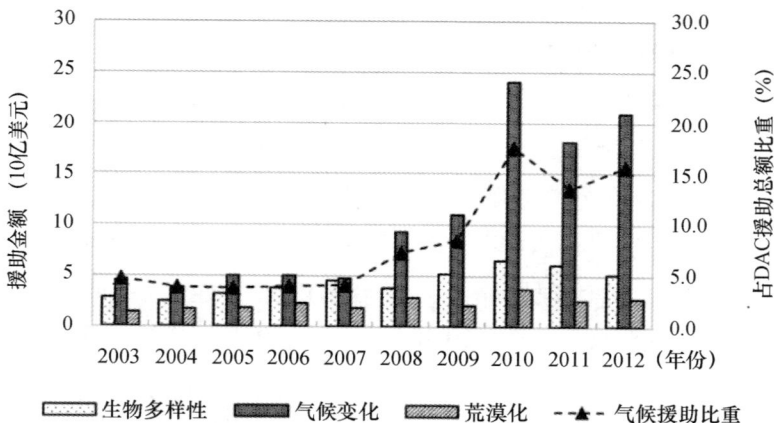

图 4 – 5　2003—2012 年 DAC 针对环境的援助

资料来源：秦海波等：《美国、德国、日本气候援助比较研究及其对中国南南气候合作的借鉴》，《中国软科学》2015 年第 2 期。

本章小结

这一章对全球气候治理的兴起、特征以及进程进行了总体阐述。

---

　　① Jonas Karstensen et al. , "Trends of the EU's Territorial and Consumption-Based E-missions from 1990 to 2016," *Climatic Change*, Vol. 151, No. 2, 2018, pp 131 – 142.

基于过程视角，可以判定治理已然取得了显著进展。碳排放增速在下降，部分地区甚至出现了扭转；新能源技术研发与推广迅速；各国广泛确立了减排目标并制定了相应法律和政策。因此，梳理这些进展出现的原因是必要的。气候治理制度主要基于三项制度性文件确立，《联合国气候变化框架公约》确立的是典型的弱制度，只提出了一个全球性目标，并未具体界定各方责任，各项规则存在明显冲突，也未构建相应的惩罚程序。《巴黎协定》与前者一致，"自主贡献"模式赋予了各方极大的灵活性。《京都议定书》相对于二者确立的是明显的强制度，不但为发达国家设定了减排目标，还构建起了执行、监测以及惩罚机制。

气候治理制度经历了"建立—强化—弱化"，治理则经历了"起步—停滞/弱治理—强治理"。"公约时期"的治理迅速在全球展开，《京都议定书》实现了制度强化，但是非但没有带来治理加速推进，反而导致发达工业国家对减排充满警惕并拒绝承担责任。"自主贡献"模式在哥本哈根会议后成为主导模式，相对于京都机制明显弱化，治理却迎来了高潮。

以下两章将着重论述两个治理阶段，通过比较研究明确弱制度的有效性和作用机制。由于能够有效排除干扰变量，学术界对这一比较表现出了浓厚的兴趣。大卫·维克托（David G. Victor）等通过比较"自上而下"模式与"自下而上"模式，界定了"自下而上"模式有效性的条件。[1] 下一章将首先阐述为何治理在制度强化后反而出现了停滞甚至倒退？或者说，为什么强制减排模式会失败？

---

① Charles F. Sabel and David G. Victor, "Governing Global Problems under Uncertainty: Making Bottom-Up Climate Policy Work," *Climatic Change*, 05 October 2015, DOI 10.1007/s10584－015－1507－y.

第 五 章

强制度与弱治理："京都时期"
（1997—2009 年）

　　全球气候治理制度建构在 1985 年启动后，1992 年《联合国气候变化框架公约》签署标志着第一阶段的制度建构完成并转入治理行动。其间的制度建构较为顺利，各国在行动上也较为积极，因此成为治理最活跃的时期。[①] 此后，各方试图在《联合国气候变化框架公约》的基础上进一步强化制度，从而加快治理进程。从《柏林授权》开始，国际社会积极着手明确各国的减排责任。1997 年，第三次缔约方会议（COP3）通过了《京都议定书》，建立了"自上而下"的强制减排模式。然而，气候治理此后非但未显著改善反而出现了停滞甚至倒退。《京都议定书》由于发达国家的抵制经历了长达八年的生效进程；发达国家在其生效后也并未严格按照规定行动，不但减排目标未能实现，对发展中国家的援助承诺也未有进展；此外，它在生效后不久便迅速被抛弃了。

　　在制度得到强化的同时气候治理却陷入停滞甚至倒退是这一时期的总体特征。《京都议定书》对确立强制性减排责任的追求引起

---

　　① 张晓华、祁悦：《应对气候变化国际合作进程的回顾与展望（上）》，2015 年 8 月 13 日，http://www.ncsc.org.cn/yjcg/fxgc/201508/t20150813_609657.shtml，2018 年 11 月 7 日。

了各方的警惕，治理陷入了责任分配的激烈争论当中，国际社会在责任分配完成后也随之发生分裂。在发展中国家不参加减排的情况下，发达国家担忧自身的减排为发展中国家提供了"搭便车"机会。因此，尽管责任界定清晰并有强制程序作为保障，发达国家却根本不打算执行它。最终，它不但未能增强治理的有效性，反而加剧了冲突，使得行为体对于实现早期作出的承诺也变得谨慎。

这一章通过回顾《联合国气候变化框架公约》与《京都议定书》的设计过程以及治理进程回答了这样一个问题，为何气候治理的有效性在制度强化过程中非但没有出现增强，反而陷入了"低谷"？

第一节　《联合国气候变化框架公约》的设计与治理

随着环境问题对人类生存发展的影响日益显现，环境保护在 20 世纪 70 年代成为全球关注的议题。同时，1974 年召开的第六届特别联大在充分肯定发展中国家主权的基础上，将国际正义或平等进一步界定为发达国家负有协助发展中国家发展的义务。① 在此背景下，气候变化作为重要的全球议题被提出后，各国受发展程度（工业化国家与发展中国家）、地缘属性（对灾害的敏感性，如低地和小岛屿国家）、资源禀赋（能源富集程度与依赖程度，如石油出口国和进口国）等影响形成了不同的气候认知，并提出了不同的制度方案。由于气候制度涉及利益的重新框定，各方都希望依据自身偏好建立制度。为此，认知相近的国家结成联盟，如小岛屿国家联盟（Alliance

---

① A/RES/3202（S-VI），《建立新的国际经济秩序的行动纲领》，1974 年 5 月 1 日，http：//www.un.org/chinese/ga/spec/6/ar3202.pdf，2018 年 11 月 7 日。

of Small Island States，AOSIS），各集团之间展开了激烈较量。[1] 其间，各方逐渐形成一定共识，但远未达成一致。另外，在气候变化引发的灾害不断涌现以及 IPCC 等相关机构通过科学分析不断确证气候变化与灾害之间联系的推动下，各方面临着尽快开展治理的严峻压力。最终，各方通过制度设计上的调整实现了观念上的平衡。

一 多元倡议竞争与议题压力

在建构全球气候制度的倡议提出后，建立什么样的制度成为争论的焦点。各方受地缘、发展水平以及文化等因素影响产生了不同的气候认知，进而依据自身偏好提出了不同的建构方案。各国都试图通过控制制度设计来实现自身利益，最终演变成了激烈的倡议竞争。与此同时，气候变化影响的不断显现以及有关气候变化的科学证据不断被提出，各国感受到的治理紧迫性不断增强，开始探索能够协调仅存在有限认同的各方尽快行动的制度形式。

（一）多元气候认知

各国受发展水平与地缘属性等因素影响对气候变化存在不同的框定，总体上可以区分为发达工业国家与发展中国家两个阵营。气候治理中的多样性是指发达国家与发展中国家由于发展阶段不同导致的国家利益差异。[2] 发达国家强调气候治理需要全球一致行动，发展中国家强调发达国家负有主要责任并应该率先行动。依据其他标准可以对这些集团展开进一步区分，如发达工业国、转型国家、伞形国家、发展中国、小岛屿国家以及化石能源出口国等。这种气候认知上的多元性构成了全球气候制度建构和治理展开的背景。

---

① 小岛屿国家联盟由 42 个环太平洋、印度洋和大西洋的国家组成，气候变化导致的海平面上升直接危及他们的生存。以石油输出国组织为代表的能源出口国与小岛屿国家联盟的态度相反，减排将影响全球的化石能源消费，进而会影响他们的利益。

② 康晓：《金砖国家气候合作：动力与机制》，《国际论坛》2015 年第 2 期。

1. 发达工业国家的认知

发达工业国家尤其是欧洲国家是呼吁应对气候变化最积极的倡导者。它们认为气候变化关系到人类共同的未来，无论发达国家还是发展中国家都不能逃脱其影响。因此，它们倾向于用可持续发展来框定气候变化问题，并将其视为各方共同的责任。同时，它们将气候治理视为巩固西方领导地位的理想领域。尤其是对欧盟而言，美国和苏联在冷战时期主导了传统问题，欧盟想在国际社会中扮演关键角色只能求助于非传统议题。此外，第三次科技革命兴起后，低能耗的信息经济、低碳经济取代钢铁和汽车等传统高碳经济。它们试图凭借技术优势发起新一轮竞争，借机挤压后发国家的发展空间。他们自 20 世纪 60 年代开始在清洁能源技术和产业结构调整上取得了显著成就，在环境保护上占据了主动地位。日本通过 20 世纪 70 年代的经济转型在环境治理方面取得了显著进展，环境外交成为其发挥影响的重要领域。[1] 最后，在产业结构调整过程中，西方社会形成了强劲的环境意识，出现了大量倡导绿色发展的环保组织与党派。

发达国家内部还存在两个与欧盟不同的群体。其一，伞形国家。[2] 与欧盟相比，这些国家面临的减排压力更大，立场也更保守。他们坚持责任共担原则，反对单独为发达国家设置明确的强制责任，发展中国家——尤其是新兴经济体也必须参与到减排当中。同时，他们拒绝在谈判过程中向发展中国家作出任何退让，即便谈判或制度会因此陷入停滞。其二，转型国家，主要是苏联解体后的中东欧国家。由于经济出现持续性衰退，温室气体排放处于净减排状态，

---

[1]　Yasuko Kameyama, "Can Japan be an Environmental Leader? Japanese Environmental Diplomacy since the Earth Summit," *Politics and the Life Sciences*, Vol. 21, No. 2, 2002, pp. 66 – 71.

[2]　"伞形国家"指的是京都会议期间以美国、加拿大、新西兰、澳大利亚为一方与俄罗斯、乌克兰、哈萨克斯坦、挪威和冰岛为另一方结成的联盟，目的是追求"共同履约"观念。

并不存在减排压力，他们的立场因此也更加灵活。但是，他们的主要任务是扭转经济颓势，为了争取其他国家对其经济转型提供资金和技术援助，通常会采取追随策略，追随对象可能是发达国家也可能是新兴国家。

2. 发展中国家的认知

发展中国家的气候认知总体包括以下几个方面。第一，气候问题是由发达工业国家自工业革命以来长期大规模排放造成的，他们因此负有"历史责任"。发展中国家尚处在发展起步阶段，历史排放量有限，因此责任也有限。① 第二，发展中国家拥有发展权利，要求他们承担与发达国家同等的责任，是对发展中国家发展权利的侵犯。1972 年，巴西在人类环境会议上将环境问题视作西方国家的阴谋——通过阻碍巴西发展来保持工业化国家的优势，因而强烈捍卫巴西的发展权，坚持"不能以环境质量牺牲发展"。② 第三，将减排视为各方共同责任是不平等的。国际社会不应只关注减排问题，还应该把发展中国家的经济和社会发展纳入考量，应对气候变化主要是发达国家的责任。③ 并且，还应该将发展中国家的基础性排放与发达国家的奢侈性排放作出区分。第四，发展中国家的发展水平较低且应对能力有限，受到气候变化的影响通常也更大，尤其是那些地势低洼国家与小岛屿国家。发达国家不仅应承担更大的减排责任，还应承担帮助发展中国家能力建设的责任。概言之，发展中国家强调有区别的责任、坚持发展优先、要求发达国家向发展中国家提供资金和技术等。④

---

① 李鹏：《共同推进环境与发展国际合作：在发展中国家环境与发展部长级会议上的讲话》，《世界环境》1991 年第 4 期。

② 何露杨：《巴西气候变化政策及其谈判立场的解读与评价》，《拉丁美洲研究》2016 年第 2 期。

③ 程晓勇：《国际气候治理规范的演进与传播：以印度为案例》，《南亚研究季刊》2012 年第 2 期。

④ 联合国网站：《"发展中国家环境与发展部长级会议"之〈北京宣言〉》，2017 年 4 月 6 日，http：//www. nwccw. gov. cn/2017－04/06/content_146963. htm，2018 年 11 月 15 日。

小岛屿国家与最不发达国家是面对气候变化脆弱性最高的行为体，也是气候治理最积极的推动者。1989 年 12 月 22 日，联合国大会第 44/206 号决议指出，海平面上升对岛屿和沿海地区特别是低洼沿海地区可能产生不利影响。鉴于这种脆弱性，这些国家希望通过建立最具广泛约束性的制度来确保治理快速实现。因此，他们的诉求与发达国家有较大的相似性，即通过制度建构将所有国家纳入减排行动当中。然而，气候治理的长期性以及自身应对能力有限，决定了他们不得不借助发展中国家集团的力量来敦促发达国家提供帮助，发达国家在援助上的口惠而实不至更加剧了他们对与发达国家合作的疑虑。

石油输出国组织（OPEC）成员的气候认知与其独特的经济模式有关。减排行动通过国际能源市场变动影响各国经济福利的总体水平，而首当其冲的便是石油输出国组织国家。[1] 它们的经济严重依赖化石能源出口，尽管自身的减排压力很小，但是全球减排制度的建立以及由此导致的清洁能源技术发展等，将严重压缩化石能源的国际市场，其经济将面临致命性打击。同时，化石能源作为当前最主要的能源形式和碳排放来源，能源价格直接影响到治理的进展，石油输出国组织牢牢地掌握着国际能源的议价权。因此，石油输出国组织是全球气候谈判中最主要的旁观者并有可能演变为强大的破坏者。

（二）多元倡议竞争

全球气候治理制度建构过程中最显著的特征是多元倡议之间爆发了激烈竞争。1988 年，多伦多会议呼吁各国紧急行动起来制定一项国际框架公约，建立世界气候基金，并提出要在协议中包括明确的全球削减目标，即"多伦多目标"。[2] 谈判开始后，各国的认知差异迅速转变为激烈的倡议竞争。发达国家通过八国集团（G8）等协

---

① 陈迎、庄贵阳：《〈京都议定书〉的前途及其国际经济和政治影响》，《世界经济与政治》2001 年第 6 期。

② "多伦多目标"，即在 2005 年以前削减 20% 的温室气体排放量，在更长时期内减少 50% 。

调内部立场，并在谈判中积极说服发展中国家关注和参与治理。
1989 年 11 月，国际大气污染和气候变化部长级会议在荷兰诺德韦克
举行，《诺德韦克宣言》明确了气候变化的影响以及各国需要承担的
不同责任，提出构建一个《气候变化公约草案》。然而，各国在减排
目标的设置上出现了严重分歧，荷兰与瑞典等国家要求设定明确的
削减目标，美国与日本则坚决反对。[①] 1990 年，第二次世界气候大
会号召所有国家开始制定减排目标，但是美国和苏联反对制定具体
的目标。[②] 总体上，发达国家之间虽然存在一定分歧，但是都主张建
立一个涵盖所有成员的减排机制——包括发展中国家。

发展中国家也加紧协调内部分歧，试图借助集体施压迫使发达
国家正视自身关切。尽管"77 国集团"始终存在分歧，但它在 20
世纪 90 年代仍保持了整体一致。[③] 1989 年，联合国环境规划署在新
德里召开国际会议讨论发展中国家的关切，提醒工业国家对气候变
化负有主要责任并有义务帮助发展中国家。1991 年 6 月，41 个发展
中国家在北京召开"发展中国家环境与发展部长级会议"，指出国际
环境立法应充分反映发展中国家需要，明确历史和现实主要责任的
同时体现公平和有区别责任的原则，国际社会应向发展中国家提供
资金和技术援助。时任中国总理李鹏指出，发展中国家面临发展经
济和保护环境双重任务，只有在保证发展的前提下，他们才能更好
地参与环境保护。他在讲话中还提出了大国负有主要责任、各国有
权自主决定发展和环保战略等六项主张。[④] 会议通过的《北京宣言》

　　① Yasuko Kameyama, "Climate Change and Japan," *Asia-Pacific Review*, Vol. 9, No. 1, 2002, pp. 33 – 44.

　　② 薄燕：《全球气候变化治理中的中美欧三边关系》，上海人民出版社 2012 年版，第 4 页。

　　③ Sjur Kasa et al., "The Group of 77 in the International Climate Negotiations: Recent Developments and Future Directions," *International Environmental Agreements: Politics, Law and Economics*, 2008, Vol. 8, pp. 113 – 127.

　　④ 李鹏：《共同推进环境与发展国际合作：在发展中国家环境与发展部长级会议上的讲话》，《世界环境》1991 年第 4 期。

指出,全球环境恶化主要是由难以持久的发展模式和生活方式造成的,在责任有别的基础上积极参与全球环境保护。①

各方的显著分歧要求建立一个专门的协调平台。1990 年,第 45 届联合国大会决定在大会主持下以及联合国环境规划署与世界气象组织的支持下成立一个政府间谈判机构——政府间气候谈判委员会(The Intergovernmental Negotiating Committee,INC),负责拟定气候变化框架公约。② 1991 年 2 月,该委员会召开第一次会议,共举行了五轮六次谈判,各方展开了密集协商。各国虽然都意识到应对气候变化需要尽快行动,但是分歧始终无法解决。如果坚持以各方一致为制度建构基础,气候谈判将像海洋法谈判一样面临长期僵持的危险。

(三)议题压力:第一次 IPCC 报告

气候治理是受到科学研究显著影响的议题。在治理兴起初期,气候变化自身以及它与自然灾害关系的确定性等直接影响到各方的立场。发达国家在气候变化研究上占据优势地位,垄断了气候治理的话语权,通过将气候变化与各类灾难性事件联系起来,推动国际社会形成了一股空前的舆论热潮。发展中国家在研究上相对滞后,在面对发达国家借助科学手段展开的施压时,虽然难以作出针对性辩驳,但是对其提供的"证据"持怀疑立场。

在此情形下,气候国际组织凭借中立性以及在相关领域的权威性获得了显著优势,相较于国家更容易将自身观念在国际社会上扩散。他们通过发布报告以及新闻报道等手段为各国构建起了一种观念上的危机,如 1987 年世界环境与发展委员会发布的《我们共同的未

---

① 联合国网站:《"发展中国家环境与发展部长级会议"之〈北京宣言〉》,2017 年 4 月 6 日,http://www.nwccw.gov.cn/2017 – 04/06/content_146963.htm,2018 年 11 月 15 日。

② A/RES/45/212, "Protection of Global Climate for Present and Future Generations of Mankind, Resolutions and Decisions Adopted by the General Assembly During Its 45th Session", http://www.un.org/en/ga/search/view_doc.asp? symbol = A/RES/45/212.

来》报告引起了强烈反响。同时，为了推进气候问题的科学研究，一些专门性机构得以建立。1988 年，第 43 届联合国大会核准联合国环境规划署与世界气象组织建立政府间气候变化专门委员会（IPCC），就气候改变的规模、时间以及可能的环境和社会影响提供国际协调的科学评估和对策。① 鉴于其独特属性，IPCC 发布的报告很快成为气候变化的科学、影响、技术选择和经济学方面现有最佳资料的权威性来源。②

1990 年，IPCC 发布了《第一次评估报告》，基于科学分析指出温室气体增加可能与全球性变暖存在关联，人类活动导致温室气体继续增加可能在下个世纪引起重大气候变化。③ 这对各国产生了深刻影响，尽快行动以遏制气候变化成为紧迫性任务，最终推动了《联合国气候变化框架公约》的制定。④ 这种促进作用体现为，报告在谈判中成为支持者呼吁国际社会共同开展治理的有力依据与各国决定自身立场的重要参考。同时，联合国海洋法会议的艰难谈判历程也使各方感受到构建单一综合性制度将面临巨大的挑战。如果不吸取教训，三十年谈判进程将可能再现，而这对于气候治理将是灾难性的。

二 《联合国气候变化框架公约》的达成

各国的气候认知在谈判中实现了有限融合，尤其是应对气候变

---

① A/RES/43/53, "Protection of Global Climate for Present and Future Generations of Mankind, Resolutions and Decisions Adopted by the General Assembly During Its 43rd Session", http：//www. un. org/zh/documents/view_doc. asp? symbol = A/RES/43/53&referer = http：//www. un. org/zh/ga/43/res/&Lang = E.

② "Scientific Assessments Consideration of the Second Assessment Report of the Intergovernmental Panel on Climate Change", Geneva, 9 – 16 July 1996, http：//unfccc. int/cop4/.

③ IPCC, "AR1: Impacts Assessment of Climate Change", 1990, https：//www. ipcc. ch/site/assets/uploads/2018/03/ipcc_far_wg_II_full_report. pdf.

④ 吕晓莉、缪金盟：《IPCC 在气候变化全球治理中的作用研究》，《国际论坛》2011 年第 6 期。

化的必要性以及工业化国家负有历史责任等成为共识。这为制度建
构提供了可能，但是远不足以为确立强制度提供根基，各方在如何
行动上仍然存在巨大分歧。随着治理压力上升，各方都希望在这一
有限共识的基础上尽快完成制度建构并展开行动，由此出现了一系
列创造性提案。日本提出了"承诺＋评估"模式，但是由于美国过
于保守而欧盟过于激进遭到了双方的抵制。① 然而，达成兼顾各方利
益而不是仅反映一方偏好的协议成为制度设计的重要思路。

　　1992 年，联合国环境与发展大会在里约热内卢召开。"77 国集
团＋中国"与以美国和欧盟为首的发达国家展开较量，前者强调发
达国家负有主要责任，后者则希望将发展中国家纳入减排行动。同
时，两个集团内部的纷争同样显著。在减排目标设置上，美国反对
设定具体性目标，欧盟则持相反立场，日本支持欧盟设置排放目标
的主张，但是也赞同美国的论断——欧盟提出的目标不切实际。② 鉴
于上述分歧很难调和，各国转向调整制度设计，通过条款设置将共
识与分歧进行切割。一方面，通过降低清晰性减少各方对减排的恐
惧，为各方平衡自身的利益与责任提供空间。例如，仅确立了总体
目标，而没有具体界定各国责任。美国的诉求得到满足，公约剔除
了任何强制性减排指标。③ 另一方面，通过引入冲突性规则兼顾各方
偏好，各方在保证自身利益的同时对治理的认同得到增强。"共同但
有区别的责任"等原则同时包含了主权与责任等要素，模糊了各方
的责任界限。此外，通过避免设定任何强制性程序，进一步降低各
方对潜在不确定性的担忧。由于上述设计充分保障了各方的核心利

---

　　①　Yasuko Kameyama，"Climate Change and Japan，"*Asia-Pacific Review*，Vol. 9，
No. 1，2002，pp. 33 – 44.

　　②　Yasuko Kameyama，"Can Japan be an Environmental Leader？ Japanese Environmental Diplomacy since the Earth Summit，"*Politics and the Life Sciences*，Vol. 21，No. 2，2002，
pp. 66 – 71.

　　③　薄燕：《国际谈判与国内政治：美国与〈京都议定书〉谈判的实例》，上海三
联书店 2007 年版，第 86 页。

益,《联合国气候变化框架公约》迅速获得通过。[1] 正如有关学者指出的,它是在不规定国家具体减排事项的前提下才得以出台的。[2] 依据规定,它在签署国达到 50 个后生效,1993 年 12 月 21 日达到了这一数目,90 天后的 1994 年 3 月 21 日正式生效了。

《联合国气候变化框架公约》通过兼顾各方偏好赢得了广泛认同,在后续互动中被视为气候治理的宪章性文件。它作为一项基础性制度确立了开展国际行动的原则和规范以及协商更详细协议的程序。[3] 缔约方会议被确定为气候治理的最高机构,定期审评公约和缔约方会议通过的相关法律文书的履行情况,作出为促进履行的必要决定。[4] 随后,全球气候治理在相关机制的指导下迅速启动,以下就这一时期取得的主要治理进展作出总结。

三 "公约时期" 气候治理启动

自 1985 年制度建构开始至 1997 年《京都议定书》签署,全球气候治理总体上由《联合国气候变化框架公约》指导展开。与此前各国零散的治理不同,气候治理正式步入全球行动阶段。无论是发达国家还是发展中国家,都参与到这一进程当中。就这一时期的治理结果与各国的行为而言,虽然温室气体排放总量还在增加,但各国的行为和观念开始出现明显转变。尤其是发展中国家,不但意识到了治理的必要性,还逐渐放弃了粗放型发展模式,探索可持续发展道路。对比后续两个阶段的治理,1990—1994 年是《联合国气候

---

① A/RES/47/195, "Protection of Global Climate for Present and Future Generations of Mankind, Resolutions and Decisions Adopted by the General Assembly During Its 47th Session", http: //www. un. org/en/ga/search/view_doc. asp? symbol = A/RES/47/195.

② Daniel Bodansky, "The United Nations Framework Convention on Climate Change: A Commentary," *Yale Journal of International Law*, Vol. 18, 1993, pp. 451 – 558.

③ Milton Mueller et al. , "The Internet and Global Governance: Principles and Norms for a New Regime," *Global Governance*, Vol. 13, No. 2, 2007, pp. 237 – 254.

④ United Nations, "United Nations Framework Convention on Climate Change", 1992, https: //unfccc. int/sites/default/files/conveng. pdf.

变化框架公约》的诞生和生效阶段，也是治理最为高效的阶段。[①]
这一部分就"公约时期"的治理进程展开梳理，由于持续时间较短，
在此不再关注碳排放趋势变化等测量长期治理效果的指标，而主要
关注各方观念和行为等方面的变化。

（一）发达国家的行动

发达国家是治理的首要推动者，在不影响自身发展的情况下通
过采取有限减排行动获得了广泛赞赏，其中欧盟、美国与日本的行
动最具代表性。（1）欧盟表现得最为积极，率先提出了明确的减排
计划，并通过相关行动取得了实质性进展。例如，德国通过对东德
地区的技术改造在 1990—1994 年实现减排 43%。[②]（2）克林顿政府
将气候问题作为任期内的优先事项。1992 年的《能源政策法》提出
2000 年联邦机构建筑能效比 1985 年提高 20%。《气候变化行动计
划》提出到 2000 年将温室气体排放量降低到 1990 年水平，并拟定
了 50 多项具体行动。在第三次缔约方会议前夕，又公布了《气候变
化提案》。（3）日本一度扮演着与欧盟并驾齐驱的领导角色。1990
年的《防止全球变暖行动计划》提出，到 2000 年将人均二氧化碳排
放量维持在 1990 年水平，并努力通过技术改进将排放总量也维持在
这一水平。[③] 在 1992 年大会上，日本承诺五年内增加 70 亿—77 亿
美元官方发展援助（Official Development Assistance，ODA），之后实
际上增加了 133 亿美元。1998 年《地球温暖化对策基本法》明确了
政府、企业以及个人的责任。此外，日本还积极申请第三次缔约方
会议主办权。总体上，日本在 1992 年以后的十年间表现出了两个显

---

① 张晓华、祁悦：《应对气候变化国际合作进程的回顾与展望（上）》，2015 年 8
月 13 日，http：//www.ncsc.org.cn/yjcg/fxgc/201508/t20150813_609657.shtml，2018 年
11 月 7 日。

② "Report of the Conference of the Parties on it's First Session, Part One：Proceed-
ings", Berlin, 28 March – 7 April 1995, http：//unfccc.int/cop4/.

③ Yasuko Kawashima, "Japan's Decision-Making about Climate Change Problem：
Comparative Study of Decesions in 1990 and in 1997," *Environmental Economic and Policy
Studies*, Vol.3, 2000, pp.29 – 57.

著变化——更强的国内环境意识与参与国际行动意愿。[①]

（二）发展中国家的行动

多数发展中国家由于接触到气候议题的时间较晚，总体上相对谨慎，但是也开始展开一系列治理尝试。具体表现在下述三个方面：其一，坚持不作出具体减排承诺。中国明确表示，在达到中等发达国家水平之前，不可能承担减排温室气体的义务。但中国政府将继续根据自己的可持续发展战略，努力减缓温室气体的排放增长率，积极推动和参加国际合作。[②] 其二，敦促发达国家按照规定提供技术转让和资金援助，并将其作为增强自身应对气候变化能力建设的途径。中国认为，技术与资金问题若不按照《联合国气候变化框架公约》第4条加以解决，将严重影响其履行义务的程度。[③] 其三，开始构建国内治理机制和计划。中国政府早在1990年便设立了国家气候变化协调小组，开始布置气候变化的研究与应对工作，1998年改名为国家气候变化对策协调小组。在拟订"九五"计划时，提高能源利用效率被纳入发展战略当中。[④] 同样，印度也将应对气候问题纳入发展规划，发展太阳能等新能源被设定为主要目标。

（三）气候合作稳步展开

各方在地区与全球层面展开了广泛合作，这主要得益于《联合国气候变化框架公约》为各方选择合作形式提供了广泛空间。各国

---

① Yasuko Kameyama, "Can Japan be an Environmental Leader? Japanese Environmental Diplomacy since the Earth Summit," *Politics and the Life Sciences*, Vol. 21, No. 2, 2002, pp. 66 – 71.

② 《中国代表团团长刘江部长于1999年在气候变化公约第五届缔约方会议上的发言》，2002年7月18日，http：//www. ccchina. org. cn/Detail. aspx? newsId = 28205&TId = 61，2019年1月3日。

③ 《中国代表团团长刘江部长于1999年在气候变化公约第五届缔约方会议上的发言》，2002年7月18日，http：//www. ccchina. org. cn/Detail. aspx? newsId = 28205&TId = 61，2019年1月3日。

④ 《关于国民经济和社会发展"九五"计划和2010年远景目标纲要的报告》，1996年3月5日，http：//www. gov. cn/test/2008 – 04/21/content_950407. htm，2019年3月4日。

积极选择与自身利益相契合的合作方式，并探索契合气候治理的新型合作方式。

就行为体属性而言，不同类型国家间展开了广泛合作。发达国家总体上享有资金与技术优势，在向发展中国家施压与提供援助方面存在共同利益。同时，他们又存在一定差异，这为他们提供了合作的空间。当时的日本经过经济转型已经基本建立低碳经济，欧盟尚处于这一进程当中，美国则尚未开始。在此情形下，美国与欧盟等就气候变化科学和技术研究等展开合作，共同探索碳循环与气溶胶等前沿问题。另外，发达国家通过契合自身利益的方式与发展中国家展开合作。日本将气候合作与官方发展援助融合，向发展中国家的清洁能源项目等提供资金和技术支持。美国主要在传统能源的节能方面与发展中国家合作，如 2000 年美国能源部和中国科技部签署了《中美化石能源议定书》。

就合作范围而言，出现了区域与全球合作。欧盟内部的气候合作最为显著，其他地区的合作虽然程度有限但发展迅速。例如，日本将环境合作视为改善与邻国关系的重要途径，试图借此降低各国对其崛起的恐惧。[①] 日本推动确立了亚太环境与发展大会（Environment Congress for Asia and the Pacific，ECO-Asia）、中日韩环境部长会议（Tripartite Environment Ministers Meeting，TEMM）与全球变化研究亚太网络（Asia-Pacific Network for Global Change，APN）等机制。[②] 在全球层面，积极探索新合作形式。第一次缔约方会议决定开展联合履约试验后，各方在第二次缔约方会议（COP2）上递交的报告显示，相关项目达到了 32 个（13 个正在进行，17 个处于计划阶

---

① Yasuko Kameyama，"Can Japan be an Environmental Leader? Japanese Environmental Diplomacy since the Earth Summit，" *Politics and the Life Sciences*，Vol. 21，No. 2，2002，pp. 66 – 71.

② ECO-Asia 是日本政府 1991 年发起的部长级论坛，每年在日本举办一次。TEMM 开始于 1999 年，每年三国轮流主办。APN 是 1996 年成立的由亚太地区 22 国政府组成的政府间全球环境科学政策平台。

段，2 个没有介绍执行情况）。①

综上所述，《联合国气候变化框架公约》为全球气候治理启动奠定了制度基础，各方迅速展开行动。它所体现的"自愿减排"模式，使得各国能够灵活确定目标并选择契合自身利益的方式展开行动。就治理结果而言，这一时期的治理远谈不上成功，总体碳排放量还在快速增长。就治理过程而言，这一相对缺乏约束性的制度促使各方的观念和行为出现了重要转变。

第二节 《京都议定书》的设计与治理

《联合国气候变化框架公约》开启了气候治理进程，但是各方对其并不满意。基于臭氧治理等议题的经验——从《保护臭氧层维也纳公约》到《蒙特利尔议定书》，各方希望建立一项约束性更强的制度。在其生效伊始，国际社会便着手讨论如何展开强化。1997 年，第三次缔约方会议通过了《京都议定书》，确立了"自上而下"的治理模式。这一制度转变可以被看作从软法到硬法的进步。② 国际社会设想通过明确责任分配与设定强制程序，气候治理将出现显著的进展。现实却截然相反，《京都议定书》由于发达国家的抵制迟迟未能生效，各方在其生效后也并未按照规定展开行动，并且生效不久便迅速被废弃了。正如有关学者注意到的，它具有较强的国际法律约束力，在实施机制上设定有严格的遵约机制，统一的核算规则，以及严格的测量、报告、核实规则。但在这种模式下，各方往往难以达成行动共识，整体进程的

---

① "Progress Report on Activities Implemented Jointly", Geneva, 8 – 19 July 1996, http：//unfccc. int/cop4/.

② 庄贵阳、朱仙丽、赵行姝：《全球环境与气候治理》，浙江人民出版社 2009 年版，第 137 页。

进度迟缓。① 以下将对这一时期的制度设计过程与治理困境的出现展开详细梳理。

一　《京都议定书》的设计过程

《联合国气候变化框架公约》签署后，国际社会期望建立一项有法律约束力的减排机制，围绕责任的明确化以及执行机制建设等展开了谈判。此前回避的问题被重新推向前台，各方再次爆发激烈争论。随着议题压力上升与发展中国家采取联盟策略，发达国家面临巨大压力，最终在认知未发生调整的情况下被迫接受了相关责任界定。可见，强制度在多元认知环境中并非不可能产生。但是，由于各方认知并未达成一致，强行确立的强制度存在先天缺陷。

（一）分歧的重新激化

1995 年 4 月，第一次缔约方会议在柏林召开，正式开启了制度强化进程。《柏林授权》指出，鉴于《联合国气候变化框架公约》规定的义务是不充分的，同意开启一个进程以使其能够为 2000 年以后的阶段采取适当行为，包括通过一项议定书或另外一种法律文件，以加强附件一缔约方的承诺。② 为确保上述目标实现，会议提出将确立约束性目标和时间表作为后续谈判的主要议程。这导致此前极力回避的责任分配问题被再度提出，各方激烈争论的局面重现，对当时正在形成的合作氛围造成了严重冲击。

与此前的争论一致，发达国家和发展中国家都希望对方作出积极行动。会议开始后，美国率先提出了联合履约建议，试图将履约主体扩大至非附件一国家。这遭到了"77 国集团"的坚决反对。德

---

① 高翔：《〈巴黎协定〉与国际减缓气候变化模式的变迁》，《气候变化研究进展》2016 年第 2 期。

② FCCC/CP/1995/7/Add. 1，"Report of the Conference of the Parties on It's Session，Part Two：Action Taken by the Conference of the Parties on it's First Session"，Berlin，28 March – 7 April 1995，http：//unfccc. int/cop4/.

国也指出，工业化国家向有些发展中国家提出超越他们经济能力的环境要求是没有道理的，共同执行与技术转让相结合是可行办法。谈判委员会主席劳尔·埃斯特拉达·奥尤拉（Raul Estrada-Oyuela）呼吁，各方把重点放在确实能够促进转让有效技术和减少排放的倡议上。会议决定建立一个试验阶段，附件一国家之间以及在自愿基础上同有此要求的非附件一国家合作减排。巴西代表对此重申，联合展开的活动只是执行《联合国气候变化框架公约》的额外补充手段，不应该同附件一缔约方实现减灾目标联系起来。① "77 国集团 + 中国"提出了关于技术转让问题的草案，大会决定在修订后通过。最终，会议决定对附件一未包括的缔约方不引入任何新承诺。印度等国家对此表示满意，小岛屿国家则因会议未商定具体削减目标而感到失望，石油输出国组织国家认为公约要求满足他们具体需求的规定没有得到充分考虑。② 总体上，明确各方责任的尝试导致责任分配问题重新激化，发达国家对单独为其设立强制责任的恐惧初露端倪，这随后成为气候治理长期无法摆脱的梦魇。

（二）议题压力的不均衡分布

在"公约时期"发挥重要作用的议题压力也影响了《京都议定书》的达成，区别在于这一时期的议题压力在发达国家与发展中国家之间呈现出了不均衡分布的特征。研究上的进展进一步确认了气候变化的影响，加快治理的紧迫性上升。但是，发展中国家（尤其是小岛屿国家）基于自身特殊地位向发达国家转移了压力，形成了发达国家负主要责任并为谈判成败负责的氛围。

为配合第一次缔约方会议的召开，IPCC 在 1994 年发布了特别报告，随后在 1995 年审议通过《第二次评估报告》，进一步确认了

---

① FCCC/CP/1995/7, "Report of the Conference of the Parties on It's First Session, Part One: Proceedings", Berlin, 28 March – 7 April 1995, http: //unfccc. int/cop4/.

② FCCC/CP/1995/7, "Report of the Conference of the Parties on It's First Session, Part One: Proceedings", Berlin, 28 March – 7 April 1995, http: //unfccc. int/cop4/.

温室气体排放与气候变化的关系。① 同时，公约附属科技咨询机构的一项职责就是审议 IPCC 报告，通过发布文件等方式吸引参会代表了解和关注报告的内容。② 第二次缔约方会议的主要议程就是审议 IPCC《第二次评估报告》，这增强了各国对气候治理紧迫性的感知。③ 此外，其他相关机构也通过列举气候变化的证据及其影响等方式引导各方的注意力。1994 年，世界减灾会议在日本横滨举行，气候变化与灾难的关系引起了各方高度关注。时任世界气象组织秘书长奥巴西（G. O. P. Obasi）呼吁各方关注出现的反常天气以及大西洋部分较低水层的升温现象，各国应迅速展开行动而不要等到取得新的科学进步再通过议定书。④ 在上述机构推动下，国际社会出现了尽快确立有约束性减排制度的紧迫感。

与此同时，发展中国家通过相关行动将自身面临的压力转移给了发达国家。他们将自身建构成为气候变化最大的受害者，并表示虽然缺乏治理能力但愿意在发达国家帮助下展开行动。小岛屿发展中国家作为在气候变化负面影响中处境最危险的一方，受到了广泛关注。1994 年，小岛屿发展中国家可持续发展全球会议通过了《小岛屿发展中国家可持续发展行动纲领》。1999 年，第 22 届特别联大就小岛屿国家问题展开专门讨论并指出，国际社会有责任帮助它们提升应对和适应气候变化能力，包括为其提供资金、技术和信息等

---

① IPCC，"IPCC Second Assessment Climate Change 1995"，October 1995，https：//www. ipcc. ch/site/assets/uploads/2018/05/2nd-assessment-en-1. pdf.

② FCCC/CP/1996/5，"Consideration of The Second Assessment Report of the Intergovernmental Panel on Climate Change Addendum"，Geneva，9 – 16 July 1996，http：//unfccc. int/cop4/.

③ FCCC/CP/1996/5/Add. 1，"Scientific Assessments Consideration of the Second Assessment Report of the Intergovernmental Panel on Climate Change"，Geneva，9 – 16 July 1996，http：//unfccc. int/cop4/.

④ FCCC/CP/1995/7，"Report of the Conference of the Parties on It's First Session，Part One：Proceedings"，Berlin，28 March – 7 April 1995，http：//unfccc. int/cop4/.

支持。① 其他发展中国家的发展权利也被广泛接受，需要发达国家协助开展治理能力建设。1997 年，"77 国集团"部长会议宣言指出，最大的问题在于发达国家的资金和技术转让，重申了全面执行"21世纪议程"的紧迫性，但是，不应与发展中国家充分利用其资源的权利相抵触。② 通过上述行动，发展中国家占据了谈判中的有利地位。它们愿意为治理作出贡献，但是客观上能力不足使它们无法承担责任，因此需要发达国家提供协助。相反，发达国家负有历史责任且有能力展开治理，因此应该率先减排，如果拒绝妥协将背负起破坏气候治理的罪名。

（三）单向妥协与《京都议定书》签署

在《联合国气候变化框架公约》基础上，气候制度完善存在两种前景。一是以制度约束性为代价换取接受者的广泛性。时任公约谈判委员会主席劳尔·埃斯特拉达·奥尤拉指出，应该谈判一项可作为未来行动基础的框架公约，而不是一项得到批准会明显较少的严格的法律文件。③ 二是以制度的一般性为代价确保其强制性。最终，第二种前景在发展中国家的推动下胜出，率先为发达国家确立减排责任成为谈判的焦点。随后，在欧盟与发展中国家集体施压的推动下，伞形国家等被迫让步，发展中国家的方案暂时获得胜利。

第三次缔约方会议的中心议题被限定在为发达国家确立具有法律约束力的减排目标和期限。会上发达国家处于这样一种地位——如果拒绝率先减排导致会议失败，将面临巨大的道义责任。同时，

---

① A/S－22/9/Rev. 1, "Report of the Ad Hoc Committee of the Whole of the Twenty-Second Special Session of the General Assembly", 27/28 September 1999, General Assembly Official Records, http：//www. un. org/zh/documents/view_doc. asp? symbol = A/S－22/9/Rev. 1&referer = http：//www. un. org/zh/ga/sessions/special. shtml&Lang = E.

② "Declaration on the Occasion of the Twenty-first Annual Ministerial Meeting of the Group of 77", New York, 26 September 1997, http：//www. g77. org/doc/Decl1997. html.

③ "Report of the Conference of the Parties on it's First Session, Part One：Proceedings", Berlin, 28 March－7 April 1995, http：//unfccc. int/cop4/.

发达国家内部严重分裂，欧盟支持率先为发达国家确立具体减排指标，美国持相反立场，日本尽管在目标设置上与美国的立场一致，但是作为东道国，它与欧盟都希望在此次会议上达成实质协议。① 会议开始后，伞形国家支持"新西兰提案"，即通过"排放控制目标"的形式为部分富有的发展中国家确立义务。然而，这未能得到欧盟的支持，并且遭到发展中国家坚决抵制。相反，发展中国家保持了空前团结，为发达国家提出了明确的行动目标——在 2010 年前减排15%，2020 年再减 20%。同时，他们积极呼吁建立督促发达国家行动的机制。巴西代表提出设立清洁发展基金，向未完成减排任务的国家征收罚金。这些主张与伞形国家的立场存在严重冲突，美国代表出于避免这种单纯的惩罚以及将发展中国家引入减排行动的考虑，在巴西提议的基础上提出了清洁发展机制。鉴于发展中国家与欧盟、日本的强大压力以及不愿背负不负责任罪名的考虑，美国等发达国家作出妥协，不但接受了在 1990 年基础上到 2008—2012 年减少5.2%的总体目标，还明确了各自的具体责任。② 此外，他们也被迫接受了关于强制程序的设置。

在议题压力不均衡分布的情况下，发达国家出于维护声誉的考虑进行了单方面妥协，接受了率先减排以及向发展中国家提供资金和技术援助等责任。从各项指标来看，《京都议定书》确立的强制减排相对于自愿减排都出现了明显强化。人们设想只要发达国家在制度约束下积极完成承诺，随着后续承诺期的展开以及发展中国家的参与，气候问题将在预计时间内迅速解决。

---

① Yasuko Kameyama, "Can Japan be an Environmental Leader? Japanese Environmental Diplomacy since the Earth Summit," *Politics and the Life Sciences*, Vol. 21, No. 2, 2002, pp. 66 – 71.

② Robyn Eckersley, "Soft Law, Hard Politics, and the Climate Change Treaty," in Christian Reus-Smit ed., *The Politics of International Law*, Cambridge：Cambridge University Press, 2004, p. 83.

二 "京都时期"的气候治理僵局

气候治理在《京都议定书》签署后并未像预期的那样加速推进，反而出现了停滞甚至倒退。《京都议定书》在发达国家的抵制下迟迟未能生效，发达国家作为减排主体在其生效后并未按照规定展开行动。除了欧盟以外，几乎所有附件一国家的碳排放都在加速增长，他们也拒绝按照要求向发展中国家提供资金援助和技术转让等。此外，《京都议定书》在生效后不久便迅速被废弃了。出乎预料的是，处于制度外的美国以及并未被赋予强制减排责任的发展中国家开展了一系列治理行动。以下就这一时期的治理进程作出梳理。

（一）《京都议定书》缓慢的生效进程

国际社会在《京都议定书》签署后面临两项重要任务，如何有效实施与强化《联合国气候变化框架公约》下的承诺。[①] 京都机制依照发展中国家意愿明确了发达国家的责任，但是又将决定制度生效的权力交给了后者。[②] 在此情形下，美国与日本等伞形国家的抵制导致其陷入长达八年的生效进程。

1. 认知差异的持续与争论

在认知并未达成一致的情况下，《京都议定书》作为发达国家单方面妥协的产物，生效进程注定会充满波折。预期基本得到满足的发展中国家与欧盟希望尽快推动其生效，其他发达国家（伞形国家）尽管被迫同意签署，但是内心的不满促使他们准备尽一切努力阻挠其生效。在第四次缔约方会议（COP4）期间，美国与日本等国家对发展中国家集团采

---

① 张晓华、祁悦：《应对气候变化国际合作进程的回顾与展望（上）》，2015 年 8 月 13 日，http：//www. ncsc. org. cn/yjcg/fxgc/201508/t20150813_609657. shtml，2018 年 11 月 7 日。

② 《京都议定书》有两个生效门槛：一是宣布加入的缔约方数量至少达到 55 个；二是排放量达到总排放量 55% 以上（总排放量指附件一国家第一次国家信息通报的数量）。United Nations，"Kyoto Protocol to the United Nations Framework Convention on Climate Change"，1998，https：//unfccc. int/kyoto-protocol-html-version.

取了分化瓦解策略，使其分裂为自愿承诺削减目标的阿根廷和韩国等，期待清洁发展机制的墨西哥、巴西以及非洲国家等，不希望承诺减排义务的中国和印度等。① 这大大缓解了他们面临的压力，随后在迟滞协议生效的同时积极为自身松绑。第六次缔约方会议（COP6）被认为是关系到《京都议定书》能否在 2002 年生效的一次关键会议，各方博弈也在本次会议上达到了最高峰。伞形国家以拒绝批准相要挟，要求各方在海外减排问题上作出让步，并为发展中国家设定新义务。但是，这遭到了发展中国家坚决抵制。中国代表指出，这只能引起激烈的政治对抗，气候变化问题的解决取决于发达国家与发展中国家真诚合作、发展中国家经济和科技水平的提高，核心在于发达国家资金和技术转让的落实。② 会议最终因各方难以达成一致而被迫暂停，秘书处将各方提出的意见汇编为一个杂项文件。③ 由于未能出台实施减排的细则，此次会议成为 1992 年之后最失败的一次大会。④

2. 美国退出与强制性妥协

在《京都议定书》生效的紧要关头，美国与澳大利亚宣布退出使其出现了夭折的危险。1997 年 6 月，美国参议院通过的“伯德—哈格尔决议案”（The Byrd-Hagel Resolution）为美国批准设置了国内障碍。⑤ 随后，美国政府虽然在克林顿与戈尔推动下一度签署，但是

① 庄贵阳、陈迎：《试析国际气候谈判中的国家集团及其影响》，《太平洋学报》2001 年第 2 期。

② 《中国代表团团长刘江部长于 2000 年在气候变化公约第六次缔约方会议上的发言》，2002 年 7 月 18 日，https：//www. ccchina. org. cn/Detail. aspx？ newsId＝28204&TId＝61，2019 年 1 月 3 日。

③ FCCC/CP/2000/5/Add. 2，《2000 年 11 月 13 日至 25 日在海牙举行的缔约方会议第六届会议第一期会议报告》，http：//www. ccchina. org. cn/file/source/da/da2002073105. pdf，2019 年 1 月 3 日。

④ 王毅：《全球气候谈判纷争的原因分析及其展望》，《环境保护》2001 年第 1 期。

⑤ 该决议案认为将发展中国家排除在减排行动之外是不公平的，并会损害美国经济。除非将发展中国家纳入减排行动，否则美国在 1997 年不应签署议定书或与《公约》有关的其他任何协议。National Center for Public Policy Research，"The Byrd-Hagel Resolution"，25 June 1997，https：//national center. org/KyotoSenate. html。

布什政府最终以发展中国家不参与减排为由宣布退出（2001 年 3 月）。作为当时第一排放大国，美国退出不但严重削弱了协议的价值，也加深了其他伞形国家的抵制情绪，出现了效仿退出的风险，如澳大利亚随后宣布退出。在此情形下，协议谈判时期的压力不均衡局面——发展中国家占据有利地位——发生逆转。在美国退出后，日本与俄罗斯（分别占 1990 年排放量的 8.5% 和 17.4%）等国家的态度对于协议生效变得至关重要，这也使得他们能够借机要挟国际社会弱化其承诺或换取其他利益。

最终，欧盟与发展中国家为避免协议夭折作出了一系列让步。2001 年 7 月，它们在波恩续会上接受了伞形集团的部分主张。根据第六次缔约方会议主席詹·普龙克（Jan Pronk）提出的“普龙克方案”，欧盟在森林碳汇问题上承认日本可以利用森林吸收完成 3.9% 的减排量（总减排目标为 6%）。① 《波恩协议》是伞形国家以制度生效为条件强迫各方妥协的结果，协议的执行价值被显著削弱了。然而，它们对此并不满足，在第七次缔约方会议（COP7）上继续谋求为自身松绑并尝试将发展中国家纳入减排行动中。发展中国家对此进行了抵制，并呼吁有关国家采取负责任态度。中国谈判代表指出，“政治协议（《波恩协议》）关于碳汇问题的规定已经在一定程度上削弱了议定书的环境效果，在此问题上有关国家不应再开口子，相信世人均不愿看到议定书成为没有环境效果的一张废纸”。② 然而，面对伞形国家的拒不让步，发展中国家和欧盟只能再度作出关键性妥协。最终，各方达成了《马拉喀什协议》一揽子协议，《京都议定书》获得了延续下去的希望，但是已经面目全

---

① 宫笠俐：《决策模式与日本环境外交：以日本批准〈京都议定书〉为例》，《国际论坛》2011 年第 6 期。

② 《中国代表团团长国家计委副主任刘江于 2001 年在气候变化公约第七次缔约方会议上的发言》，2002 年 7 月 18 日，https：//www.ccchina.org.cn/Detail.aspx？news-Id=28203&TId=61，2019 年 1 月 3 日。

非了。①

　　伞形国家的步步紧逼最终在发展中国家不愿进一步妥协的情况下演变为谈判僵局。2002 年 9 月，可持续发展世界首脑会议（World Summit on Sustainable Development，WSSD）将适应和减缓气候变化与可持续发展联系起来。在随后的第八次缔约方会议（COP8）上，发达国家试图通过"巴西案文"和 IPCC《第三次评估报告》等为发展中国家承担减排义务寻找依据。然而，发展中国家拒绝了发达国家关于每一个国家都应为应对气候变化采取行动的主张。在主办国印度的推动下，可持续发展与气候变化被结合起来讨论，发展中国家坚持只承担公约规定的现有义务，在可持续发展框架内解决气候变化问题。《德里宣言》重申了"共同但有区别的责任"原则，经济和社会发展以及消除贫困是发展中国家压倒一切的优先事项，各缔约方应对气候变化的政策与措施应符合其国情和国力。② 各方在此后两年里相持不下，《京都议定书》生效的希望变得渺茫。

　　3. 意料之外的生效

　　第九次缔约方会议（COP9）为加速协商组织了多次圆桌会议，各方围绕减缓、适应以及资金等议题展开全面讨论。然而，几乎所有重大议题都陷入了僵局。欧盟将全球承诺和减排作为基本立场，努力推动《京都议定书》早日生效。中国与印度等国家坚持各国享有同等发展权，根据国情自主选择应对气候变化的战略和措施，只有发达国家带头行动并在资金与技术上提供有效援助，发展中国家才有可能作出更多贡献。③ 最后，会议只决定呼吁各方在《京都议

　　① FCCC/CP/2001/13/Add. 1, "Report of the Conference of the Parties on it's seventh Session", Held at Marrakesh, 21 January 2002, https：//unfccc. int/resource/docs/cop7/13a01. pdf.

　　② FCCC/CP/2002/7/Add. 1, "Delhi Ministerial Declaration on Climate Change and Sustainable Development", 28 March 2003, https：//unfccc. int/resource/docs/cop8/07a01. pdf.

　　③《中国代表团团长刘江在气候变化公约第九次缔约方会议部长级圆桌会的发言》，2003 年 12 月 22 日，https：//www. ccchina. org. cn/Detail. aspx? newsId = 28178&TId = 61，2019 年 1 月 3 日。

定书》生效前提前按照相关规定行动。① 就谈判形势而言，协议生
效的前景黯淡，国际社会的治理信心备受打击，由此出现了寻找替
代方案的尝试。京都机制只是一种"自上而下"（top-down）模式，
还存在"自下而上"（bottom-up）模式。② 此次会议后，越来越多的
缔约方开始探讨"自下而上"模式的可行性，京都机制由此开始不
再被国际社会视为唯一的治理模式了。③

　　在《京都议定书》面临被抛弃的情况下，欧盟进行了最后尝试。
2004 年 11 月，欧盟通过承诺支持俄罗斯加入世界贸易组织促使其最
终转变了立场，《京都议定书》在 2005 年 2 月 16 日正式生效。在此情
形下，协议虽然生效了，但是各国认知并没有发生转变。俄罗斯众多
官员表示，批准只是不得不作出的政治决定。④ 鉴于日本的批准也主
要是基于其他方面的考虑——避免第一个以日本城市命名的国际条
约夭折，《京都议定书》生效很大程度上是利益交易的产物。⑤ 美国
与日本等国家对协议本身并不满意，认为将发展中国家排除在强制
减排之外的责任分配是不公平的。这种抵触情绪或非认同性决定
了他们不可能认真履行相关责任，甚至会寻找时机推翻这一
制度。

----

① FCCC/CP/2003/CRP. 1，"Round-Table Discussions among Ministers and other Heads of Delegation：Summary by the President of the Conference of the Parties at its ninth session"，12 December 200，https：//unfccc. int/resour ce/docs/cop9/crp01. pdf.

② "自上而下"模式，首先确定全球排放的上限，然后根据各缔约方的责任和义务等分配具有法律约束力的减排指标。"自下而上"模式，由各缔约方根据各自的国情和发展优先自主决定其参与应对气候变化的战略方针和具体措施，采取自愿承诺等方式自我确定没有法律约束力的减排指标。

③ 戴晓苏、应宁：《〈联合国气候变化框架公约〉第九次缔约方会议简介》，《气候变化通讯》2003 年第 12 期，http：//www. ccchina. org. cn/Detail. aspx？newsId = 28177&TId = 61，2019 年 1 月 3 日。

④ 庄贵阳、朱仙丽、赵行姝：《全球环境与气候治理》，浙江人民出版社 2009 年版，第 127 页。

⑤ Yasuko Kameyama，"Can Japan be an Environmental Leader？Japanese Environmental Diplomacy since the Earth Summit，" *Politics and the Life Sciences*，Vol. 21，No. 2，2002，pp. 66 – 71.

（二）发达国家的治理进展

在《京都议定书》艰难生效以后，气候治理终于迎来了由发达国家率先行动的第一承诺期。它虽然被视为全球气候治理进程中的里程碑式文件，但是所产生的治理进展却乏善可陈。发达国家并未按照规定展开行动，多数国家都未完成被赋予的减排目标，排放量甚至出现了大幅增长。它们也没有认真落实向发展中国家提供资金和技术转让的承诺，清洁发展机制的数量有限且主要集中于低技术领域，真正意义上的资金援助更是从未落实。

1. 减排承诺的执行情况

发达国家的实质性减排有限，相关进展主要依赖经济转型国家的经济衰退、2008 年全球经济危机以及全球化背景下的产业转移等。1990—2008 年，附件一国家总体温室气体排放量下降了 6%，其中经济转型国家下降了 37%，其他各国的排放总量实际上增加了 8%。[①] 各方在执行上存在着显著差异，真正达成减排目标的主要是欧盟与经济转型国家。欧盟是京都机制最坚定的拥护者并在美国退出后扮演了"绿色领袖"角色，主要通过"联合履约"等方式展开集体减排，不但借助联盟机制在成员间重新分配了责任，如德国、卢森堡、丹麦与英国等承担的减排义务最重，还在地区层次制定相关机制（财政激励和惩罚等）督促成员国行动，如 2005 年开始运行的碳排放贸易体系（European Union Emission Trade System，EU-ETS）等。通过上述努力，欧盟温室气体排放量比 1990 年下降了 19%，基本提前实现了原计划到 2020 年减排 20% 的目标。[②] 另外，转型国家主要因为经济衰退自动实现了减排目标，并贡献了发达国家减排的绝大部分。除此之外，其他附件一国家几乎均未完成规定的减排责

---

① 李俊峰、张晓华等：《UNEP 2013 年〈排放差距报告〉解读》，2013 年 11 月 12 日，http：//www. ncsc. org. cn/yjcg/fxgc/201311/t20131112_609639. shtml，2018 年 11 月 7 日。

② Point Carbon，"EU Emissions Fell more than Expected in 2011：Data"，http：//www. pointcarbon. com/news/1. 2158869，2019/3/.

任。如表 5 – 1 所示，美国的排放量实际上增加了 16. 85% ，日本增加了 10. 19% ，澳大利亚增加了 20. 99% 。2006 年，加拿大为了规避超额排放可能引发的惩罚成为首个宣布放弃第一承诺期减排目标的缔约方，随后其排放量甚至比预期增加了 26. 73% 。

表 5 – 1　《京都议定书》附件 B 中部分国家在第一承诺期的履约情况①

国家	减排目标/%	预计排放量/ MT CO$_2$ 当量	实际排放量/ MT CO$_2$ 当量	超排比例/%	是否履约
美国	– 7	5784. 16	6758. 53	16. 85	否
加拿大	– 6	555. 45	703. 91	26. 73	否
澳大利亚	8	448. 17	542. 23	20. 99	否
日本	– 6	1160. 31	1278. 48	10. 19	否
欧盟	– 8	5176. 16	4709. 49	– 9. 02	是
英国	– 8	720. 74	603. 45	– 16. 27	是
法国	– 8	515. 55	513. 37	– 0. 42	是
德国	– 8	1148. 20	941. 31	– 18. 02	是
俄罗斯	保持 1990 年水平	3367. 78	2237. 51	– 33. 54	是

注：数据来源为 http：//unfccc. int/ghg_data_unfccc/time_series_annex_i/items/3814. php。

2. 资金援助与技术转让的执行情况

资金援助和技术转让是发达国家需要承担的另一项责任。发达国家有义务采取一切实际步骤促进、便利和酌情资助将此类技术、专有技术、做法和过程特别转让给发展中国家或使他们有机会获得。② 为确保上述目标的实现，京都机制内建立了调整适应基金和公约基金等资金机制，以及一个技术转让问题政府间科学技术专家协商小组。然而，相较于履行减排承诺上存在的差异，几乎所有发达

---

① 吴静等：《世界主要国家气候谈判立场演变历程及未来减排目标分析》，《气候变化研究进展》2016 年第 3 期。

② United Nations，"Kyoto Protocol to the United Nations Framework Convention on Climate Change"，1998，https：//unfccc. int/kyoto-protocol-html-version。

国家都未履行向发展中国家提供资金和技术转让的承诺，即使积极履行减排承诺的欧盟也不例外。尽管面临着发展中国家的一再敦促，发达国家在提供资金援助方面始终是口惠而实不至，并提议借助市场机制调配资金而非直接赠予。在技术转让上，他们担心此举会对国内产品的竞争力造成影响，始终以知识产权保护等借口加以回避。① 作为资金和技术援助的重要项目载体，清洁发展机制曾被各方寄予厚望，但实施结果却不尽如人意。② 不但数量十分有限，多数项目只涉及一些基础性技术，如回收垃圾填埋后释放的甲烷气体等。

3. 强制程序的执行情况

面对发达国家的消极履约，相关强制程序未能发挥任何实质性影响。一方面，对于发达国家的违约行为，强制程序未作出任何有效反应。在此期间，克罗地亚由于《京都议定书》遵约委员会不承认第十二次缔约方会议（COP12）通过的决定（7/CP. 12 号）而被宣布未遵约。③ 然而，对于其他发达国家，相关程序甚至都未启动。强制机制在"多哈修正案"上得到了充分体现，但是也恰恰暴露了它的虚弱。俄罗斯等不参与第二承诺期国家的剩余排放权被强制清零，这种惩罚不是促使对方遵守制度，而是更加坚定了它们对制度的抵制。此外，国家享有加入和退出条约的权力，退出《京都议定书》并不违背国际法。④ 制度可以通过提高退出成本来遏制退出行为，但是京都机制没有对美国的退出及时采取惩罚措施，导致澳大利亚与加拿大等国家能够随意退出。

---

① 庄贵阳、朱仙丽、赵行姝：《全球环境与气候治理》，浙江人民出版社 2009 年版，第 141 页。

② Cedric Philibert, "How Could Emissions Trades Benefit Developing Countries," in T. Jackson ed. , *Mitigating Climate Change*：*Flexibility Mechanisms*, Oxford：Elsevier, 2001，p. 41.

③ 2006 年第十二次缔约方会议（COP12）通过的 7/CP. 12 号决定承认克罗地亚在基准年水平上增加 350 万吨二氧化碳当量。遵约委员会认为这与《京都议定书》条款冲突，不具有法律效力，克罗地亚存在违约。

④ 杨洁勉主编：《世界气候外交和中国应对》，时事出版社 2009 年版，第 49 页。

（三）《京都议定书》在生效后被抛弃

在长达八年的生效进程刚刚结束后，国际社会便启动了"后京都时期"谈判，美国与日本等国家积极呼吁废弃京都机制并最终被广泛接受。关于京都机制终结的时间存在三种判断："巴厘岛路线图"标志着机制开始瓦解，发展中国家开始承担减排责任；《哥本哈根协议》标志着替代机制出现，各国自主提出了减排承诺；《多哈修正案》标志着机制正式死亡，各国不再谋求基于统一目标的强制减排。上述时间节点都表明，京都机制未能主导其所宣示的全部时期。具体可以通过下述两个线索把握：一是"共同但有区别的责任"由发达国家与发展中国家的"南北区分"转变为各国能力上的普遍区别。巴厘岛会议上，发展中国家接受了承担法律性责任的要求，随后提出了减排计划。二是发达国家明确声明或潜在拒绝了对京都机制的执行。加拿大2006年宣布不再遵守第一承诺期限制，日本也不再把它作为行动依据。到哥本哈根会议，"自主贡献"模式在事实上确立，出现了附件一国家减排与全球参与减排两种并存模式。①

三　自愿减排模式下的治理行动

在京都机制失效的情况下，"京都时期"的有限治理进展很大程度上依然是自愿减排的结果。其一，发展中国家并未被赋予强制减排责任，其减排与发达国家援助被绑定在一起。然而，在发达国家并未履行承诺的情况下，发展中国家却有步骤地展开了治理。其二，部分发达国家虽然拒绝了强制减排要求，但是依据自愿减排模式继续展开行动，如美国等。

（一）发展中国家的治理行动

发展中国家的治理行动主要体现在下述方面。第一，它们在发达国家迟迟未履行资金与技术援助承诺的情况下，积极展开自主技

---

① Robert O. Keohane and David G. Victor, "The Regime Complex for Climate Change," *Perspectives on Politics*, Vol. 9, No. 1, 2011, pp. 7 – 23.

术研发等行动。印度自 20 世纪 90 年代开始投入大量资金发展太阳能，中国也将降低工业能耗纳入了发展规划。第二，采取立法以及制度建设等手段推动国内减排。印度在 1992 年建立了非常规能源部以后，在 2001 年颁布的《能源法》为改进能效提供了法律依据，并对九种高耗能产业实行定期考核。第三，借助京都机制以及双边与区域合作等方式获得资金与技术等。截至 2007 年年底，中国批准了1023 个清洁发展项目，年减排量逾 9100 万吨碳当量。第四，在观念上出现重要转变。它们意识到提高能源效率与发展并不冲突，集约型经济是一种更高效的发展模式。民众的气候认知也明显转变，出现了一系列环境非政府组织与关注气候问题的社会运动。在上述举措推动下，它们的碳排放水平明显降低。1990—2005 年，中国的单位国内生产总值（GDP）二氧化碳排放强度下降了 46%。[①]

（二）发达国家的自主减排行动

众多发达国家拒绝执行强制减排目标，"公约时期"已经展开的行动也因为各方对立加剧受到了冲击。但是，他们的治理行动并未终止，甚至立场最为顽固的伞形国家的温室气体排放增速也有所放缓。[②] 这些有限进展主要是通过自愿减排方式产生的，最典型的就是美国和日本的治理行动。

美国退出《京都议定书》后并未终止治理，只是走了一条不同的道路。[③] 在行动目标上，布什政府在《气候变化战略》中提出2012 年碳强度比 2002 年下降 18%，《能源政策法》（2005）提出2010—2012 年联邦机构可再生能源电力消费比重达到 5%。在碳市场建设上，芝加哥气候交易所（Chicago Climate Exchange，CCX）于2003 年正式运营，由会员作出自愿但具有法律约束力的减排承诺；

---

① 《温家宝在气候变化会议领导人会议上的讲话（全文）》，2009 年 12 月 19 日，http：//www. gov. cn/ldhd/2009 – 12/19/content_1491149. htm，2018 年 10 月 28 日。

② 段晓男等：《〈京都议定书〉缔约国履约相关状况及其驱动因素初步分析》，《世界地理研究》2016 年第 4 期。

③ 杨洁勉主编：《世界气候外交和中国应对》，时事出版社 2009 年版，第 50 页。

2005 年，美国 7 个东北部州发起了区域温室气体倡议（Regional Greenhouse Gas Initiative，RGGI）；[①] 2007 年，美国 7 个州和加拿大中西部 4 个省成立西部气候倡议（Western Climate Initiative，WCI）。在能源转型上，出现了"页岩气革命"，页岩气的消费比重随后出现持续上升的趋势。[②] 在地区与全球合作上，2005 年主导成立亚太清洁发展与气候新伙伴关系（Asia Pacific Partnership on Clean Development and Climate，APP），倡导采用先进技术、提高能源效率和发展清洁能源等。[③] 2007 年，主要经济体能源安全和气候变化会议（Major Economies Meeting on Energy Security and Climate Change，MEM）建立，旨在推广自愿减排模式。总体上，这些行动都是以保证美国经济发展为前提的，如区域温室气体倡议启动后为避免减排对发展造成限制一直存在限额设置过高的问题。

日本在这一时期的立场日趋保守，虽然未按照承诺减排，但是仍然采取了一系列行动。2000 年，颁布了《循环型社会形成推进基本法》，并在 2001 年将环境厅升格为环境省。2002 年，新的《全球变暖对策推进大纲》出台，成为"京都时期"开展行动的指导性文件。该文件充分考虑了环境省和通产省两大部门的意见，尤其是通产省关于通过节约能源的方法来完成减排的主张。它表现出了"逐步措施"的特征，坚持在不影响经济发展的前提下，充分利用灵活机制来完成减排任务。[④] 这使得日本在后续减排过程中，并未像欧盟那样为国内各部门制定强制性指标，而是引导他们采取有助于减少

---

① 2005 年，由康涅狄格、特拉华、缅因、新罕布什尔、新泽西、纽约和佛蒙特七个东北部州发起，2006 年马里兰州加入，2007 年马萨诸塞州和罗得岛州加入，新泽西则于 2011 年退出。到 2019 年共实施三个承诺期，第一个承诺期在 2011 年年底结束，暴露出的最大问题是限额设置过高。随后，开始作出调整。

② Robert A. Hefner Ⅲ, "The United States of Gas: Why the Shale Revolution Could Have Happened Only in America," *Foreign Affairs*, Vol. 93, No. 3, 2014, pp. 9 – 14.

③ APP 的成员包括澳大利亚、中国、印度、日本、韩国和美国。

④ 宫笠俐：《决策模式与日本环境外交：以日本批准〈京都议定书〉为例》，《国际论坛》2011 年第 6 期。

排放的技术。最终，日本的排放量继续增长，但是促进治理的举措也在不断强化。

综上所述，发达国家的温室气体排放不降反增的现实表明，针对发达国家确立强制减排责任的《京都议定书》失败了。① 尽管制度本身看似增强了，发达国家却通过质疑制度的公平性轻易回避了责任——将发展中国家未参与减排作为拒绝履约的借口，京都机制对此却未能作出任何有效应对。更重要的是，发达国家的观念和行为相对前一时期出现了停滞甚至倒退。这一时期各方围绕责任分配展开的激烈争论对此前形成的国际共识造成了严重冲击，同时考虑到由此产生的时间成本、机会成本以及对有限谈判资源的消耗等问题，京都机制非但没有促进治理反而严重迟滞了治理进程。因此，众多学者对京都机制持批评态度就不足为怪了。大卫·维克托曾坦言，《京都议定书》的象征意义远大于所标榜的强制度意义，作为一项指导减排的工具它失败了。②

第三节　"京都时期"的治理路径

京都机制相对于自愿减排在制度设计上实现了强化，治理却并未随之显著增强。各方围绕责任分配展开了激烈争论，"集体行动困境"愈演愈烈。③ 与其形成初期获得的广泛赞誉相比，现在的人们异常失望并视其为最失败的一次制度建构尝试。由于民族国家之间

---

① David G. Victor et al. , "The Climate Threat We Can Beat: What It Is and How to Deal with It," *Foreign Affairs*, Vol. 91, No. 3, 2012, pp. 112 – 121.

② Gwyn Prins and Steve Rayner, "Time to Ditch Kyoto," *Nature*, Vol. 449, 2007, pp. 973 – 975；David Victor, *The Collapse of the Kyoto Protocol and the Struggle to Slow Global Warming*, New Jersey：Princeton University Press, 2001.

③ 于宏源：《国际环境合作中的集体行动逻辑》，《世界经济与政治》2007 年第5 期。

利益和观念的分歧，提出的各种减排方案或者沦为"计算的把戏"，或者变得"内容空洞"。① 总体而言，这一时期的治理呈现出了"强制度—弱治理"特征。那么，为什么责任界定更加明确且更具有强制性的京都机制未能带来各国积极减排呢？各国关于气候变化的有限认同以及权力大致均衡构成了这一现象的总体背景。《联合国气候变化框架公约》通过兼顾各国偏好提供了参与治理的动力，各国能够自主确定行动目标以及选择契合自身特征的治理方式。相反，京都机制对责任清晰性和强制性的追求导致各国对责任分配以及未来不确定性等异常恐惧，责任分配虽然满足了发展中国家却遭到发达国家抵制，强制和选择性激励在此情形下都难以实现。

一　有限认同、权力均衡与制度选择

有限认同是指各方存在一定共识但又未达成广泛一致。治理开始至今，国际社会的气候认知差异始终未能消除且未来仍将长期存在。同时，各方的权力大致均衡，任何一方都不能单方面主导治理进程。因此，气候治理本质上就是如何协调偏好不同的各国行动。国际社会存在两种制度选择，依据"实验性治理"思路，《联合国气候变化框架公约》和《京都议定书》分别进行了尝试，前者旨在"鼓励"各国减排，后者则谋求"强制"发达国家率先行动。②

（一）有限认同与权力均衡

正如第四章指出的，国际社会在气候治理兴起后形成了偏好迥异的多个集团。随着谈判的展开以及气候研究的深入，各方在固有认知基础上形成了有限共识。一方面，各国承认了开展气候治理的

① Anthony Giddens, *The Politics of Climate Change*, London：Polity Press，2009，p. 190.

② 薄燕：《全球气候变化治理中的中美欧三边关系》，上海人民出版社 2012 年版，第 6 页。

必要性，并且接受了治理需要全球各方共同行动。这为国际社会合作制订应对方案等奠定了基础，全球气候谈判以及治理合作在缺乏这些共识的情况下是不可能存在的。另一方面，各方的认知并未实现完全一致。历史责任、能力差异、人均排放权以及人均累积碳排放和碳预算等概念显示，各方在责任分配等问题上仍然存在明显认知差异，并且这种差异很难彻底消除。有限认同是由各方的属性差异决定的，在发展程度等差异未彻底消除的情况下，将是一个长期存在的现象。罗伯特·基欧汉指出，合作并不意味着没有冲突，相反，它显然是与冲突混合在一起的，并部分说明要采取成功的努力去克服潜在或现实冲突的必要性。① 与之类似，有限认同暗含的认知差异，说明了调整制度设计以对各方展开有效协调的重要性。

各个集团的权力呈现出大致均衡的特征。发达国家享有资金、技术、气候科学研究以及长期主导国际秩序的经验和能力等优势，发展中国家则享有成员数量（投票权）、排放规模以及道义等方面的优势。双方的权力属性虽然不同，但是在谈判过程中却能够相互制衡。一方面，发达国家的资金和技术等优势构成了气候治理的主要资源，气候治理在缺乏它们支持的情况下将无法有效展开。另一方面，发展中国家凭借数量优势以及不断扩大的排放规模等，成为全球减排以及建立制度不可或缺的参与者。没有发展中国家的认可和参与，任何国际法性质的制度都不可能建立，气候治理也不可能彻底实现。

（二）两种制度选择

在各方仅存在有限认同且权力大致均衡的情况下，存在"自上而下"与"自下而上"两种制度选择。这类似于组织一场需要众多成员参加的紧急会议，会议（气候治理）参会人员（各国）分布在不同地区且收入水平不一（发展水平等差异），会议在所有参会人员

---

① ［美］罗伯特·基欧汉：《霸权之后：世界政治经济中的合作与纷争》，苏长和等译，上海人民出版社 2012 年版，第 53 页。

到达后才能召开，举行时间（气候问题的解决）越早越好，参会人员可以选择的交通工具包括飞机、铁路与公路等，费用依次降低（治理的模式与代价），交通成本是参会人员考虑的主要成本。方案一：规定每个成员都必须乘坐飞机，并在 A 日到达，迟到者将受到惩罚（京都机制）。最可能出现的结果：考虑到成本问题，许多低收入成员会联合抵制会议的召开。方案二：每个成员国自主选择交通工具，并对提前到达的成员提供奖励（自愿减排）。最可能出现的结果：成员会选择对自己而言最为合适的交通工具，并争取尽早到达，结果是会议的时间虽然稍晚却可以顺利召开。

（三）《联合国气候变化框架公约》促进治理的机制

《联合国气候变化框架公约》放弃了推动各国一致行动的尝试，而是确立了一种自愿减排模式，把拟定落实相关目标和原则的具体措施的任务，留给了各缔约国的国内立法或由缔约国未来再去谈判与制定。① 由此，他获得了高度的灵活性等优势，提供了一个培养一种新的国际合作精神的机会，使各方都能按照相关原则发挥自己的作用。② 他促进治理的机制主要包含下述几个方面。

1. 多元适当性

针对各国在责任分配问题上的分歧，它并没有设定统一的行动标准，而是通过对责任的模糊化处理以及引入冲突性规则实现了对各国偏好的兼顾。通过进行不同的制度诠释或引用利己的条款，各国都能从中找到支持自身偏好的依据。对发展中国家而言，它们的发展权利获得了认可，享有排放进一步增加的权利；与发达国家的责任区别得到了承认，它们不承担强制减排责任，参与的治理行动也与发达国家提供资金和技术支持等挂钩。③ 对发达国家而言，它们

---

① 杨洁勉主编：《世界气候外交和中国应对》，时事出版社 2009 年版，第 44 页。

② UNFCCC, "Report of the Conference of the Parties on It's First Session, Part One: Proceedings", Berlin, 28 March – 7 April 1995, http://unfccc.int/cop4/.

③ United Nations, "United Nations Framework Convention on Climate Change", 1992, https://unfccc.int/sites/default/files/conveng.pdf.

可以通过资金和技术转让机制将发展中国家纳入整体行动当中，满足了它们集体减排的要求；它们虽然需要率先行动，但在如何减排上存在自主选择的空间；它们还可以自主选择资金和技术转让的具体方式，尤其是可以选择那些能够对发展中国家参与减排产生督促效应的双边与多边合作方式。总体而言，由于核心利益关切获得了充分保证，各国对于参与减排的态度更为开放，更愿意承担起一定的责任，并通过最适合自身特征的方式积极参与治理。

2. 相互施压与额外声誉

通过承认各方主张的适当性，敦促各国执行减排的权力并没有被赋予"第三方"，如国际法庭或秘书处等，而是重新交给了各国，即通过各国相互施压来促进减排行动的展开。与设定统一减排标准不同，减排责任分配模糊意味着各国总是能够依据自身偏好来判定对方行为，并希望对方依据自身偏好行动。发达国家和发展中国家分别依据自己对相关规则的解读向对方施压，并敦促其加快行动。发展中国家认为"共同但有区别的责任"原则体现的是发达国家负有比自己更大的责任，如果不作出表率就是不负责任；发达国家则认为其反映的是能力差异下的共同行动，发展中国家尽管减排能力较弱但也应作出一定贡献，否则就是不负责任。最终，相互施压促使各方都承担起了一定责任，发达国家提出了减排计划而发展中国家也开始关注提高能源利用效率。

在实现利益与责任平衡的基础上，额外声誉进一步激发了各方参与治理的热情。各国自主确定减排目标以及相应的执行方式等，可以在保证自身核心利益的基础上，依据自身能力和特性等采取一种对自身而言更加友好和高效的治理行动。这种利益与责任的平衡使得各国对于参与减排的态度更加开放，如发达国家可以选择代价较小或者对双方都有利的方式实现资金和技术方面的转让。另外，在自身核心利益得到充分维护的基础上，相关治理行动还能够为各国带来显著的额外声誉。由于减排的责任界定不明，各国在采取相比其他国家或相较于自身此前更积极的减排行动时，会获得良好的声誉。声誉是各国（尤其是大国）关注的重要利益，作为减排行动的副产品，这种额外声誉进一步增强了它们减排行动的动力。正是出于对绿色领导者地位的追求，美国、日本与欧盟等发达国家在责任并不明确的情况下积极展开了治理行动。

3. 集体行动问题

集体行动问题是气候治理面临的最主要挑战。它存在两个诱发因素：各方采取欺瞒手段回避责任以及对责任分配不公平的恐惧。这两个因素在自愿减排模式下都得到了缓解。一方面，由于回避了责任分配问题，各国并不存在对"搭便车"与治理代价的恐惧。由于并没有为各国界定具体责任，只是要求各国依据自身能力自主决定减排目标，参与治理代价的有限性缓解了各方对责任分配不公平的警惕。另一方面，各国采取欺瞒策略的动机也被削弱了。这主要是因为减排责任的非强制性意味着即使未能实现减排目标也不会招致惩罚；各国自主确定的目标比国际社会分配更切合本国的实际、也更容易实现，因此无须进行欺骗；各国的广泛参与导致欺骗更难以实现，欺骗失败的代价过于高昂；此外，增加透明度是获取声誉的保证，这进一步削弱了各国的欺骗动机。

二　《京都议定书》与"集体行动困境"

京都机制反映了方案二的逻辑，通过提供明确且具有强制性的责任界定来增强治理。责任分配问题一经提出，发达国家对发展中国家"搭便车"以及未来不确定性的恐惧便迅速加剧，治理出现严重的"集体行动困境"。强制与激励是合作出现的两大机制。① 然而，京都机制的相关设置之间却出现了严重冲突。明确的责任分配是强制和激励各国参与减排的前提，但是也导致了各国的分裂，反而阻碍了强制与激励的展开。具体而言，责任分配的明确导致各国

---

① ［美］曼瑟尔·奥尔森：《集体行动逻辑》，陈郁等译，上海人民出版社1995年版，第3页。

分裂为制度的支持者与反对者，强制机制因此丧失了执行力量，各国无力对消极履约的发达国家施加强制。激励机制表现出明显的不均衡性，它增强了发展中国家的积极性，但是对作为减排主体的发达国家反而缺乏足够的激励。

（一）责任分配加剧了"集体行动困境"

气候治理涉及未来的发展与国际格局的重塑，各方对此都高度敏感。在认知存在差异的情况下，责任分配明确化意味着多元认知中只有一种被认可，其他各方利益将受到损害，而强制性增强更加剧了他们的恐惧。在此情形下，京都机制将气候治理转化为尖锐的利益分配问题，激发了严重的"集体行动困境"。发达国家担忧发展中国家"搭便车"，同时发达国家内部也担忧彼此推卸责任，气候治理主体分裂为支持者和抵制者两个阵营。

1. 对"搭便车"的恐惧

气候治理是一项典型的公共物品，各国无论是否承担治理责任都将平等享受治理带来的收益。因此，各国在一定程度上都希望免费搭车或转嫁负担。① 在集体行动中每一方都担忧另一方逃避责任，导致合作很难出现。② 然而，这种担忧并不总是发挥决定性影响，在很大程度上取决于行为体对成本的认知。当成本较低时，各方不太关注成本和收益的分配。相反，当成本较高时，成本分担便成了各方关注的首要问题。京都机制的责任分配方式在两个方面加剧了各方的担忧：其一，依据治理目标分配减排责任，导致各国认为履约的代价过大，自身的发展将受到影响。其二，要求发达国家率先减排，加剧了它们对发展中国家"搭便车"的担忧。德国总理科尔在第一次缔约方会议上强调，认为长期积极的经济发展可以在牺牲环境的情况下实现是一个危险的错误。发达国家有责任首先开展行动，

---

① 陈迎：《国际环境制度的发展与改革》，《世界经济与政治》2004 年第 4 期。

② ［美］曼瑟尔·奥尔森：《集体行动逻辑》，陈郁等译，上海人民出版社 1995 年版，第 2 页。

呼吁欧盟树立减排榜样，呼吁所有工业化国家一起作出承诺。① 然而，这并未得到其他发达国家（主要是伞形国家）的认同，相反它们将发展中国家不受强制减排拘束视为京都机制的重要漏洞。

2. 对不确定性的恐惧

气候治理中的不确定性包括三种内涵：其一，气候变化是否存在以及是否会产生灾难性影响的不确定性。在 IPCC 第四次评估报告发布前，气候变化是否真实存在一直受到猜疑。其二，未来能否从制度中获益的不确定性。② 各国的治理在短期内面临巨大成本，对其发展也将产生深远影响，收益却在数十年后才能显现，即"时间不一致性"。其三，对方行为的不确定性。与"搭便车"担忧一致，发达国家担忧发展中国家在未来拒绝承担责任。行为体不可能承担减排代价，除非它们能够确信其他竞争者会采取同样行动。③ 京都机制赋予发达国家率先减排以及援助发展中国家的责任，这种一边倒式的责任分配加剧了发达国家的恐惧。在气候变化是否存在、治理是否有效以及未来发展中国家是否承担责任均不确定的情况下，单方面履约被发达国家视为一种威胁。

总体上，制度强化导致发达国家对发展中国家"搭便车"以及未来不确定性的担忧增加。京都机制设想发达国家作为"表率"带动整个治理进程，核心假设是发达国家愿意承担率先行动的成本，并且相信发展中国家存在模仿发达国家的动机。然而，这些假设显然都不成立。责任分配的强化导致国际社会出现分裂，发达国家普遍对制度感到不满，如美国与日本等，它们质疑单独为发达国家确立责任的公平性并拒绝承担被赋予的相关责任。

---

① UNFCCC, "Report of the Conference of the Parties on it's First Session, Part One: Proceedings", Berlin, 28 March – 7 April 1995, http: //unfccc. int/cop4/.

② Barbara Koremenos et al. , "The Rational Design of International Institutions," *International Organization*, Vol. 55, No. 4, 2001, pp. 761 – 799.

③ David G. Victor et al. , "The Climate Threat We Can Beat: What It Is and How to Deal with It," *Foreign Affairs*, Vol. 91, No. 3, 2012, pp. 112 – 121.

（二）"强制"机制的失灵

京都机制最显著的特征是强制减排。国际制度研究强调，执行机制设计等直接关系到行为的有效性。① 除非集团中人数很少，或者除非存在强制或其它某些特殊手段以使个人按照他们的共同利益行事，有理性的、寻求自我利益的个人不会采取行动以实现他们共同的或集团的利益。② 国际社会高度重视强制机制设计，对违约的惩罚被视为合作的保证。京都机制通过明确责任与设置惩罚机制，似乎实现了行动有据可依，消除了逃避责任的可能。

然而，京都机制对强制程序的设计忽视了一个根本性问题，即国际制度本身并不能带来执行，而是依赖霸权国家或国际社会（尤其是大国）一致行动来制止违约者。在多极格局下，制度得到执行的前提是获得多数大国支持。③ 在国际社会上，国家既是国际制度的缔造者也是执行者。在各国发生分裂时，包括制裁在内的各类强制机制如果得不到多数国家支持将很难产生约束效应。京都机制建立了系统的惩罚机制，将强制权力授予遵约委员会，尤其是其下设的强制执行事务组。然而，这一机构在面对众多附件一国家拒绝履约时难以作出任何有效的裁决和行动，直接原因在于缺乏有效的执行力量，深层根源则是制度强化导致治理主体出现分裂。如前文所述，京都机制在明确减排责任分配的过程中催生了一系列对制度本身不满的国家，然而对这些国家施加强制又需要国际社会保持总体一致。发展中国家与欧盟等是京都机制的重要支持者，但是它们并不能够对诸如美国与日本等这样实力强大且数量众多的发达国家施加强制。

---

① Daniel C. Matisoff, "Are International Environmental Agreements Enforceable? Implications for Institutional Design," *Int Environ Agreements*, Vol. 10, 2010, pp. 165 – 186.

② ［美］曼瑟尔·奥尔森：《集体行动逻辑》，陈郁等译，上海人民出版社 1995 年版，第 3 页。

③ 庄贵阳、朱仙丽、赵行姝：《全球环境与气候治理》，浙江人民出版社 2009 年版，第 209 页。

（三）"激励"机制的非均衡性

关于京都机制的激励机制，主要存在三种论断。其一，它提供了物质性和社会性额外激励，是气候治理出现有限进展的根源；① 其二，它存在的设计局限是治理陷入困境的根源；② 其三，京都机制不存在激励机制，这才导致治理陷入了分配问题的恶性政治。③ 相关制度设计表明，京都机制确实存在激励机制，只是未能发挥积极作用。激励机制的有效性取决于各国是否认为它提供的收益能够抵消行动的成本。京都机制主要是基于发展中国家偏好确立的，其对发展中国家产生了过强激励，对作为减排主体的发达国家反而激励有限，呈现出了一方积极性越强则另一方抵制情绪越强的不均衡性特征。

京都机制将主要治理责任分配给了发达国家，它们需要承担起高昂的履约成本。首先，减排的直接代价，包括减少能源消费以及投入大量资源进行技术革新等。据统计，美国履约将会影响其 GDP 的 4% 以及 400 万个就业机会。④ 其次，减排的间接成本。在化石能源占主导地位的情况下，减排将导致发达国家的经济发展放缓，相关产品的成本增加，在与新兴国家竞争时处于不利地位。向发展中国家提供资金和技术援助会加快发展中国家的发展步伐，导致权力加速转移。与上述高昂的履约成本相比，发达国家受到的激励十分有限。在这一时期的话语体系中，发达国家承担主要责任是由历史排放和能力决定的，因而是理所当然的。相反，如果未能完成相关减排目标，它们将会面临惩罚尤其是声誉上的损失。也就是说，发达国家面临一种只有惩罚没有奖励的局面，通过付出巨大代价承担

① 陈刚：《〈京都议定书〉与集体行动逻辑》，《国际政治科学》2006 年第 2 期。
② 于宏源：《国际环境合作中的集体行动逻辑》，《世界经济与政治》2007 年第 5 期。
③ ［美］罗伯特·基欧汉：《气候变化的全球政治学：对政治科学的挑战》，《国外理论动态》2016 年第 3 期。
④ 潘家华：《减缓气候变化的经济与政治影响及其地区差异》，《世界经济与政治》2003 年第 6 期。

责任，除了获得履约者身份之外，并不存在其他明显收益。

发展中国家未被赋予强制减排责任，但却获得了显著激励。有学者指出，《京都议定书》在灵活性和责任分配上的局限导致其激励机制难以充分发挥作用。[①] 碳市场、碳税、清洁发展以及联合履约等机制确实为发展中国家提供了激励，它们可以借此获得资金和技术，而不用承担明显代价。有学者指出，京都机制中最重要的选择性激励是清洁发展机制，它允许发达国家以低成本的方式减排，尽管存在众多局限，但是在促进发展中国家参与方面是成功的。[②] 清洁发展机制对发展中国家的促进作用是毋庸置疑的，但是它是否为发达国家提供了激励却值得怀疑。清洁发展机制与碳市场等允许通过碳交易等方式履约，相比独自减排降低了成本。然而，向拥有"热空气"的国家购买配额所支付的巨额资金表明，减排对它们而言并未转变为有利可图的事情。同样，在资金和技术转让上，由于缺乏相应补偿，它们并不会仅仅为了履约而付出如此高昂代价。

三　两种"激励"机制

在缺乏霸权国家主导或者说强制难以发挥效用的环境里，激励是全球行动的关键。全球气候治理必然是一个大集团行为，而大集团被称作潜在集团虽然有采取行动的潜在的力量或能力，这一潜在的力量只有通过选择性激励才能实现或被动员起来。[③] 但是，选择性激励并不是激励的唯一形式。《联合国气候变化框架公约》和《京都议定书》分别体现了额外性激励与选择性激励两种激励机制，在如何诱导各国减排上遵循了不同思路。这里就二者的运作逻辑和区别作出阐述，下一章将对额外性激励作更详细的论述。

[①] 于宏源：《国际环境合作中的集体行动逻辑》，《世界经济与政治》2007 年第 5 期。

[②] 庄贵阳、朱仙丽、赵行姝：《全球环境与气候治理》，浙江人民出版社 2009 年版，第 206 页。

[③] ［美］曼瑟尔·奥尔森：《集体行动逻辑》，陈郁等译，上海人民出版社 1995 年版，第 42 页。

（一）《京都议定书》的选择性激励

京都机制中包含的是一种选择性激励，即向行为契合特定标准的国家提供非集体性利益。与政府在国内倡导人们开展相关行动一致，选择性激励的运转依赖两个关键条件。其一，选择的依据必须是明确的，即什么样的行为是被接受或应该给予奖励的。京都机制的责任界定提供了明确的选择依据，包括附件一国家是否完成了减排目标以及是否承担起了向发展中国家提供资金和技术援助的责任等。其二，选择的主体是单一的，即由哪些国家来选择具体的激励对象。京都机制设想国际社会作为一个立场一致的整体，在督促发达国家履行承诺上采取一致行动，进而鼓励每个发达国家都积极行动。

在发达国家与发展中国家存在分歧的情况下，京都机制的选择依据和选择主体产生了不可调和的矛盾。为了能够提供明确的激励标准，京都机制强化了责任界定并消除了利用规则冲突逃避责任的可能。然而，这却导致各国发生分裂。激励标准的唯一性导致选择性激励表现出明显的非均衡性，即对特定行为体的激励意味着对其他行为体利益的损害。以碳排放交易为例，俄罗斯等拥有"热空气"的国家是获益者，需要购买配额的发达国家则处于失利地位。在资金和技术援助机制下，发达国家与发展中国家的地位更是如此。这意味着，在一些国家参与热情提升的同时，另一些国家的抵制情绪上升，治理却需要各方共同参与。在此情形下，选择性激励注定不能实现预期的治理进展。

（二）《联合国气候变化框架公约》的额外性激励

额外性激励是在各方收益不减少的情况下，通过特定行动产生的利益增量。有学者认为京都机制提供了物质与社会两方面的额外激励。① 但是，他显然并不是真正额外性的，而是非均衡性的，即一方获益是以其他各方利益受损为代价的。《联合国气候变化框架公

---

① 陈刚：《〈京都议定书〉与集体行动逻辑》，《国际政治科学》2006 年第 2 期。

约》通过对责任的模糊化界定，使得各国可以在不损害核心利益的前提下选择减排目标和方式，最大限度地降低减排成本，各国在此基础上通过采取超越国际社会预期的行动获得声誉。关于物质利益和声誉哪一个更重要，我们无法作出明确判断，在不同情境下国家的选择存在一定差异。但是，在制度能够保证物质利益的情况下，声誉的重要性显然会提升。发展中大国由于京都机制维护了他们的发展权利，出于对声誉的追求而采取了比以往更积极的行动。此外，美国在退出《京都议定书》后开展的治理行动也是如此，尽管拒绝参与强制减排产生了一定的负面影响，但是这种指责主要集中于不参与国际制度这一行为本身，而非对其不负责任的指责。事实上，美国通过向国际社会表明自己坚持自主减排并采取了积极行动有效缓解了国际压力。

额外性激励契合了有限认同环境下各国偏好存在差异的特征。只有当所有国家都能从机制中获得偏好的利益时，普遍参与的气候治理才能顺利展开。额外性激励是一种自我激励，在保证各国核心关切的基础上，将激励的"选择权"交给了各国，即自主决定是否通过相应行动获得声誉，各国承担责任的意愿因此得到了增强。这种额外性激励在京都机制被废弃之后，成为自主贡献模式促进治理的核心机制，下一章将对此作进一步阐述。

本章小结

本章探讨了气候治理在"京都时期"进入"低潮"的表现及其根源。《联合国气候变化框架公约》作为典型的弱制度，通过回避可能引发争论的责任分配问题，迅速启动了治理并取得了一系列进展。基于臭氧治理等经验，国际社会设想通过强化制度来加快治理。在认知差异未完全消除的情况下，发展中国家与欧盟借助议题压力等手段迫使其他发达国家（伞形国家）作出单方面让步，构建起了责任分配清晰且具有明显强制性的京都机制。然而，制度强化并未带来治理的强化。《京都议定书》先是因为发达国家的抵制迟迟未能生效，多数发达国家在其生效后也并未按照规定行动，并很快迫使国际社会将其废弃了。

为了解释气候治理未能随着制度强化而显著改善的现象，本章分析和梳理了这一时期的治理进程。在气候治理这一复杂性问题中，各国关于气候变化仅存在有限认同。京都机制对明确、强制性责任界定的追求激发了各国对责任分配公平性以及未来不确定性的恐惧，从而削弱了各国的行动意愿。随着责任分配的完成，国际社会分裂为支持者与反对者两个阵营，这导致强制和激励等促进遵约的机制都难以运转。这一过程表明，在行为体对制度缺乏认同的情况下，无论制度本身设计得多么严谨都不会产生理想的治理效果。在有限认同环境中，制度的清晰性与约束性提升会激发持续的争论，刺激行为体对相对收益的关注以及对"搭便车"的恐惧。最终，看似清晰、严谨且具有明显强制性的制度成为一个精致的无用物品，即出现有制度无治理的局面。

下一章将分析气候治理在从《京都议定书》到《巴黎协定》这一制度弱化过程中出现的主要进展及其根源。通过对比本章观察到的现象，可以更直观展示出弱制度与强制度的有效性及其作用机制差异。

第 六 章

弱制度与强治理："后京都时期"
（2009 年以后）

京都机制触发了严重的"集体行动困境"，气候治理一度陷入低潮。进入"后京都时期"，国际社会积极探索新的制度模式。罗伯特·基欧汉指出，"将气候问题构建为一个需要当代中间选民为此增加支出的全球减缓政策框架的做法，将会导致一种不会产生太多减排行动的恶性政治，未来应积极寻找构建一种能够对各方产生激励的制度"。[①] 中国气候谈判代表解振华在华沙会议上也指出，"多边机制的结果如果是一些国家赢、一些国家输，那么这个结果是失败的。这不是我们的需要。如果我们都输，我们输不起。我们希望是共赢的结果，团结的结果，可能各方对最后的结果都不满意，但都能接受，这就是最好的结果"。[②] 在各国的推动下，全球气候治理制度完成了新一轮调整。

气候治理制度在这一时期总体上出现了重新弱化，或者说，从

---

① ［美］罗伯特·基欧汉：《气候变化的全球政治学：对政治科学的挑战》，《国外理论动态》2016 年第 3 期。
② 《国家发展改革委副主任解振华在华沙联合国气候大会高级别论坛上的讲话》，2013 年 12 月 3 日，http：//www.ncsc.org.cn/zt/lhgqhbhdh _ hs/xwbd _ 865/201312/t20131203_609851.shtml，2018 年 11 月 7 日。

严格逐渐走向松散。① 从"巴厘岛路线图"开始探索，至哥本哈根会议初步形成，再到《巴黎协定》正式确立，"自下而上"的自主贡献模式取代京都机制成为主导治理模式。它承认了国内政治的优先性，允许国家自主确定在减缓气候变化中的雄心，通过绕过谈判中的分配冲突，成功回避了气候合作的最大障碍。② 在其指导下，各国参与治理的积极性大幅度提升，主动提交了自主减排目标，并在随后行动中加以更新。大国围绕气候治理出现了竞争履约的局面，不但美国重新参与到集体减排当中，中国等发展中大国也承担起了更大的责任。

这一章通过回顾气候治理在从《京都议定书》到《巴黎协定》的演变过程中取得的进展，明确并回答了这样一个问题：在治理制度出现重新弱化时，为何气候治理反而明显增强或者说迎来了"高潮"？

第一节　自主贡献模式取代京都机制

在"后京都时期"谈判中存在三种制度前景，延续京都机制、增强京都机制与自主贡献模式。各方基于自身偏好作出了不同选择，并展开了激烈争论。由于执行过程中的表现不尽如人意以及伞形国家极力抵制，京都机制很难再持续下去了。同时，发展中国家坚持"共同但有区别的责任"原则，拒绝承担与发达国家同等的减排责任。因此，自主贡献模式成为能够兼顾各方偏好的替代选择。虽然京都机制名义上仍在持续，自主贡献在哥本哈根会议上已经成为事实上的主导模式，经过德班平台的密切协商后最终由《巴黎协定》

---

① 张晓华、祁悦：《预期的国家自主决定的贡献概念浅析》，2014 年 1 月 10 日，http：//www. ncsc. org. cn/yjcg/fxgc/201401/t20140110_609642. shtml，2018 年 11 月 7 日。

② Robert Falkner，"The Paris Agreement and the New Logic of International Climate Politics，" *International Affairs*，Vol. 92，No. 5，2016，pp. 1107 – 1125.

正式确立。① 它与此前的自愿减排模式一样都是典型的弱制度,反映的都是各方观念平衡的结果。构建强制度的设想在《哥本哈根协议》达成后正式破产了,正如罗伯特·基欧汉指出的,这种创建一体化的综合性制度的努力不可能成功。②

一 "后京都时期"的三种制度前景

围绕"后京都时期"减排出现了三种制度设计方案。一是沿用京都机制,即附件一国家继续作为减排主体并确定下一承诺期的义务。二是通过将发展中国家纳入进来拓展京都机制,形成类似《蒙特利尔议定书》的一般性制度。三是抛弃京都机制,探索一种更有效的治理模式。发展中国家倾向于第一种路径,发达国家则倾向于第二种路径,他们体现的都是强制度。第三种模式体现的是一种弱制度,能够为各方维护自身利益提供灵活性。

(一)延续京都机制

发展中国家希望将京都机制的核心内容延续下来,尤其是发达国家承担主要减排责任等规定。中国认为,《联合国气候变化框架公约》与《京都议定书》是国际社会应对气候变化的有效框架,必须长期坚持,发达国家的减排政策和措施需要进一步强化;建立向发展中国家提供资金和转让技术的有效机制。③ 发展中国家在谈判期间始终坚持这一立场,也正因为如此,第二承诺期才得以在名义上延续。欧盟的立场起初与发展中国家一致,在巴厘岛会议上提出了发达国家到 2020 年减排 25% —40% 的路线图。然而,美国与日本等伞形国家对此坚决抵制,反对单独为发达国家设定减排目标,认为

---

① "多哈修正案"确定的《京都议定书》第二承诺期持续到 2020 年。

② Robert O. Keohane and David G. Victor, "The Regime Complex for Climate Change," *Perspectives on Politics*, Vol. 9, No. 1, 2011, pp. 7 –23.

③ 解振华:《在〈联合国气候变化框架公约〉第十三次缔约方会议暨〈京都议定书〉第三次缔约方会议上的讲话》,2007 年 12 月 12 日,http://www.ccchina.org.cn/WebSite/CCChina/UpFile/File221.pdf,2018 年 12 月 5 日。

"后京都时期"应将发展中国家（尤其是中国与印度等大国）纳入进来。为了将美国重新拉回到集体减排中，欧盟与发展中国家作出了妥协。最终，"巴厘岛路线图"为发展中国家规定了实质性义务，各国都应采取可测量、可报告和可核实的缓解活动。因此，京都机制在"后京都时期"开始后便出现了被抛弃的预兆。此后，欧盟的立场逐渐与美国等伞形国家趋向一致，京都机制的根基被进一步削弱了。

（二）增强版的京都机制

京都机制的增强版主要体现在适用范围的进一步拓展，即强制减排扩展至全球各方，尤其是将发展中国家纳入进来，建立真正的一般性全球制度，实现所有国家按照统一标准减排。发达国家认为，"共同"责任应体现在全体缔约方共同承担责任，在同样的法律形式下承担同质的责任。美国与日本等国家批判京都机制的主要依据就是发展中国家被排除在了强制减排之外，认为气候治理不可能仅仅通过发达国家的努力实现，尤其是考虑到"碳泄漏"（Carbon Leakage）危险的存在。① 同时，他们认为这种责任分配是不公平的。因此，日本等众多伞形国家在"后京都时期"积极谋求脱离京都机制。②

美国与日本等伞形国家是这一模式最初的主要倡导者，欧盟为了拉拢他们参与集体减排在波兹南会议后也逐渐接受了该主张。③ 同时，考虑到发展中大国是推进该方案的主要阻力，美国与日本等国

① "碳泄漏"，即附件一国家减排会引起非附件一国家排放量的增长。发达国家担心严重的"碳泄漏"不仅不能减少全球温室气体排放，反而刺激了非附件一国家排放增长，导致全球总排放量上升。陈迎、庄贵阳：《〈京都议定书〉的前途及其国际经济和政治影响》，《世界经济与政治》2001 年第 6 期。

② 宫笠俐：《决策模式与日本环境外交：以日本批准〈京都议定书〉为例》，《国际论坛》2011 年第 6 期。

③ 方芳、张业亮：《波兹南大会未获实质性突破》，《中国环境报》2008 年 12 月 17 日，http：//www. ccchina. org. cn/Detail. aspx? newsId = 23080&TId = 58，2018 年 11 月 7 日。

家对发展中国家集团采取了分化瓦解的策略，并很快将小岛屿集团等从中分离出来后纳入了己方阵营。在随后的谈判中，欧盟与最不发达国家、小岛屿国家联盟以及拉美独立联盟等采取一致立场，明确支持制定新的议定书，甚至强调其在覆盖范围、减排强度以及实施力度上均要超过《京都议定书》。① 伞形集团国家提出，德班平台谈判的结果应达成一项涵盖所有缔约方的全新、单一和有法律约束力的新条约。② 澳大利亚表示，不能在减排承诺的法律形式上对各国进行区别对待，"有区别"的责任应体现为各国根据自身国情和能力差异而承担不同程度的责任。③

（三）自主贡献模式

国家自主决定贡献（Intended Nationally Determined Contributions, INDCs）模式通过弱化减排规则的清晰性和强制性来换取接受的普遍性，主张减排与国内生产总值挂钩，以各国自愿承诺为基础，而不是"自上而下"分配减排额度。各国的责任随着经济实力差异而变化，发展中国家也参与其中。可见，这种思路与"公约时期"的自愿减排模式一脉相承。自主贡献模式最早出现在全球气候制度建构初期，日本为了调和美国与欧盟在减排目标设置上的分歧，在政府间谈判委员会上提出了"承诺＋评估"模式，但是由于美国与欧盟的共同抵制并未被国际社会采纳。④ 在《京都议定书》出现夭折风险的第九次缔约方会议上，人们开始探索京都机制的替代方案，"自下而上"模式再次被提出，即由缔约方根据国情自主决定参与的战略方针和具体措施，采取自愿承诺等方式确定没有法律约束力的

---

① 张晓华、胡晓：《德班平台谈判走向分析》，2013 年 4 月 26 日，http：//www. ncsc. org. cn/yjcg/fxgc/201304/t20130426_609623. shtml，2018 年 11 月 7 日。

② 高小升：《国际政治多极格局下的气候谈判：以德班平台启动以来国际气候谈判的进展与走向为例》，《教学与研究》2014 年第 4 期。

③ 张晓华、胡晓：《德班平台谈判走向分析》，2013 年 4 月 26 日，http：//www. ncsc. org. cn/yjcg/fxgc/201304/t20130426_609623. shtml，2018 年 11 月 7 日。

④ Yasuko Kameyama, "Climate Change and Japan," *Asia-Pacific Review*, Vol. 9, No. 1，2002，pp. 33 – 44.

减排指标。[①] 此后，该思路并没有随着《京都议定书》生效而消失，美国在国内减排以及国际合作中积极推行该机制，通过主要经济体能源安全与气候变化会议等平台宣传自愿减排，借此抵制京都机制。"后京都时期"谈判开始后，该模式被正式纳入议程并很快超越其他两种模式被广泛接受。

上述三种前景在"后京都时期"谈判中都有所体现，各国也展开了激烈争论。但是，第二种前景很快便被放弃了，第一种模式仅在形式上得以保留，呈现出表面上延续京都机制，事实上推进自主贡献模式的局面。

二　倡议竞争与议题压力

"后京都时期"谈判开始后，各方围绕三种制度方案展开了激烈争论。美国和日本等国家对京都机制展开了尖锐批判，呼吁将 2012 年以后的减排建立在单一新条约之上，从而使发展中国家也承担起强制性义务。欧盟也日益强调"共同"的责任，降低"有区别的责任"的重要性。相反，中国等国家强调发达国家应该继续率先减排，以保证发展中国家的发展空间。[②] 在双方都不愿意妥协的情况下，谈判一度陷入了僵局。然而，随着第一承诺期即将结束以及 IPCC《第四次评估报告》正式解决了气候变化的不确定性问题，国际社会再次面临巨大的议题压力，自主贡献模式因此成为最现实的选择。

（一）倡议竞争："自上而下"还是"自下而上"？

2005 年，蒙特利尔会议正式启动了"后京都时期"的谈判，各方的争论也随之展开。一方面，他们积极论证自身主张的合理性，并试图说服对方接受。在德班会议上，"基础四国"发布了《公平

---

① 戴晓苏、应宁：《〈联合国气候变化框架公约〉第九次缔约方会议简介》，《气候变化通讯》2003 年第 12 期，http：//www. ccchina. org. cn/Detail. aspx？ newsId = 28177&TId = 61，2019 年 1 月 3 日。

② IISD，"Poznan Highlights"，*Earth Negotiation Bulletin*，Vol. 12，No. 387，2008，http：//www. iisd. ca/vol12/enb 12387e. html.

获取可持续发展》报告，碳排放空间的分配应当考虑可持续发展的阶段性。另一方面，他们积极抵制对方的提案。加拿大与日本等国家在 2006 年之后长期扮演"拖后腿"角色，加拿大在 2007—2010 年连续被气候行动网络（Climate Action Network，CAN）评为最严重阻碍气候治理进程的国家，日本则多次被非政府组织授予"化石奖"。

在巴厘岛会议上，欧盟与"77 国集团 + 中国"采取一致立场，与美国等伞形国家展开争论。"77 国集团"呼吁发达国家在第一承诺期的基础上作出新的减排承诺，欧盟则为他们提出了 2020 年温室气体排放量比 1990 年减少 25%—40% 的具体目标。美国和日本等国家对此坚决抵制，认为在谈判磋商初期便决定具体目标为时过早，并提出了排放大国与小国的新分类标准。关于资金和技术转让问题，中国代表邹骥提议设立负责促进向贫困国家转让可再生能源技术的机构，这得到了"77 国集团"的支持。但是，美国以知识产权保护为由提出，通过建立自由市场确保各项技术自由流通才是解决问题的关键。倡议竞争的激烈程度可以通过下述事件略作了解，欧盟宣称如果美国不接受决议草案提到的减排目标，将不参加美国召集的主要经济体气候变化会议。①

在波兹南会议上，争论的激烈程度继续上升。美国和日本等伞形国家以各种理由拖延作出减排承诺，甚至公开表示排放量会继续增长。随着要求废除京都机制与合并二轨进程的呼声持续高涨，欧盟立场出现了松动甚至倒退。② 丹麦与日本等把中国和印度等国家定义为发达的发展中国家，认为它们作为主要的温室气体排放国应该承担责任。欧盟甚至提出了主要发展中国家减排 15%—30% 的具体

---

① 新华网：《欧盟威胁抵制美国发起的气候变化会议》，2007 年 12 月 14 日，http：//www. ccchina. org. cn/Detail. aspx？ newsId = 21112&TId = 58，2018 年 12 月 6 日。

② 方芳、张业亮：《波兹南大会未获实质性突破》，《中国环境报》2008 年 12 月 17 日，http：//www. ccchina. org. cn/Detail. aspx？ newsId = 23080&TId = 58，2018 年 11 月 7 日。

要求。① 在 2009 年的波恩会议上，发展中国家要求发达国家至少应当减排 40%，小岛屿国家甚至要求其减排 45%，但是发达国家并未予以回应。② 随后的哥本哈根会议被视为决定"后京都时期"减排安排的最后期限，倡议竞争也达到最高潮。最不发达经济体和部分小岛屿国家成立了"气候脆弱国家论坛"（Climate Vulnerable Forum），以受害者姿态谴责排放大国的不负责任行为。发达国家立场逐渐趋向一致，并拉拢小岛屿国家等发展中国家共同向发展中大国施压。新兴国家也结成集团，即基础四国（BASIC）。由此，"丹麦草案""基础四国共识""小岛国案文"以及"非洲案文"等在会上针锋相对。③

（二）议题压力：IPCC《第四次评估报告》与灾难性事件频发

议题压力在这一时期急剧上升，各方都感受到了尽快确立切实可靠的治理制度的紧迫性。一方面，频繁出现的灾难事件直接影响了各方态度。中国南方地区在 2007 年和 2008 年先后出现大范围干旱和雪灾，美国在 2005 年遭受卡特里娜飓风侵袭，印度频繁遭遇热浪与洪涝等。另一方面，气候变化在科学上的不确定性得到解决。IPCC《第四次评估报告》指出，可以十分确定气候变化将非常可能使更多地区出现极端天气。④ 在此情形下，人们对人为造成气候变化事实的不确定性在减少，对气候变化影响幅度的不确定性在上升。⑤然而，影响的不确定性很快也随着研究的深入逐渐降低。气候变化

① 杨洁勉主编：《世界气候外交和中国应对》，时事出版社 2009 年版，第 28 页。

② "Climate Pledges Made by Major Countries"，http：//www. china. org. cn/environment/Copenhagen/200912/10/content_19041921. htm，2018/10/29.

③ 李威：《责任转型与软法回归：〈哥本哈根协议〉与气候变化的国际法治理》，《太平洋学报》2011 年第 1 期。

④ IPCC，"Climate Change 2007：Synthesis Report"，September 2007，https：//www. ipcc. ch/site/assets/uploads/2018/02/ar4_syr. pdf，2018/11/1.

⑤ ［美］罗伯特·基欧汉：《气候变化的全球政治学：对政治科学的挑战》，《国外理论动态》2016 年第 3 期。

被视为各类自然灾害与社会问题（如贫富差距拉大）的主要根源。[①]
2005 年，世界减灾会议通过《兵库行动框架》（The Hyogo Frame-
work for Action），开始关注气候变化与贫困的关系。[②] 气候安全在
2005 年前后被提出，联合国安理会 2007 年首次对其进行讨论，与战
争等问题的联系进一步加强了人们对气候变化的关注。[③]

　　在上述压力推动下，各方对于尽快完成制度调整的紧迫性感知
也达到了高峰。尤其是随着《京都议定书》第一承诺期即将到期，
哥本哈根会议作为"巴厘岛路线图"确定的制定新减排机制的最后
期限被各方寄予厚望。正如有关学者指出的，哥本哈根会议被放在
了道义制高点上，为了避免成为舆论谴责的对象和背负"历史罪国"
的骂名，各国都力争抢占道德制高点，在会前相继作出了减排承
诺。[④] 在此情形下，自主贡献模式被广泛接受了。

三　观念平衡：自主贡献模式确立

　　在倡议竞争过程中，发展中国家基于京都机制的教训逐渐意识
到，在发达国家拒绝执行的情况下，即使为他们设立了新的强制减
排责任，这些责任也将仅仅停留在文本上。同时，发达国家也认识
到发展中国家绝不可能接受承担与自己同等的责任。随着议题压力
持续上升，各方逐渐放弃了完全依据自身主张建构制度的尝试，自

---

① "Global Assessment Report on Disaster Risk Reduction（2009）", https：//
www. preventionweb. net/english/hyogo/gar/report/documents/GAR_Chapter_1_2009_eng. pdf.

② UNISDR, "Report of the World Conference on Disaster Reduction", 18 – 22 January
2005, https：//www. unisdr. org/2005/wcdr/intergover/official-doc/L-docs/Final-report-con-
ference. pdf.

③ Ole Magnus Theisen et al. , "Climate Wars？ Assessing the Claim That Drought
Breeds Conflict," *International Security*, Vol. 36, No. 3, 2011, pp. 79 – 106; Joshua
W. Busby et al. , "Climate Change and Insecurity：Mapping Vulnerability in Africa," *Interna-
tional Security*, Vol. 37, No. 4, 2013, pp. 132 – 172.

④ 庄贵阳等：《中国在全球气候治理中的角色定位与战略选择》，《世界经济与政
治》2018 年第 4 期。

主贡献模式作为能够平衡各方诉求的方案被广泛接受。

（一）"京都机制"的死亡（2007—2013 年）

美国、日本与加拿大等发达国家的抵制注定了京都机制的悲剧命运，治理进展迟缓也打击了各方对此机制的信心。国际社会的态度逐渐变得务实，放弃了"自上而下"分配排放空间的设想。① 蒙特尔尔会议后，如何确立一个包含所有国家（主要是美国）的全球机制被提上议程。随后，双轨制谈判在巴厘岛会议上正式启动，旨在通过区分气候治理与京都机制将各方纳入新的谈判进程当中。② 长期合作行动特设工作组（the Ad Hoc Working Group on Long-Term Cooperative Action，AWG-LCA）的设立标志着京都机制开始死亡，这是因为与美国的合作只能以非京都机制的方式进行，即默认了京都机制可以被改变或取代。最终，双轨谈判非但未能推动美国重新履行京都承诺，反而导致日本和加拿大等国家日益否定第二承诺期的价值，"框架公约＋议定书"模式面临生死存亡的考验。③

巴厘岛会议标志着治理机制开始由"自上而下"模式转向"自下而上"模式。其间，为发达国家确立新减排目标的努力失败了，发展中国家被要求承担起更大的责任，并确立了针对发达国家的国际评估与审评（International Assessment and Review，IAR）机制和针对发展中国家的国际磋商与评估（International Consultation and Analysis，ICA）机制。因此，应对气候变化的共同责任被强化了，而区

---

① 张晓华、祁悦：《应对气候变化国际合作进程的回顾与展望（下）》，2015 年 8 月 13 日，http://www.ncsc.org.cn/yjcg/fxgc/201508/t20150813_609656.shtml，2018 年 11 月 7 日。

② 双轨制指附件一缔约方在《京都议定书》之下的进一步承诺问题特设工作组（AWG-KP）和长期合作行动特设工作组（AWG-LCA），分别就附件一国家的第二承诺期减排以及所有国家旨在履行公约的具体义务进行谈判。

③ 李威：《从〈京都议定书〉到〈巴黎协定〉：气候国际法的改革与发展》，《上海对外经贸大学学报》2016 年第 5 期。

别的责任出现了弱化。① 资金和技术转让议题面临同样的局面，虽然决定通过对清洁发展机制交易项目征收 2% 税费设立适应基金，发达国家却因此逃脱了提供额外援助的压力。② 随着发达国家的抵制以及发展中大国参与减排，京都机制在哥本哈根会议后便名存实亡了。德班会议加快了这一过程，京都机制随着"共同但有区别的责任"原则松动迅速被边缘化。③ 尤其是双轨制合并，将《京都议定书》轨道纳入单一进程进一步削弱了京都机制。④

"多哈修正案"的执行过程正式确认了京都机制的死亡。它虽然为附件一国家界定了第二承诺期的减排目标，但是直至承诺期截止时才勉强生效。日本、俄罗斯、新西兰以及美国等众多附件一国家拒绝参与，也表明第二承诺期的形式意义大于实际意义。京都机制确立的全球碳市场与清洁发展机制等安排由于重要参与者缺失而难以运行。碳市场中流通的商品是排放权，上述国家在退出京都机制后便被排除在了全球碳市场之外，但是在缺乏全球统一分配的情况下，这种商品存在无限供应的危险。未来尽管可以确立国内甚至区域性的碳市场，但在全球层面已然不可能实现了。清洁发展机制面临同样的困境，发达国家执行该机制旨在获得核证减排量（Certified Emission Reduction，CER），但是退出京都机制意味着无法将剩余排放份额与核证减排量在碳市场上交易。

（二）自主贡献模式的确立（2007—2015 年）

在京都机制被抛弃的过程中，自主贡献模式逐渐确立起来。鉴于发达国家拒绝单独作出新承诺而发展中国家拒绝作出与发达国家

---

① 谷德近：《巴厘岛路线图：共同但有区别责任的演进》，《法学》2008 年第 2 期。

② FCCC/CP/2007/6/Add. 1，《缔约方会议第十三届会议报告》，http：//cdm. ccchina. org. cn/archiver/cdmcn/UpFile/Files/ccer/CP13C. pdf，2018 年 12 月 7 日。

③ 于宏源：《试析全球气候变化谈判格局的新变化》，《现代国际关系》2012 年第 6 期。

④ 李威：《从〈京都议定书〉到〈巴黎协定〉：气候国际法的改革与发展》，《上海对外经贸大学学报》2016 年第 5 期。

同等的承诺，由各国自主确定而不是国际社会统一分配减排目标的自主贡献模式因为能够有效平衡各方诉求被广泛接受。自主贡献模式在哥本哈根会议上成为事实上的主导模式，随后经由德班平台完善，最终在《巴黎协定》中正式得到确立。

1. 酝酿阶段：从"巴厘岛路线图"到《哥本哈根协议》

双轨制谈判为寻找京都机制的替代方案提供了可能。自主贡献减排最初是发达国家为回避国际压力而采取的策略，借以表明自己坚持开展治理。澳大利亚在巴厘岛会议上重新签署后，美国作为唯一处于京都机制外的附件一国家面临着巨大压力，一度被视为气候治理的最大障碍。在此情形下，自主贡献减排成为美国应对指责的重要工具。乔治·布什（George W. Bush）总统辩解称，美国能源部的最新报告显示，在保持经济增长的情况下，美国二氧化碳排放量去年（2006 年）减少了 1.5%。在各方意识到不可能完全依照自身偏好主导"后京都时期"减排以后，自主贡献成为可接受的模式。尤其是随着在全球排放中的比重持续上升，要求其承担更大责任的呼声日益高涨，新兴大国为了应对上述压力以及出于自身发展的需要，逐渐接受了自主贡献模式。巴西、中国以及南非等发展中国家表示愿意采取可测量、可汇报与可核实的减缓气候变化的行动。①

在哥本哈根会议上，各方都不愿意由国际社会分配减排目标，但是又不想承担会议失败的责任，因而主动提出了自己的减排目标。如表 6 - 1 所示，中国提出碳排放强度到 2020 年比 2005 年下降 40%—45%。② 奥巴马宣布，美国 2020 年在 2005 年基础上减排 17%。与京都机制不同，这些目标并不存在统一的制定标准，各国可以自主确定目标大小、选择基准年份（2005 年与 1990 年）以及设置前置条件。最终，"基础四国"与美国共同起草了《哥

---

① FCCC/CP/2007/6/Add. 1，《缔约方会议第十三届会议报告》，http：//cdm. ccchina. org. cn/archiver/cdmcn/UpFile/Files/ccer/CP13C. pdf，2018 年 12 月 7 日。

② 《温家宝在气候变化会议领导人会议上的讲话（全文）》，2009 年 12 月 19 日，http：//www. gov. cn/ldhd/2009 - 12/19/content_1491149. htm，2018 年 10 月 28 日。

本哈根协议》。① 相对于京都机制下清晰和强制性的责任界定，它似乎表明谈判失败了。时任欧盟主席巴罗佐失望地表示，协议远远没有达到预期。② 然而，就制度演化而言，它标志着自主贡献模式在事实上确立。"承诺＋审评"作为典型的"自下而上"治理模式开始被国际社会接受。③ 正如有关学者指出的，如果说《京都议定书》是一个"自上而下"规定并分配全球减排目标的具有约束力的法律协议，《哥本哈根协议》则是一个"自下而上"自愿确立减排指标的政治协议。④

表 6 - 1　　　　　　　　　哥本哈根会议前主要国家的减排承诺

美国	2020 年在 2005 年基础上减排 17％，较 1990 年减排 3.5％。到 2030 年减排 41％，2050 年减排 83％。要求国会通过复杂的气候立法
欧盟	到 2020 年在 1990 年水平上减排 20％。如果其他发达国家作出类似的承诺，愿意将目标提高到 30％
日本	如果其他发达国家作出类似承诺，日本将把减排目标设定为 2020 年在 1990 年基础上减排 25％。在如何达成这一目标上尚不明确
中国	到 2020 年在 2005 年基础上降低碳强度（单位 GDP 的 CO_2 排放）40％—45％
印度	计划到 2020 年将碳排放与生产的比率比 2005 年降低 20％—25％
巴西	到 2020 年自愿减排 36％—39％，尽可能通过延缓亚马逊流域森林退化实现

资料来源："Climate Pledges Made by Major Countries", 10 December 2009, http：//www. china. org. cn/environment/Copenhagen/2009 - 12/10/content_19041921. htm, 2018/10/29。

2. 形成阶段：从《坎昆协议》到"多哈修正案"

在哥本哈根会议结束后，自主贡献模式虽然开始发挥实质性影

---

① UNFCCC, "Copenhagen Accord", 18 December 2009, https：//unfccc. int/resource/docs/2009/cop15/eng/l07. pdf.

② José Manuel Durāo Barroso, "Statement of President Barroso on the Copenhagen Climate Accord", 19 December 2009, http：//europa. eu/rapid/press-release_SPEECH - 09 - 588_en. htm.

③ 张晓华、祁悦：《预期的国家自主决定的贡献概念浅析》，2014 年 1 月 10 日，http：//www. ncsc. org. cn/yjcg/fxgc/201401/t20140110_609642. shtml, 2018 年 11 月 7 日。

④ 薄燕：《全球气候变化治理中的中美欧三边关系》，上海人民出版社 2012 年版，第 12 页。

响，但是在形式上还处于形成阶段。《坎昆协议》确认了双重减排模式的法律地位，即发达国家承诺到 2020 年减排 25%—40% 与发展中国家承担自愿减排义务，抑或是延续到 2020 年第二承诺期的"自上而下"机制与覆盖《联合国气候变化框架公约》所有缔约方的无法律约束力的自愿减排机制。① 《坎昆协议》是未来确立一个综合性、具有法律约束力的气候变化行动框架的重要步骤。② 德班平台建立后，开始探索 2020 年后的气候机制，自主贡献模式被作为重要选项。③ 2012 年，多哈会议结束了双轨制下的工作，谈判进入单轨制大大提高了谈判效率，寻求建立新法律框架的谈判进入快车道。④《多哈修正案》就《京都议定书》第二承诺期作出了详细安排，规定了附件一缔约方 2020 年以前的减排指标，总体温室气体排放量较 1990 年至少减少 18%。⑤ 但是，它很快便面临与《京都议定书》一样的局面。它在美国、日本、加拿大与俄罗斯等国家的抵制下迟迟难以生效，直至第二承诺期结束时才勉强生效。⑥ 同时，由于加拿

① 李威：《从〈京都议定书〉到〈巴黎协定〉：气候国际法的改革与发展》，《上海对外经贸大学学报》2016 年第 5 期。

② "Statements by the President of the European Commission, José Manuel Barroso, and Connie Hedegaard, European Commissioner for Climate Action on the Cancún Agreement on Climate Change", 2010 – 12 – 11, http：//europa. eu/rapid/press-release_MEMO – 10 – 673_en. htm, 2018/11/3.

③ 德班平台的两个工作组：分别讨论 2020 年后国际气候机制的相关议题与如何提高 2020 年前减缓气候变化水平的选择与途径。

④ 主要是 AWG-KP 终结了，各方此后围绕自主贡献继续谈判。李威：《从〈京都议定书〉到〈巴黎协定〉：气候国际法的改革与发展》，《上海对外经贸大学学报》2016 年第 5 期。

⑤ UNFCCC, "Doha Amendment to the Kyoto Protocol", 8 December 2012, https：//unfccc. int/files/kyoto_protocol/application/pdf/kp_doha_amendment_english. pdf.

⑥ "多哈修正案"根据《京都议定书》第 20、第 21 条生效，生效门槛是必须获得至少四分之三的《京都议定书》缔约方批准（144 个签字国）。修正案通过初期只有十几个国家签署，《巴黎协定》签署后因各国注意力集中于自主减排而被长期搁置。直至 2020 年 10 月 2 日牙买加和尼日利亚签署才迎来转机，《多哈修正案》最终于 2020 年 12 月 31 日生效，但是第二承诺期也已到期。https：//treaties. un. org/doc/Publication/MTDSG/Volume% 20II/Chapter% 20XXVII/XXVII – 7 – c. en. pdf, 2022/3/5.

大、日本与俄罗斯等国家明确拒绝参与第二承诺期，它无法约束这些国家的行动。缺乏履约期与各国抵制执行这两个现实表明，它也是象征意义大于实质意义。

3. 正式确立阶段：从"华沙机制"到《巴黎协定》

2013 年，华沙会议正式将"承诺＋审评"的自主贡献模式作为未来的减排机制，呼吁各方在 2014 年完成提交自主贡献的各项信息，以保证巴黎会议能够取得实质性成果。华沙成果对各方关切都有不同程度的涉及，尽管各方普遍对成果不满意但也都能够接受。① 2014 年，利马会议开始着手推动自主贡献模式的正式实施。此次会议的焦点集中在完成巴黎会议的各项准备工作，各方就识别"国家自主贡献"相关信息和确定后续进程、新协议谈判草案的基本要素等问题展开了讨论。② 最后，会议通过的《利马行动计划》对巴黎会议前的行动进行了系统布置。这些安排包括要求各方尽可能在巴黎会议前提交 2020 年后的自主贡献预案，并对需要提交的基本信息作出了规定；此外，会议还提出了一份协议草案，作为 2015 年谈判起草巴黎协议文案的基础。③ 在所有准备工作就绪后，各国开始向秘书处递交自己的相关信息与自主贡献目标。到 2015 年 11 月 30 日巴黎会议召开时，已有 153 个国家提交了自主贡献目标。④

基于上述准备，自主贡献模式在巴黎会议上得以正式确立。会议期间围绕条款设置的激烈争论表明，各国对任何可能带有强制性的责任感到恐惧。但是，各方关注的焦点已不再是如何进行责任分

---

① 李俊峰等：《"华沙会议"成果评述》，2013 年 12 月 12 日，http：//www. nc-sc. org. cn/yjcg/fxgc/201312/t2013 1212_609640. shtml，2018 年 11 月 7 日。

② 张晓华、祁悦：《"利马会议"成果评述》，2015 年 1 月 5 日，http：//www. ncsc. org. cn/yjcg/fxgc/201501/t2015 0105_609655. shtml，2018 年 11 月 7 日。

③ FCCC/CP/2014/10/Add. 1，"Report of the Conference of the Parties on Its Twentieth Session，" 2 February 2015，https：//unfccc. int/resource/docs/2014/cop20/eng/10a01. pdf#page＝2%22.

④ INDCs，"INDCs as Communicated by Parties"，https：//www4. unfccc. int/sites/submissions/indc/Submission%20 Pages/submissions. aspx，2018/12/6.

配，而是自己能够作出多大贡献以及期待对方作出的贡献。最终，在承认发达国家总体上承担起比发展中国家更大责任以及各方依据自身能力行动的基础上，《巴黎协定》获得签署并迅速生效。它作为各方观念平衡的产物是对哥本哈根会议以来形成的治理机制的正式确认，标志着全球气候治理制度重新走向松散。同时，它也预示着一个国际气候政治新时代的开始，提供了开展更加持久国际合作的机会。[①]

第二节　自主贡献模式下的治理进展

全球气候治理在经历了"京都时期"的十年低潮后，随着"自下而上"自主贡献模式的确立迎来了高潮。虽然各方在确定制度的具体内容时依然存在激烈争论，治理进程相较之前却出现了明显改善。尤其是一些关键性国家转变了立场，美国重新以积极的姿态回归到集体减排当中，发展中大国的减排积极性也得到了激发。同时，各方竞相提出自己的减排目标，并在执行中呈现出了竞争的趋势。各方争相树立旗帜，争取主动，积极树立良好国际形象，在国际事务中展现其软实力，国际气候谈判呈现出中国、美国和欧盟"三足鼎立"的格局。[②] 此外，各国在全球与地区层次展开密切合作，国际社会对气候变化的认识得到前所未有的提高，应对气候变化在很多国家都被主流社会所接受。[③] 这一部分，就自主贡献模式下全球气

---

① Robert Falkner, "The Paris Agreement and the New Logic of International Climate Politics," *International Affairs*, Vol. 92, No. 5, 2016, pp. 1107 – 1125.

② 庄贵阳等：《中国在全球气候治理中的角色定位与战略选择》，《世界经济与政治》2018 年第 4 期。

③ 张晓华、祁悦：《应对气候变化国际合作进程的回顾与展望（下）》，2015 年 8 月 13 日，http://www.ncsc.org.cn/yjcg/fxgc/201508/t20150813_609656.shtml，2018 年 11 月 7 日。

候治理的主要进展作出阐述。

一　主要参与方立场的转变

治理进展首先体现在各主要国家的立场转变上。依据生态脆弱性以及减排成本可以将国家分为促进者、中立者、拖后腿者和旁观者。[①] 既有研究注意到，各方立场在整个谈判进程中出现了重大转变，并对转变发生的根源进行了分析。[②] 美国重回全球集体减排并积极谋求领导者角色，发展中大国在巴厘岛会议后也由被动参与转向主动参与并积极引领治理进程。然而，相关分析的结论缺乏一般性解释能力。国内政党政治被视为美国、加拿大与日本等国家政策转变的重要根源，但是这并不能解释那些未出现明显国内政治变革的国家，如中国等。这里主要对各方的立场转变作出整体概述，下一节对其根源作出分析。

（一）发达国家立场的转变

发达国家立场的转变主要体现在两个方面：其一，它们对发展中国家参与减排以及与之相关的责任分配问题的态度出现调整。波兹南会议后，欧盟与美国、日本的立场趋向一致，都将发展中国家纳入集体减排行动作为主要目标。其二，它们对气候治理本身以及对减排目标设置、资金援助和技术转让等具体责任的态度，都表现得比以往更加积极。

首先，减排行动的变化。美国和日本等"京都时期"对减排持谨慎态度的国家调整了立场。2005 年"卡特里娜飓风"发生后，布什政府排斥全球集体减排的顽固立场开始松动，奥巴马政府上台后开始谋求使美国重新成为气候治理的引领者。美国承诺了 2020 年减

---

① Detlef Sprinz and Tapani Vaahtoranta, "The Interest-Based Explanation of International Environmental Policy," *International Organization*, Vol. 48, No. 1, 1994, pp. 77 – 105.

② 吴静等：《世界主要国家气候谈判立场演变历程及未来减排目标分析》，《气候变化研究进展》2016 年第 3 期；谢来辉：《全球环境治理"领导者"的蜕变：加拿大的案例》，《当代亚太》2012 年第 1 期。

排目标并制定了新能源发展规划，试图举全国之力构建在低碳经济领域的领袖地位。① 随后，众议院于 2009 年 6 月通过了《美国清洁能源和安全法案》，承诺到 2020 年将排放量在 2005 年的基础上减少17%，到 2030 年减少 41%，到 2050 年减少 83%。2010 年 9 月，奥巴马总统签署了《全球气候变化倡议》。② 日本出于政治考虑曾积极推动《京都议定书》生效，但是与美国一样对其严重不满。③ 在"后京都时期"谈判开始后，日本在积极抵制京都机制的同时谋求充当新机制的引领者，并为此投入了大量资源。2008 年，日本发起了"凉爽地球伙伴关系"，旨在帮助发展中国家实现减排与发展同时兼顾的气候治理政策，承诺 5 年内提供 100 亿美元资金。

其他发达国家的立场也比以往更加积极。2008 年国际金融危机是欧盟治理行动的重要转折点，领土排放在之前几年里大致稳定，但此后一直在下降。基于消费的排放量从 2000 年到金融危机前呈上升态势，但随后与地域排放量一起下降。④ 同时，一些国家开始主动要求承担起更大责任。2009 年 4 月，马耳他提交了一份关于修正《联合国气候变化框架公约》附件一的提案，要求将其增列入附件。2009 年 9 月 18 日，哈萨克斯坦提议修正《京都议定书》附件 B，将其名字包括进去，承诺较 1992 年减排 100%。此外，各国履行减排承诺的立场更加坚定。新西兰的治理进展虽然并不乐观，并且很有可能无法完成既定目标，但其表示将会对本国的排放负责，或通过

---

① 于宏源、王健：《全球气候治理和发展中国家气候谈判策略研究》，《毛泽东邓小平理论研究》2009 年第 7 期。

② The White House, "President Obama's Development Policy and the Global Climate Change Initiative", 22 September 2010, https://obamawhitehouse. archives. gov/sites/default/files/Climate_Fact_Sheet. pdf.

③ 宫笠俐：《决策模式与日本环境外交：以日本批准〈京都议定书〉为例》，《国际论坛》2011 年第 6 期。

④ Jonas Karstensen et al. , "Trends of the EU's Territorial and Consumption-Based Emissions from 1990 to 2016", *Climatic Change*, Vol. 151, No. 2, 2018, pp. 131 – 142.

国际市场来履约。①

其次，资金和技术转让。作为"京都时期"谈判的焦点，发达国家此前一直拒绝作出明确承诺。然而，它们在《哥本哈根协议》中承诺 2010—2012 年为发展中国家提供 300 亿美元"快速启动基金"（Fast-start Finance，FSF），到 2020 年每年提供 1000 亿美元。②随后，它们基本兑现了承诺（至少在数额上如此），尽管绝大多数资金实际上来源于原有的官方发展援助。③ 适应基金出现了类似进展，作为帮助发展中国家建立适应能力的专项基金此前从未落实。华沙会议期间，发达国家在发展中国家推动下承诺为适应基金注入 1 亿美元。到利马会议前，该项基金首次超过 100 亿美元。与多边气候援助相比，双边援助的规模更加庞大且发展更为迅速，成为国际气候合作的主要资金来源。

（二）发展中国家立场的转变

与此前抵制承担减排责任不同，以"基础四国"为代表的发展中大国开始积极参与和引领治理。2007 年，中国政府制定的《应对气候变化国家方案》是发展中国家颁布的首部应对气候变化的国家方案。④ 中国在国务院成立了国家应对气候变化及节能减排工作领导小组，由国务院总理任组长，成员包括各主要部门的首长。2009 年 9 月 22 日，时任国家主席胡锦涛在联合国气候变化峰会上承诺，中国将以 2020 年为期加强节能、提高能效工作，大力发展可再生能源和核能，增加森林碳汇，大力发展绿色经济、低碳经济和

① 张晓华、祁悦：《"利马会议"成果评述》，2015 年 1 月 5 日，http：//www. ncsc. org. cn/yjcg/fxgc/201501/t2015 0105_609655. shtml，2018 年 11 月 7 日。

② UNFCCC，"Copenhagen Accord"，18 December 2009，https：//unfccc. int/re-source/docs/2009/cop15/eng/l07. pdf.

③ 秦海波等：《美国、德国、日本气候援助比较研究及其对中国南南气候合作的借鉴》，《中国软科学》2015 年第 2 期。

④ 中国国家发展改革委组织编制：《中国应对气候变化国家方案》，2007 年 6 月 4 日，https：//www. fmprc. gov. cn/ce/ceun/chn/zgylhg/jsyfz/kccfz/t326968. htm，2018 年 10 月 29 日。

循环经济。① 华沙会议前，中国发布了《国家适应气候变化战略》，就适应气候变化作出了总体部署，包括指导思想和原则、目标、重点任务、区域格局和保障措施等。② 巴黎会议前，中国向公约秘书处提交了第一次国家自主贡献文件。此后，中国不仅提出了力争2030年前碳达峰等目标，还积极提供资金和技术帮助其他发展中国家减排。

其他新兴大国也出现了类似转变。南非自2004年发布《南非气候变化应对战略》以后，日益积极地采取治理行动，在哥本哈根会议期间提出了比基准排放减少34%的目标。③ 印度曾长期被国际社会视为气候治理中最顽固的国家，此前一直坚持以人均排放和历史排放作为严格划分减排责任的标准，恪守减排不能影响发展的理念。④ 然而，印度自2007年开始不但建立了由总理主持的气候变化咨询委员会作为最高决策机构，还制定了《气候变化国家行动方案》。同样，2008年9月，巴西公布了国家气候变化计划，首次在减少毁林方面作出承诺，提出到2020年将亚马孙地区年毁林率减少80%。总体来看，发展中国家的参与愿意明显增强了，在许多方面表现的甚至比发达国家更加积极。

二　主要行为体的治理行动

与"京都时期"相比，全球各方在这一时期都采取了更加积极的行动。几乎所有国家都提交了自主贡献目标，并且多数国家随后

---

① 胡锦涛：《携手应对气候变化挑战——在联合国气候变化峰会开幕式上的讲话》，2009年9月22日，http：//www. gov. cn/ldhd/2009 - 09/23/content_1423825. htm，2018年10月28日。

② 《国家适应气候变化战略》，2013年11月，http：//www. ncsc. org. cn/zt/lhgqh-bhdh_hs/xwbd_865/2013 11/W020180920487492083366. pdf，2018年11月7日。

③ UNFCCC, "Appendix II-National Appropriate Mitigation Actions of Developing Country Parties", February 2010, http：//unfccc. int/home/items/5265. php.

④ 王润等：《"来印度制造"下的印度能源与气候政策述评》，《气候变化研究进展》2017年第4期。

更新了目标。① 美国、日本与俄罗斯等拒绝参加京都机制的发达国家不但主动提出了减排目标，还采取了一系列执行举措。新兴大国也积极充当治理的引领者，与发达国家形成了一种竞争履约的态势。以城市为代表的次国家行为体成为重要的参与者，在督促国家加快行动的同时，也表现出了独立参与治理的能力。

（一）国家的治理行动

与"京都时期"只有欧盟等少数国家积极减排不同，这一时期出现了全球行动的态势。中国等国家尽管宣称自己的行为和承诺是自愿行为，不接受国际标准的监督和不具有法律约束力，但是在具体行动上与其他国家存在一致性。在明确提出减排目标的同时，通过制度建设等方式确保目标的实现。

各国的治理行动集中在三个方面：首先，确立了明确的行动目标。自哥本哈根会议之后，几乎所有国家都提出了减排目标。美国在《中美气候变化联合声明》（2014）中提出 2025 年较 2005 年减排 26%—28%，中国提出 2030 年单位 GDP 排放强度比 2005 年下降 60%—65%，印度提出 2030 年单位 GDP 排放强度比 2005 年下降 33%—35%。② 巴西在《国家气候变化法》（2009）中提出，2020 年将温室气体排放量在现有水平上减少 36.1%—38.9%，其中 2012 年较 2005 年下降超 41%。③ 其次，制订了系统的执行计划。2007 年，中国颁布的《应对气候变化国家方案》明确了到 2010 年应对气候变化的具体目标、基本原则、重点领域及其政策措施；2013 年，中国出台的《国家适应气候变化战略》为 2020 年前统筹协调开展气候适应工作提供指导。2013 年，美国发布的《总统气候行动计划》就电力、矿物能源改造、太阳能和风能项目等作出规划，重申 2020 年减

---

① UNFCCC，"Nationally Determined Contributions（NDCs）"，https：//unfccc. int/process/the-paris-agreement/nationally-determined-contributions/ndc-registry，2018/12/6.

② 肖楠：《印度公布减排计划》，《能源研究与利用》2015 年第 6 期。

③ 何露杨：《巴西气候变化政策及其谈判立场的解读与评价》，《拉丁美洲研究》2016 年第 2 期。

排 17% 的承诺。[①] 2008 年，日本通过的《推进地球暖化对策法》修正案为制定后京都时期的气候治理政策奠定了基础。印度发布了涵盖加强太阳能利用与提高能效等计划的《气候变化国家行动方案》（2008）。最后，构建了一系列具体行动机制。2008 年，日本开始积极在国内推行碳排放交易制度；"领跑者"制度，即同类商品中能耗最低；"节能标签推广制度"等。2017 年 12 月，中国的全国碳排放交易体系正式启动，并以发电行业为突破口分阶段展开建设。[②] 同时，中国自 2006 年以来先后三次发布《气候变化国家评估报告》，以此来推动国内的减排行动。[③]

（二）非国家行为体的治理行动

气候治理的这一时期呈现出多层次、多利益攸关方参与的特征，非国家行为体（城市与省/州级地方政府等）成为重要参与者。[④] 全球有 8 亿人生活在 9266 个城市，占全球总人口的 10.51%，虽然城市仅占土地的 2%，但能源消耗与温室气体排放量分别占到全球 60% 与 70%—80%。因此，城市作为能源消费集中区域在气候治理中扮演关键角色，气候治理很大程度上取决于城市治理。[⑤] 同时，城市既是国家行动计划的主要执行者，其独立参与治理的能力还能够对国家行动起到补充、替代与推动作用。然而，此前国际气候变化框架内的大多数机制都侧重于国家政府的作用，如京都机制主要关

① 王田、李依风、李怡棉：《奥巴马气候新政各方反应》，2013 年 7 月 2 日，http：//www. ncsc. org. cn/yjcg/fxgc/201307/t20130702_609631. shtml，2018 年 11 月 7 日。

② 《全国碳排放交易体系启动》，2017 年 12 月 19 日，http：//www. gov. cn/xin-wen/2017 - 12/19/content_5248641. htm，2018 年 10 月 28 日。

③ 2022 年 4 月 15 日，第四次评估报告的特别报告——《中国碳捕集利用与封存技术评估报告》发布。

④ OECD, "Cities and Climate Change", 2010, https：//doi. org/10. 1787/9789264091375 - en, 2018/12/6.

⑤ Schreurs M. A, "Multi-level Governance and Global Climate Change in East Asia," *Asian Economic Policy Review*, Vol. 5, No. 1, 2010, pp. 88 - 105.

注国家行动。①

　　进入"后京都时期"，地方政府和城市等成为重要的治理主体。2007 年，城市和地方政府联盟成立，成为最大的地方和地区政府网络。② 在其组织下，世界市长气候峰会（World Mayors Summit on Climate，WMSC）于 2010 年召开，来自全球的城市代表协商并签署了《全球城市气候公约》，发出了城市在应对气候变化斗争中具有战略重要性的明确信息。另一个重要组织——C40 起源于 2005 年伦敦市长肯·利文斯通（Ken Livingstone）召集全球 18 个特大城市代表就减排开展合作，次年又邀请克林顿气候倡议（Clinton Climate Initiative，CCI）作为其合作伙伴，网络发展至 40 个城市。此后，更多的城市参与进来。截至 2022 年 4 月，他已经联合了全球 96 个最大城市，囊括了全球 7 亿多公民以及超过 25% 的经济，工作的重点是在地方层面落实《巴黎协定》提出的最雄心勃勃的目标（1.5℃温控目标）。到 2021 年 11 月，全球已有 1000 多个城市加入了"零排放竞赛"，以提高气候雄心并让世界走上在未来十年内排放量减半的轨道——这是缔约方会议上作出的最大的地方性承诺。③

　　除了建立上述组织，他们在制定行动规则上也取得了重要进展。得益于欧盟在气候治理中的积极角色，2008 年，"市长公约"（Covenant of Mayors）在欧洲启动，旨在召集当地政府自愿实现和超越欧盟的气候和能源目标。随后，由时任联合国秘书长潘基文等发起的"市长契约"（Compact of Mayors）在 2014 年联合国气候峰会上启动，成

---

① OECD, "Cities and Climate Change: Policy Perspectives, National Governments Enabling Local Action", 2014, https://www. oecd. org/env/cc/Cities-and-climate-change-2014-Policy-Perspectives-Final-web. pdf.

② 城市和地方政府联盟旨在通过地方政府间的合作，在更广泛的国际社会中，成为民主地方自治的统一声音和世界倡导者，促进其价值，目标和利益。UCLG, "Why Local and Regional Governments are Key Players", https://www. uclg. org/en/issues/climate-change, 2018/12/15.

③ C40, "C40 Cities Annual Report 2021", https://www. c40. org/wp-content/uploads/2022/03/C40_annual_report_2021_V10. pdf, 2022/4/14.

为应对气候变化的最大的城市倡议。2016 年 6 月 22 日，"市长契约"和"市长公约"合并为"气候与能源市长全球公约"（Global Covenant of Mayors for Climate and Energy）。[①] 它要求签署方大幅减少温室气体排放，向公众开放目标和计划，并提供年度进展报告。

三　"南北"与"南南"气候合作

气候治理合作在这一时期取得了突破性进展，合作的深度和广度都超越了此前的任何时期。在地区层面，出现了大量多边环境协定，它们相互交叉，影响了整体治理进程。在全球层面，出现了一系列关注具体问题的组织和机制，如 2009 年成立的旨在向成员国提供可再生能源政策信息并促进相关合作的国际可再生能源机构等。与上述总体层次的合作进展相比，不同发展程度的国家间出现的"南北合作"与"南南合作"尤为显著。

（一）"南北合作"步入实质性阶段

发达国家在"京都时期"对与发展中国家的合作持谨慎态度，京都机制被废弃后"南北合作"反而取得了显著进展。2007—2008年，美国、德国以及日本等国家的气候政策相继出现调整，开始重视气候外交以提高本国在气候谈判中的影响力，并提高了气候援助的规模。[②] 这一时期的"南北合作"主要存在两种形式：其一，以"海利根达姆—拉奎拉进程"为代表的集团性合作。2007 年，八国集团峰会启动了"海利根达姆进程"。[③] 此后，八国集团成员与主要

---

① Global Covenant of Mayors for Climate and Energy, "History of the Global Covenant", https：//www. global covenantofmayors. org/about/history-compact-of-mayors/，2018/11/6.

② 秦海波等：《美国、德国、日本气候援助比较研究及其对中国南南气候合作的借鉴》，《中国软科学》2015 年第 2 期。

③ 八国集团首脑与中国、印度、巴西、南非、墨西哥五个发展中国家领导人一致同意德国提出的加强与新兴发展中国家合作的倡议，这次会议也被有关学者称为"G8 + 5"峰会，是发达国家与新兴国家合作治理的重要尝试。Andrew F. Cooper and Agata Antkiewicz eds. , *Emerging Powers in Global Governance*：*Lessons from the Heiligendamm Process*, Waterloo：Wilfrid Laurier University Press，2008.

发展中国家展开密切合作。以中国为例，第十次中欧领导人峰会决定加强双边技术开发与转让等方面的合作，中国获得了 5 亿欧元项目贷款。随后，双边合作不断深化并签署了一系列合作协议，包括《中欧清洁能源中心联合声明》（2009）、《中欧气候变化联合声明》（2015）、《中欧能源合作路线图》（2016）与《中欧领导人气候变化和清洁能源联合声明》（2018）等。[①] 中国与美国虽然在安全与经济等领域出现明显竞争，但是在气候领域保持了密切合作。此外，中国与加拿大在气候变化和清洁增长方面建立了部长级对话。[②]

其二，围绕援助展开的双边合作。美国、德国与日本是发达国家中提供气候援助最多的三个国家，2010—2012 年共计提供约 380亿美元。[③] 日本是经济合作与发展组织的发展援助委员会（Development Assistance Committee，DAC）成员国中气候援助占比最高的，即使是最低的 2006 年也占到官方发展援助的 12.5%，2009 年以后一直维持在 50% 以上，2010 年更是达到 70.5%。[④] 2008—2012 年，日本发起的"清凉地球伙伴"提供资金约 170 亿美元，共在 110 个国家资助了 986 个项目。[⑤] 发达国家注重区分减缓援助和适应援助，并且减缓援助比重远超适应援助，如德国和日本两国的气候援助都有七成投向了减缓领域。[⑥] 这直接增强了各方对减排重要性的认识，

①　《历次中国—欧盟领导人会晤（中欧领导人会晤）》，2015 年 6 月 28 日，ht-tp：//politics. people. com. cn/n/2015/0628/c1001 - 27219372. html，2018 年 11 月 6 日。

②　《中国—加拿大气候变化和清洁增长联合声明》，2017 年 12 月 4 日，http：//qhs. ndrc. gov. cn/gwdt/201712/t20171204_869540. html，2018 年 10 月 29 日。

③　秦海波等：《美国、德国、日本气候援助比较研究及其对中国南南气候合作的借鉴》，《中国软科学》2015 年第 2 期。

④　Delegation of Japan in UNFCCC, "Japan's Fast-Start Finance for Developing Countries up to Dec, 2012", http：//www. unfccc. int, 2018/12/6.

⑤　Ministry of Foreign Affairs of Japan, "Japan's Fast-Start Finance for Developing Countries up to 2012", 2013, http：//www. mofa. go. jp/policy/environment/warm/cop/pdfs/assistance-to-2012_en. pdf.

⑥　秦海波等：《美国、德国、日本气候援助比较研究及其对中国南南气候合作的借鉴》，《中国软科学》2015 年第 2 期。

相对弱化了对适应气候变化的关注。此外，他们将气候援助与谈判挂钩，将资金与技术援助作为谈判筹码，迫使受援助国家提高减排透明度以及支持他们对发展中大国实施强制减排的主张等。[①]

（二）"南南合作"迅速兴起

京都机制将发展中国家减排与发达国家援助绑定在一起，由于发达国家拒绝承担相关责任，发展中国家的参与实际上被迟滞了。进入"后京都时期"，发展中国家开始谋求通过彼此合作来增强应对能力，"南南合作"呈现出了强劲的发展势头。其中，发展中大国间的合作尤为显著。金砖国家（BRICS）是新兴大国合作的重要平台，2015 年第一届金砖国家环境部长会议召开，决定建立一个分享环境无害化技术的平台。随后，金砖国家逐渐构建起了以绿色金融为支撑，能源结构转型为导向，新能源与环境合作为途径的气候合作机制。[②] 同时，金砖国家在双边层面的合作同样显著。2009 年，《中印关于应对气候变化合作的协定》签署，两国将进行气候变化以及与能源相关的技术合作，建立部长级磋商机制和中印气候变化工作组。另外，发展中大国承担起了发达国家推卸掉的部分责任——援助弱小国家。2011—2018 年，中国累计提供了7 亿元人民币帮助其他发展中国家应对气候变化。[③] 中国不但直接向小岛屿国家与最不发达国家提供资金援助，还积极帮助它们进行人才培养。

中国在气候治理初期（1991—2000 年）主要关注"南北合作"，进入第二阶段（2001—2009 年）以后才尝试开展"南南合作"，并

---

① 刘硕等：《中国气候变化南南合作对〈巴黎协定〉后适应谈判的影响》，《气候变化研究进展》2018 年第 2 期。

② 左品、蒋平：《金砖国家参与全球气候治理的动因及合作机制分析》，《国际观察》2017 年第 4 期。

③ 陈溯、彭大伟：《解振华：中国累计安排 7 亿元帮助其他发展中国家应对气候变化》，《中国新闻网》2018 年 12 月 13 日，http://www.ccchina.org.cn/Detail.aspx? newsId＝71202&TId＝251，2019 年 2 月 5 日。

在第三阶段（2010 年以后）步入快速发展期。① 2007 年，中国在
"G8 + 5"峰会上首次承诺向小岛屿发展中国家提供气候援助。此
后，援助的规模不断扩大。2014 年 9 月，张高丽在联合国气候峰会
上宣布，从 2015 年开始中国将每年用于"南南合作"的资金翻一
番，并提供 600 万美元支持应对气候变化"南南合作"。2015 年 9
月，习近平主席宣布建立 200 亿元人民币的"中国气候变化'南南
合作'基金"。同年底，中国承诺从 2016 年启动"十百千"项目，
即在发展中国家建立 10 个低碳示范区，100 个减缓和适应气候变化
项目及 1000 个应对气候变化培训名额的合作项目。中国的气候"南
南合作"侧重于两个方面。其一，向最为脆弱的小岛屿国家和最不
发达国家提供帮助。在 2012 年联合国可持续发展大会上，中国承诺
每年向最不发达国家和小岛屿国家提供 1000 万美元援助，重点支持
南太平洋岛国。② 2017 年，中国—小岛屿国家部长会议通过《平潭
宣言》，着手构建"蓝色伙伴关系"。③ 其二，与周边以及"一带一
路"共建国家开展合作。气候问题是中国与东盟合作的重点议题，
清洁能源合作也在积极展开。④ 2017 年，习近平在首届"一带一路"
国际合作高峰论坛上倡议设立了"一带一路"绿色发展国际联盟。

　　上述分析表明，这一时期的治理相较于"京都时期"出现了显
著增强。原先对治理持消极态度的美国和日本等伞形国家不仅重新
被纳入了全球行动当中，还扮演起了积极引领的角色，以"基础四

---

① 冯存万：《"南南合作"框架下的中国气候援助》，《国际展望》2015 年第
1 期。

② 刘硕等：《中国气候变化南南合作对〈巴黎协定〉后适应谈判的影响》，《气
候变化研究进展》2018 年第 2 期。

③ 《平潭宣言》，2017 年 9 月 21 日，http：//www.soa.gov.cn/xw/hyyw_90/
201709/t20170921_58027.html，2018 年 12 月 19 日。

④ 钟旖：《专家：中国与东盟清洁能源合作前景可期》，《中国新闻网》2018 年 6
月 27 日，http：//www.nea.gov.cn/2018 - 06/27/c_137284341.htm，2018 年 12 月 19
日；龚微、贺惟君：《基于国家自主贡献的中国与东盟国家气候合作》，《东南亚纵横》
2018 年第 5 期。

国"为代表的发展中大国也积极尝试引领治理进程。总体上，各方纷纷提出行动目标和执行计划，呈现出了竞相履约的态势。治理进展更直观地体现在，中国与欧盟等国家通过积极行动提前实现了减排承诺。2017 年，中国的碳强度比 2005 年下降约 46%，超过了 2020 年碳强度下降 40%—45% 的目标。[①] 在此基础上，中国和欧盟在国际社会上掀起了更新自主贡献目标的浪潮。同时，非国家行为体也成为重要的治理主体，极大地促进了总体治理进程。基于上述努力，气候变化的总体趋势有所放缓，如处于关键地位的能源和工业二氧化碳排放在 2014—2017 年保持稳定等。[②] 那么，为何在制度出现明显弱化的情况下，气候治理反而呈现出了增强的态势呢？下一部分将对弱制度与强治理的具体因果机制展开分析。

第三节 "后京都时期"的治理路径

相对于"京都时期"的治理僵局，随着自主贡献模式在哥本哈根会议前后成为主导性机制，治理迎来了高潮。那么，这些治理进展是如何取得的呢？上一章的分析表明，制度强化引发的责任分配问题导致治理陷入了困境，强制度在协调权力均衡且偏好迥异的各国行动方面能力有限。相反，自主贡献模式通过调整制度设计淡化了责任分配问题，在承认多元偏好与赋予各国更大自主性的基础上，调动了各方的积极性。[③] 它通过承认各方偏好将责任分配的分歧转化

---

① 中华人民共和国生态环境部：《中国应对气候变化的政策与行动 2018 年度报告》，2018 年 11 月，http：//hbj. als. gov. cn/hjgw/201812/W020181205332113744636. pdf，2018 年 12 月 19 日。

② BP：《BP 世界能源统计年鉴》2018 版，2018 年 7 月 30 日，https：//www. bp. com/content/dam/bp/country-sites/zh_cn/china/home/reports/statistical-review-of-world-energy/2018/2018srbook. pdf，2022 年 5 月 27 日。

③ Robert Falkner, "The Paris Agreement and the New Logic of International Climate Politics," *International Affairs*, Vol. 92, No. 5, 2016, pp. 1107 – 1125.

为督促彼此行动的相互施压机制。同时，它在实现利益—责任均衡的同时提供了一项重要收益——额外声誉——激励各国行动。事实上，罗伯特·基欧汉等学者一直在思考如何设计政策和制度才能创造出有效的激励机制。① 总体上，气候治理呈现出了动态增强的态势，减排要求的降低确保了减排的开始，各方的治理预期伴随着议题压力与声誉竞争迅速提升，治理呈现出加速态势。

一　自主贡献模式的属性与能力

自主贡献模式在责任界定的清晰性和强制性方面都明显降低，但却由此获得了显著的灵活性、适应性与包容性。"贡献"一词的使用意味着各国的行动具有更强的自愿性质，"自上而下"以目标驱动的方式界定各国责任更符合环境完整性的要求，但是"自下而上"从国家角度确定各自的责任则更为务实和灵活。② 基于上述属性，他拥有了一系列重要能力。就归纳意义而言，这些属性和能力为气候治理走出困境以及实现强治理提供了可能。

（一）三个属性：灵活性、适应性与包容性

自主贡献模式通过在制度设置上的弱化获得了灵活性、适应性和包容性。这些属性对于协调存在显著分歧的各方行动具有重要意义，不但将几乎所有国家纳入了行动框架，还调动了它们治理的积极性。

首先，灵活性。与京都机制明确分配减排责任不同，自主贡献模式在减排目标和行动方案等设定上充满了模糊性，各国因此可以对其作出多种解释，并依据自身的能力和利益确定减排目标和计划。例如，与《京都议定书》附件 A 统一严格规定六种温室气体的范围

---

① ［美］罗伯特·基欧汉：《气候变化的全球政治学：对政治科学的挑战》，《国外理论动态》2016 年第 3 期。

② 张晓华、祁悦：《预期的国家自主决定的贡献概念浅析》，2014 年 1 月 10 日，http：//www.ncsc.org.cn/yjcg/fxgc/201401/t20140110_609642.shtml，2018 年 11 月 7 日。

不同，几乎所有国家的自主贡献都包括二氧化碳排放量，大部分包括了甲醛（CH_4）和一氧化二氮（N_2O）排放量，很多包括了全氟化碳（PFC），有不到40%的自主贡献包含了六氟化硫（SF_6）和三氟化氮（NF_3）这几种气体；在开始时间和执行期上，大多数国家计划执行期从2021年1月一直持续到2030年，但也有少部分国家计划从2020年或2022年开始，到2025年、2035年或2040年甚至2050年结束。[①] 由于可以提出相对保守的目标，各国对减排的恐惧得到缓解。同时，各国可以据此制订更具可操作性的减排方案，以尽可能降低国内阻力——主要来自能源、汽车与钢铁等传统工业部门。在与他国合作时，各国可以灵活选择成本更低或者能够带来特定收益的合作方式。发达国家基于政治影响和资金控制等考虑，更青睐于双边援助而非多边援助，更倾向于依靠碳市场和私人资金而非通过国家直接赠予。[②] 2008—2012年，日本发起的"清凉地球伙伴"提供约170亿美元资金，在110个国家资助了986个项目，其中减缓资金137亿美元，适应资金12.9亿美元。[③]

其次，适应性。基于减排安排上的灵活性，它能够通过调整制度解释来有效应对环境变化带来的挑战。具体而言，它为属性不同的各国开展合作提供了广泛空间。京都机制因其相关界定而主要适用于协调发达国家的行动，发展中国家则被排除在外。相反，属性不同的各国都可以参与自主贡献模式下的治理行动。同时，自主贡献模式为存在多元利益诉求的地区内和地区间合作提供了框架。通过调整制度解释，不同属性的地区各国都积极参与到减排当中。通

① UNFCCC, "Nationally Determined Contributions Synthesis Report", 30 July 2021, https：//unfccc. int/documents/306848.

② 秦海波等：《美国、德国、日本气候援助比较研究及其对中国南南气候合作的借鉴》，《中国软科学》2015年第2期。

③ Ministry of Foreign Affairs of Japan, "Japan's Fast-Start Finance for Developing Countries up to 2012", 2013, http：//www. mofa. go. jp/policy/environment/warm/cop/pdfs/assistance-to-2012_en. pdf.

过在地区层次展开进一步协商，各国建立了更契合本地区特征的减排安排，这些安排增强而非削弱了总体制度。此外，由于各国的减排目标和计划可以随着时间不断更新，国际社会不需要为了强化减排行动而建立起新的制度框架。

最后，包容性。在自主贡献模式下，各国都能找到支持自身偏好的依据，并且可以通过作出有限减排承诺成为治理主体之一。《巴黎协定》在不到一年时间里跨过了《京都议定书》为之耗时八年的两个生效“门槛”。[①]《京都议定书》签署后的最初 4 年里只收到了 46 份签署书，美国退出后导致其生效变得异常困难。相反，几乎所有国家都迅速了签署《巴黎协定》，2016 年 11 月 4 日生效后，同月 9 日就已经有 103 个缔约方批准或加入，占到了全球温室气体排放量的 73.38%。[②] 它通过尽可能将所有国家纳入减排框架，获得了显著的合法性。迄今为止，已有 193 个缔约方批准，即使像美国这样的大国宣布退出也不会危及他的合法性和有效性。[③] 它通过承认和鼓励所有可采取的治理行动——哪怕贡献十分有限，调动了各国的积极性并最大限度地整合了治理资源。

（二）　自主贡献模式的重要能力

除了上述三个独特属性之外，自主贡献模式在促进各国行动方面还具有一系列重要能力或优势。正是基于这些能力和优势，自主贡献模式才能够促成众多在京都机制下不可能出现的治理行动和进展。

首先，它为各国提供了一种责任界定模糊的治理者身份。传统研究认为，身份是与责任联系在一起的，只有承担起了某种责任才

---

① 两个门槛：加入的缔约方数量达到 55 个；排放量达到总排放量 55%（在《京都议定书》中依据附件一国家第一次国家信息通报的数量，在《巴黎协定》中依据协议通过后的最新通报数量确定）。《巴黎协定》2015 年签署，2016 年 11 月 4 日生效。《京都议定书》1997 年签署，2005 年 2 月 16 日生效。

② World Resources Institute, “Paris Agreement Tracker”, 9 November 2016, http：//www. wri. org/faqs-about-how-paris-agreement-enters-force.

③ UNFCCC, “Paris Agreement-Status of Ratification”, https：//unfccc. int/process/the-paris-agreement/status-of-ratification, 2022/4/14.

能获得相应身份。因此，提高获得相关身份的难度成为选择性激励的重要手段。确保制度有效性的一个重要条件是为行为体"进入/逃离"制度设置代价。[①] 成功的国际合作是较为合理地设计了门槛机制，从而通过价格歧视建立起合作的动机。[②] 在京都机制下，一国若想成为治理的参与者和领导者，必须承担起被赋予的强制减排与其他责任。在自主贡献模式下，各国获取相关身份仅需承担自主界定的责任，这种身份主要依托成员的广泛性来增强自身的构成性作用。同时，由于各国的责任是可以调整的，在相关机制作用下存在不断提高的可能。

其次，赋予了各国充足的利益调适空间。由于减排目标和规则可以作出灵活解释，各国能够在内部和外部展开利益调适。在内部针对减排与发展以及减排与观众成本方面，各国可以在对自身发展影响最低的程度上确定减排目标，可以在最大限度地避免国内障碍的情况下确定减排目标和计划。概言之，各国能够选择与自身国情最契合的方式参与治理，最大限度地降低治理阻力和提高治理效率。相关研究显示，公民对于气候政策的支付意愿（Willingness To Pay，WTP）远低于支持意愿（Willingness To Support，WTS）。[③] 各国依据本国能力提出有限的目标，可以有效缓解公众对治理成本的担忧，通过逐步扩大治理力度，避免激进政策造成的反弹。在外部针对各国存在的不同利益关切方面，它们可以选择能够充分兼顾双方利益的具体合作方式，并发挥各自在不同领域里的优势。对于《巴黎协定》第 6 条，几乎所有国家都表示计划或可能使用至少一种自愿合

---

① B. Peter Rosendorff and Helen V. Milner, "The Optimal Design of International Trade Institutions: Uncertainty and Escape," *International Organization*, Vol. 55, No. 4, 2001, pp. 829 – 857.

② 庞珣：《国际公共产品中集体行动困境的克服》，《世界经济与政治》2012 年第 7 期。

③ Zorzeta Bakaki, Thomas Bernauer, "Citizens Show Strong Support for Climate Policy, But are They also Willing to Pay?" *Climatic Change*, Vol. 145, No. 1 – 2, 2017, pp. 15 – 26.

作，一些缔约方对利用自愿合作实现其缓解目标设定了质量限制。

再次，为非国家行为体参与治理提供了机会。由于不再将国家视为唯一的减排主体，非国家行为体可以提出自己的行动目标和计划，并与国家的减排展开竞争和施压。C40 以 1.5℃温控目标为依据开展城市减排合作，这对各国设定减排目标构成了压力。有关学者因此呼吁，放弃为国家设置无法实现的目标，转向为跨国公司设定需要遵守指导。① 由于减排的规则和责任不明确，当各国都对减排规则展开利己性解释时，非国家行为体实际上承担起了减排规则的权威"解释者"、纠纷的"仲裁者"以及各国行动的"监督者"等角色。它们依据自己对减排形势的解读，为各国提出具有雄心的减排目标并敦促接受。同时，它们利用自身的优势监督各国减排，包括赞扬减排积极的国家和羞辱行动迟缓的国家。例如，气候行动追踪组织依据自己的评级系统（CAT rating methodology）从"政府的目标和行动""本国目标""公平份额目标"和"气候融资"等方面对各国行动进行评估，以监督其符合《巴黎协定》的温度限制。② 当一个国家试图通过参与治理建立良好形象时，非国家行为体将对其产生重要影响。

最后，提供了获取额外声誉的可能。由于不存在统一、明确的减排标准，声誉无法通过长期践行某一标准获得，但是也因此变成了可以不断提升的变量。各国已有的治理行动以及与其属性类似国家的治理行动成为国际社会评估其后续行动的依据，在已有行动的基础上开展更加积极的尝试将带来声誉的增加，行动后退则会导致声誉受损。中国曾坚称在达到中等发达国家水平之前不可能承担减排任务，但是在 2007 年以后不断增强气候行动并主动与美国等大国

---

① Jerry Patchell and Roger Hayter, "How Big Business Can Save the Climate: Multinational Corporations Can Succeed Where Governments Have Failed," *Foreign Affairs*, Vol. 92, No. 5, 2013, pp. 17–22.

② CAT, "CAT rating methodology", https://climateactiontracker.org/methodology/cat-rating-methodology/, 2022/3/23.

协调引领治理，尤其是近期宣布不再新建海外燃煤电厂获得了国际社会的高度赞扬和肯定。① 基于以往的表现，美国在"后京都时期"谈判中的积极参与赢得了国际社会的广泛赞赏。奥巴马政府通过提出具体减排目标以及积极协调各方行动，使得美国到巴黎会议召开时再度成为"绿色领袖"。②

此外，自主贡献模式使得集团化治理成为可能。一方面，它推动了属性类似的各国之间的合作。有学者指出，同一性与多样性的矛盾使得有必要在特定国家之间展开小范围合作以提升全球气候治理的效率，如金砖国家。③ 另一方面，它为存在明显属性差异的地区内各国提供了对话框架，它们可以通过进一步协商确立更清晰、更契合本地区特征的规则体系。

二　自主贡献模式的遵约机制

在自主贡献模式下，各国总体上呈现出了有限履约的特征。各国都没有按照自身最优偏好行动，发展中国家没有坚持"发展中国家没有减排责任"主张，而是承担起了一定责任，发达国家也并未坚持"共同责任"主张，而是承认了发展中国家的特殊性。同时，各国都拒绝完全依照对方偏好行动。发展中国家拒绝承担与发达国家同等的减排责任，发达国家在技术和资金问题上也主要依照自身偏好开展。鉴于归纳分析存在的局限，自主贡献模式的属性和能力只是为各国参与减排提供了可能，要想明确各国为什么会积极参与以及为什么会呈现出有限履约的状态，还需要借助演绎方法对遵约

---

① David Stanway, "China's Overseas Coal Power Retreat Could Wipe Out $50 Billion of Investment", 22 September 2021, https：//economictimes. indiatimes. com/news/international/business/chinas-overseas-coal-power-retreat-could-wipe-out-50-billion-of-investment/articleshow/86421094. cms.

② 王田、李依风、李怡棉：《奥巴马气候新政各方反应》，2013 年 7 月 2 日，http：//www. ncsc. org. cn/yjcg/fxgc/201307/t20130702_609631. shtml，2018 年 11 月 7 日。

③ 康晓：《金砖国家气候合作：动力与机制》，《国际论坛》2015 年第 2 期。

机制展开进一步分析。

（一）多元适当性

在自主贡献模式下，减排承诺是由国家自愿提出的，体现的是"适当性逻辑"，即各国对减排规则感到满意，认为按照要求采取一定行动是正确的。这一局面主要是各国通过兼顾多元偏好实现的。如前文所述，发展问题是各国减排的核心顾虑，各国因为责任分配关系到未来发展而提出了不同的治理方案，并围绕谁的方案应该被接受展开了激烈竞争。然而，各国的注意力只有在解决责任分配争论之后才会转移到具体行动上。同时，无论是哪一方案胜出，治理主体都会分裂为支持者和不满者两个阵营，不满者的抵制将导致治理陷入僵局。鉴于此，自主贡献模式并没有像京都机制那样选择某一方案来指导集体行动，而是通过对减排目标的模糊化处理以及引入"共同责任"与"责任差异"等相互冲突的原则淡化了责任分配问题，实现了对各国的兼顾。各方都可以通过对制度的利己性解释，为自身核心利益辩护，评判他国行动，以及根据自身国情灵活确定减排的目标与方式。由此，自主贡献模式绕过了治理的最大障碍。①

在自身利益得到充分兼顾的基础上，各国参与治理的积极性被充分调动了起来。各国主观上普遍认为制度是合法的，采取一些力所能及的行动是正确的。无论是欧盟与美国等伞形国家还是广大发展中国家，都将《巴黎协定》视为必须长期坚持贯彻的全球行动方案。各国在不影响发展的情况下主动提出减排承诺，并积极寻找低成本甚至能够获益的方式履约。在评估各援助形式后，发达国家着重开展有益于扩展自身影响的双边援助与提供减缓资金。在地区层次上，欧盟与东盟基于本地区特征采取了不同的区域减排方式。②

---

① Robert Falkner, "The Paris Agreement and the New Logic of International Climate Politics," *International Affairs*, Vol. 92, No. 5, 2016, pp. 1107 – 1125.

② 龚微、贺惟君：《基于国家自主贡献的中国与东盟国家气候合作》，《东南亚纵横》2018 年第 5 期。

（二）相互施压

在自主贡献模式下，各国相互施压取代制度强制成为促进履约的力量。各国不同的治理立场均获得了承认，这种制度建构的重要障碍转变为制度执行的促进因素。各国的减排虽然具有一定灵活性，但是并非不受限制。尤其是在透明度机制下，目标的设置和执行过程面临着各国的监督和施压。相互施压既存在于发达国家与发展中国家集团之间，也存在于各集团内部。2018 年，七国集团峰会上的各方对特朗普政府作出了尖锐批判，出现了"G6 + 1"集团的局面。[①] 相互施压体现在各问题中，以下通过三个具体问题作简要阐述。

首先，减排目标设置。哥本哈根会议期间，基础四国要求发达国家作为整体到 2020 年时温室气体排放总量比 1990 年至少减少 40%（如表 6 - 2 所示）。发达国家要求发展中国家承担起更大的责任，并保证可核查。丹麦首相认为，包括中国和印度的主要发展中国家经济体也需要作出 2020 年减排 15%—30% 的承诺。在相互施压的推动下，发达国家增加了减排承诺但并没有发展中国家期望的那么大幅度，发展中国家接受在法律上有义务遏制温室气体排放，但前提是发达国家承担起更大的责任。基础四国第四次部长级会议同意成立一个专家小组负责制定"可衡量、可报告和可核实"气候行为的共同标准。

表 6 - 2 "基础四国"对发达国家的减排预期

国家	发达国家中期减排目标	基准年
中国	至少减少 40%（到 2020 年）	1990 年
印度	至少减少 79.25%（到 2020 年）	1990 年
巴西	至少减少 20%（2013—2017 年），至少减少 40%（2018—2022 年）	1990 年
南非	至少减少 18%（2013—2017 年），至少减少 40%（2018—2022 年）	1990 年

资料来源：严双伍、高小升：《后哥本哈根气候谈判中的基础四国》，《社会科学》2011 年第 2 期。

---

① Craig Erlam, "Risk Aversion Seen Ahead of Hostile G6 + 1 Summit", 8 June 2018, https://www.fxstreet.com/analysis/risk-aversion-seen-ahead-of-hostile-g61-summit-201806081104.

其次，达峰问题。欧盟作为整体早在 1990 年就已经出现了温室气体排放峰值，美国与日本的峰值也于 2007 年出现。[①] 基于上述有利地位，发达国家敦促发展中国家尽快确定达峰时间。但是，发展中国家处于发展的关键阶段，考虑到过早达峰会给经济发展造成负面影响，反对设定严格的达峰时间。在发达国家的推动下，《哥本哈根协议》提出了尽快实现全球和各国排放峰值目标。在坎昆会议上，一些国家提出把 2020 年作为全球达峰的年份。此后历次会议中，达峰时间表成为争论的焦点。面对发达国家的持续施压，发展中国家不得不考虑设定一个时间点。但是，它们为保证自身发展提出的时间表相对宽松。中国提出，争取二氧化碳排放 2030 年前后达到峰值并尽早达峰。[②]

最后，资金与技术转让。发展中国家督促发达国家尽快落实资金和技术转让承诺。中国气候谈判代表解振华表示，发达国家承诺在 2013—2015 年提供不低于快速启动资金规模的资金还没有兑现，绿色气候基金仍然是个空壳，并没有资金注入。[③] 发达国家并不情愿直接提供资金和技术转让，而是强调发挥私营部门的作用，将援助转化成市场化行为，如美国认为一国是否能够吸引气候投资取决于本国投资环境。[④] 相互施压导致发达国家部分履行了援助承诺，但远未达到发展中国家的要求，它们选择了契合自身利益的援助方式。

---

① 徐华清、苏明山、杨姗姗：《世界主要国家和集团温室气体排放峰值特征分析》，2013 年 9 月 6 日，http：//www.ncsc.org.cn/yjcg/fxgc/201309/t20130906_609636.shtml，2018 年 11 月 7 日。

② 《"十三五"控制温室气体排放工作方案》，2016 年 11 月 4 日，http：//www.gov.cn/zhengce/content/2016－11/04/content_5128619.htm，2018 年 10 月 29 日。

③ 《解振华副主任出席"基础四国"部长新闻发布会》，2013 年 11 月 22 日，http：//www.ncsc.org.cn/zt/lhgqh_bhdh_hs/xwbd_865/201311/t20131122_609846.shtml，2018 年 11 月 7 日。

④ 张晓华、胡晓：《德班平台谈判走向分析》，2013 年 4 月 26 日，http：//www.ncsc.org.cn/yjcg/fxgc/201304/t20130426_609623.shtml，2018 年 11 月 7 日。

（三）激励机制：额外声誉

制度存在选择性激励与额外性激励两种类型，自主贡献模式通过额外性激励推动了各国减排。选择性激励依赖于单一的适当性标准和判定主体，在有限认同的环境里会因为激励的非均衡性产生一方积极性越强则其他各方积极性越弱的局面。京都机制在灵活性和成本分摊方面的缺陷制约了气候变化集体行动。[①] 在自主贡献模式下，各国受到了更加均衡的激励。

自主贡献模式的额外性激励主要体现为获取额外声誉。各国依据自身能力确定减排目标且不必担心未完成目标招致惩罚，因此能够充分保全自身的核心利益。这意味着各国减排的成本相对有限，却可以通过在已有行动基础上追加有限承诺获取显著的声誉收益。奥巴马政府相对于布什政府展开的积极行动，为美国赢得了广泛赞誉，此后一度重获领导者地位。同时，这种声誉收益对各国而言都极具吸引力。面对美国一家独霸与新兴大国迅速增强的局面，欧盟希望借助气候变化提升国际影响力。[②] 日本将环境合作作为改善与邻国政治关系的重要途径，环境议题能够降低各国对日本崛起的恐惧等。[③] 中国作为新兴大国谋求通过积极承担国际责任树立起"负责任大国"的形象。此外，这种声誉存在自我增强的能力。这与"路径依赖"的逻辑一致，也契合了"前景理论"的风险规避界定——在获得声誉后便会竭力避免失去。[④] 美国的重新参与以及发展中大国

---

① 于宏源：《国际环境合作中的集体行动逻辑》，《世界经济与政治》2007 年第 5 期。

② 杨洁勉主编：《世界气候外交和中国应对》，时事出版社 2009 年版，第 17 页。

③ Yasuko Kameyama, "Can Japan be an Environmental Leader? Japanese Environmental Diplomacy since the Earth Summit," *Politics and the Life Sciences*, Vol. 21, No. 2, 2002, pp. 66 – 71.

④ Hafner-Burton et al., "The Behavioral Revolution and International Relations," *International Organization*, Vol. 71, Supplement. 1, 2017, pp. 1 – 31; Jack S. Levy, "Prospect Theory, Rational Choice, and International Relations," *International Studies Quarterly*, Vol. 41, No. 1, 1997, pp. 87 – 112.

地位的提升使得欧盟的“绿色领袖”地位在哥本哈根会议上遭遇挑战，欧盟为维持领导地位作出了策略调整，并最终在德班会议上实现部分回归。[①]

三　动态强化的治理进程

《京都议定书》曾被设想作为第一步将开启一种动态性减排过程。[②] 颇为讽刺的是，这一设想通过自主贡献模式实现了。在治理初期，通过允许采取有限的减排承诺和行动来换取各国积极参与，即先将各国广泛引入减排进程中。随后，议题压力与声誉竞争构成了各国不断强化承诺和行动的动力，它们共同促进了各国对彼此预期的提升，治理呈现出螺旋上升的态势。

（一）降低合作“门槛”：信心建设

在气候治理开始阶段，实现各国普遍参与以及治理信心建设是最重要的两项工作。实现普遍参与的目的是锁定各国的治理起点，未来将在此基础上实现不断强化，也是避免“搭便车”或“碳泄漏”的前提。同时，在治理挑战性较强的议题时，信心建设至关重要，高昂的治理成本以及治理失败的风险等都会导致国家审慎行动。大卫·维克托指出，新的气候治理应从其他几种周期较短且更易解决的污染物（如黑碳、甲烷等）着手，这些污染物的削减将使未来几十年气候变化减缓 50%，并能提高实现 2℃ 目标的概率。[③] 这与自主贡献模式反映的治理思路一致，即由易到难、循序渐进地推进治理。

---

① Karin Bäckstr and Ole Elgström, "The EU's Role in Climate Change Negotiations: From Leader to 'Leadiator'," *Journal of European Public Policy*, Vol. 20, 2013, Issue 10.

② Robyn Eckersley, "Soft Law, Hard Politics, and the Climate Change Treaty," in Christian Reus-Smit ed., *The Politics of International Law*, Cambridge: Cambridge University Press, 2004, p. 85.

③ David G. Victor et al., "The Climate Threat We Can Beat: What It Is and How to Deal with It," *Foreign Affairs*, Vol. 91, No. 3, 2012, pp. 112 – 121.

基于这一治理路径，各国在哥本哈根会议前后主动提出了 2020 年的行动目标。① 这些目标总体比较保守，欧盟的减排目标（20%—30%）仅较其在《京都议定书》第一承诺期的实际减排量（18%）作了有限增加，日本仅提出较 2005 年削减 3.8%，发展中大国主要选择降低碳强度而非排放量绝对削减的方式。在各国对新机制有效性存疑以及治理信心与彼此信任遭到"京都时期"争论削弱的情况下，承诺必然相对保守。然而，它们却具有三项重要价值。其一，将各国普遍纳入了治理进程，治理在长期停滞之后迅速重启。其二，确立了评估各国行动的依据以及对其后续行动的预期，各国此后只有在此基础上采取更具雄心的行动才能够获得积极认可。其三，由于这些目标相对保守并且是国家自主作出的，具有更高的可实现性。如果不能实现，它们的合法性和能力等将遭到广泛质疑。随着目标迅速达成，各国参与以及加快治理的信心得到增强。频繁的合作成功与治理进展不但"固化"了各国对参与治理必要性的认知，还形成了一种"路径依赖"。在哥本哈根会议上被迫作出承诺的国家（如加拿大等），并没有在"会后逐步削弱承诺"——这是应对谈判压力的常用策略。

（二）治理强化：议题压力与声誉竞争

考虑到"搭便车"等问题，如果各国只是在最低限度承诺的层次徘徊，降低合作"门槛"将可能导致灾难性结果，这也是许多学者对自主贡献模式持谨慎态度的主要原因。幸运的是，"后京都时期"各国的治理目标经历了多次提升且增幅十分显著。日本的 2030 年目标较 2020 年目标增加了 21.6%，中国和欧盟等也增加了 20%。对此，一个整体性解释是既有承诺构成了评判后续承诺的参照，各国只能在此基础上增加。这揭示了承诺增加的趋势，但不足以回答

---

① 主要排放国的 2020 年目标：美国较 2005 年减排 17%；欧盟较 1990 年减排 20%；日本较 2005 年减排 3.8%；中国和印度分别较 2005 年碳强度降低 40%—45% 和 20%—25%。

"大幅度"提高承诺的行为，尤其是考虑到各国的利己性与自主减排的灵活性。议题压力上升与声誉竞争的出现构成了治理跳出低水平合作的促进性力量，它们为相互施压与额外性激励提供了新基点。在它们的推动下，各国的治理预期呈现出持续上升的态势。各国为了应对不断强化的社会压力与争夺领导者地位，作出了更大的减排承诺。由此，气候治理呈现出了动态强化的特征。

1. 议题压力的增长

在提出了 2020 年承诺以后，议题压力的不断上升使各国感受到必须通过加快行动来阻止灾难结果的出现。2016 年的一项调查显示，气候变化不再被视为遥远的威胁，全球 51% 的受访者表示气候变化已经产生全球性影响，另有 28% 认为气候变化将在未来几年内出现。[1] 议题压力上升受到下述因素推动：一方面，气候变化引发的灾害进一步加剧。依据认知心理学的观点，行为体面对每一次极端事件都会有意识地将其与既有认知相联系，既有认知由此得到强化，推动行为体行动的压力也进一步上升。如图 6-1 所示，全球每年因自然灾害遭受巨大的经济损失，其中 91% 的灾害源自洪涝、干旱等极端天气，美国、中国和日本的经济损失分居世界前三（分别为 9448 亿美元、4922 亿美元与 3763 亿美元）。[2] 这些损失使各国注意到了气候变化的影响以及加快治理的紧迫性。另一方面，对气候变化严峻形势的认识加深。IPCC 第五次报告重点阐述了气候变化的严重性与国际行动存在的局限。[3] 2013 年 5 月，美国国家海洋和大气管理局（NOAA）宣布，监测到大气中二氧化碳浓度已经

---

① Pew Research Center, "What the World Thinks about Climate Change in 7 Charts", 18 April 2016, http：//www. pewresearch. org/fact-tank/2016/04/18/what-the-world-thinks-about-climate-change-in-7-charts/.

② UNISDR, "Economic Losses, Poverty and Disasters 1998 – 2017", 10 October 2018, https：//www. unisdr. org/files/61119_credeconomiclosses. pdf.

③ IPCC, "Climate Change 2014：Synthesis Report", October 2014, https：//www. ipcc. ch/pdf/assessment-report/ar5/syr/SYR_AR5_FINAL_full_wcover. pdf.

达到 400ppm。① 此外，人们对气候变化影响的认识进一步加深，它被视为各类灾害的最主要根源并且加剧了贫富差距等社会问题。② 2015 年，第三次世界减灾会议再次申明了气候变化与贫困的关系。③ 同时，越来越多的研究表明气候变化是许多冲突的直接或间接原因。④

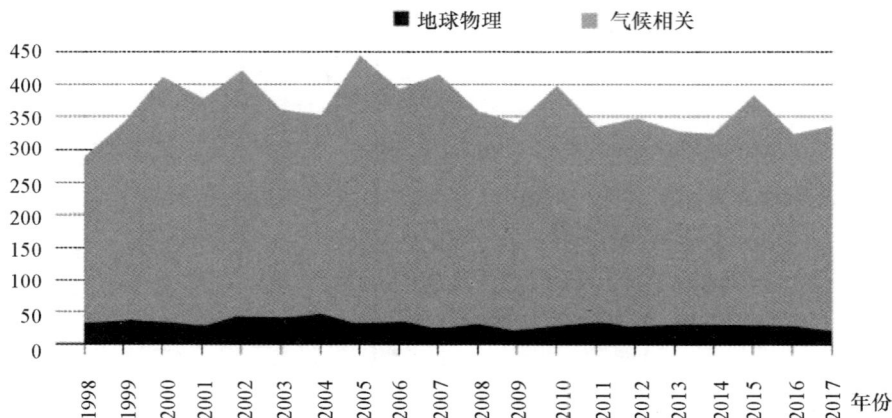

■ 地球物理　　■ 气候相关

图 6-1　1998—2017 年主要灾害年度数量分布

资料来源：UNISDR，"Economic Losses, Poverty and Disasters 1998-2017"，10 October 2018，https：//www. unisdr. org/files/61119_credeconomiclosses. pdf.

---

① ppm 是 parts per million 的简写，是用溶质质量占全部溶液质量的百万分比来表示的浓度，也称百万分比浓度。大气中 CO_2 浓度指数，在工业化开始时只有 280ppm。

② "Global Assessment Report on Disaster Risk Reduction"，2009，https：//www. preventionweb. net/english/hyogo/gar/report/documents/GAR_Chapter_1_2009_eng. pdf.

③ UNISDR，"Report of the World Conference on Disaster Reduction"，18/22 January 2005，https：//www. unisdr. org/2005/wcdr/intergover/official-doc/L-docs/Final-report-conference. pdf.

④ Ole Magnus Theisen et al. ，"Climate Wars? Assessing the Claim That Drought Breeds Conflict，" *International Security*，Vol. 36，No. 3，2011，pp. 79-106；Joshua W. Busby et al. ，"Climate Change and Insecurity: Mapping Vulnerability in Africa，" *International Security*，Vol. 37，No. 4，2013，pp. 132-172.

这种风险现实和风险认知的不断强化在两个方面推动各国加强了行动。其一，各国主观上愿意承担起更大的减排责任，以尽可能阻止或延缓灾难的来临。其二，各国提升了对彼此承担责任的预期，这导致在界定责任时面临着更大的社会压力。具体而言，各国以前被广泛认可甚至赞赏的减排承诺或行动逐渐失去了适当性，如果不加强行动将面临国际社会的广泛批评。在 1.5℃温控目标被国际社会广泛接受的情况下，印度虽然不情愿但还是在 2021 年的格拉斯哥会议期间作出了 2070 年碳达峰以及"逐步减少"煤炭等承诺。

2. 声誉竞争的出现

声誉是国家决策时的重要考量，各国高度重视通过自主减排获取的额外声誉。许多气候变化科学一直关注一级风险——极端天气和气候中断的影响，或脱碳途径的成本。然而，二级风险，即管理者的声誉和权威，主导着关键行为者如何作出决策并确定行动的优先顺序。[①] 引领者地位作为声誉的最高形态，各国为此展开的多轮较量导致治理呈现出了竞争履约的态势。一方面，西方发达国家谋求维持既有的声誉和话语权。它们长期主导着国际秩序，尽管物质权力早已出现向非西方转移的趋势，但是在话语权或软实力方面长期保持优势。[②] 然而，随着美国采取单边主义立场以及消极参与气候治理等，西方话语权优势持续削弱。甚至有学者指出，美国主导的自由世界秩序终结了。[③] 面对发展中大国竞争，它们只有承担起更大责任才能重塑国际社会对其领导地位的信心。奥巴马政府因此积极调整政策，以获得国际社会认可并重返领导者地位。[④] 另一方面，新兴

① Katrina Brown et al. , "Moving Climate Change beyond the Tragedy of the Commons," *Global Environmental Change*, Vol. 54, 2019, pp. 61 –63.

② Joseph S. Nye, "The Future of American Power: Dominance and Decline in Perspective," *Foreign Affairs*, Vol. 89, No. 6, 2010, pp. 2 –12.

③ ［加］阿米塔·阿查亚：《美国世界秩序的终结》，袁正清等译，上海人民出版社 2017 年版，第 7 页。

④ 王田、李依风、李怡棉：《奥巴马气候新政各方反应》，2013 年 7 月 2 日，http://www.ncsc.org.cn/yjcg/fxgc/201307/t20130702_609631.shtml，2018 年 11 月 7 日。

大国谋求确立负责任大国的形象。中国试图借助应对气候变化，提升国际地位和树立负责任形象。巴西基于清洁能源方面的优势，希望保持与发达国家谈判中南方国家的领导者地位。南非希望改善种族隔离破坏的国家形象，通过在气候合作中的积极表现提升国际影响力以及谋求在谈判中占据有利位置。[①]

气候治理中的声誉竞争具有普遍性。其一，竞争存在于发达国家与发展中国家之间。发展中大国向弱小国家提供的资金和技术援助给发达国家造成了压力，它们因此开始作出明确的援助承诺。[②] 中国和印度的立场转变源自国际与国内双重压力以及大国责任与国际形象，国际方面主要有来自国际非政府环保组织和发达国家集团的施压以及发展中国家阵营内的质疑。[③] 其二，竞争也存在于两大集团内部。印度提出 2000—2050 年人均二氧化碳排放不会超过发达国家，这对其他发展中大国的冲击很大。[④] 基础四国是向发达国家施压的集团，四国之间也相互竞争，巴西和印度等都希望充当发展中国家的代表。

声誉竞争与议题压力一样推动了各国对彼此预期的提升。一方面，为获得或维持声誉，各国通常会主动采取一些超出各方预期的承诺或行动。一国作出积极承诺之后，其他国家为获取领导地位会作出更大的承诺，即使可能面临高昂成本也在所不惜，如欧盟为维持"绿色领袖"地位采取的激进政策。另一方面，政策扩散加快了预期提升的过程。一国通过作出雄心勃勃的减排承诺赢得广泛赞赏，但是各国期待与该国类似的国家作出同等承诺，因

---

① 严双伍、高小升：《后哥本哈根气候谈判中的基础四国》，《社会科学》2011 年第 2 期；左品、蒋平：《金砖国家参与全球气候治理的动因及合作机制分析》，《国际观察》2017 年第 4 期。

② UNFCCC, "Copenhagen Accord", 18 December 2009, https：//unfccc.int/re-source/docs/2009/cop15/eng/l07.pdf.

③ 赵斌、高小升：《新兴大国气候政治的变化机制：以中国和印度为比较案例》，《南亚研究》2014 年第 1 期。

④ 杨洁勉主编：《世界气候外交和中国应对》，时事出版社 2009 年版，第 28 页。

此减排承诺扩散是一个必然趋势。当各国都采取较为积极的政策时，国际社会的总体预期就提升了。^① 最先作出承诺的国家借此获得的声誉将不再显著，若想继续保持领导者地位，就只能采取更加积极的行动。鉴于此前在减排和援助方面的积极表现，国际社会把中国当作气候治理的引领者之一，并随后以引领者的标准来评价中国。随着印度等新兴国家作出类似承诺，中国面临着进一步强化承诺的压力，能否承担好引领者的责任将影响中国构建负责任大国形象。^②

　　声誉竞争直观体现为各大国围绕气候领导者地位展开的多轮较量。欧盟引领了 2009 年以前的治理，但是随着奥巴马政府提出"绿色新政"以及基础四国开始作出减排承诺，其引领者地位被取代。欧盟随后迅速调整政策，最终与中国和美国共同引领了《巴黎协定》谈判。2017 年，美国宣布退出后，中国与欧盟积极打造绿色合作伙伴关系，2020 年 9 月建立了环境与气候高层对话机制。2021 年 10 月 29 日，《第二次中欧环境与气候高层对话联合新闻公报》重申双方在气候行动方面发挥领导作用。拜登政府宣布重返《巴黎协定》后，试图借"气候新政"修复被削弱的领导者声誉并再次主导全球气候治理进程。^③ 因此，气候治理再次出现中国、美国与欧盟三方竞争的局面。声誉竞争推动各国不断追加减排承诺以及采取更加严格减排行动：一方面，为确立"绿色领袖"地位，各国在减排承诺和行动上展开竞争。欧盟在 2012 年率先提出了 2030 年与 2050 年目标

---

　　① Ann E. Towns, "Norms and Social Hierarchies: Understanding International Policy Diffusion 'From Below'," *International Organization*, Vol. 66, No. 2, 2012, pp. 179 – 209.

　　② 张晓华、祁悦：《应对气候变化国际合作进程的回顾与展望（下）》，2015 年 8 月 13 日，http://www.ncsc.org.cn/yjcg/fxgc/201508/t20150813_609656.shtml，2018 年 11 月 7 日。

　　③ Joseph R. Biden, "Renewing America's Advantages: Interim National Security Strategic Guidance", 3 March 2021, https://nssarchive.us/wp-content/uploads/2021/03/2021_Interim.pdf.

（每十年提高 20%）。[1] 因此，中国和美国要维持引领者地位就必须采取类似举措，最终在 2014 年就 2020 年后目标作出承诺。[2] 另一方面，为重获"绿色领袖"地位，各国会提出具有雄心的减排计划。美国在 2021 年"领导人气候峰会"上公布了最新的国家自主贡献目标，提出温室气体净排放到 2030 年比 2005 年水平减少 50%—52%，2035 年要实现 100% 的"零碳"电力。

（三）治理加速：三个"承诺期"

自主贡献模式启动后已经出现了三个"承诺期"：2009 年哥本哈根会议期间各国提交了 2020 年减排承诺，各国在巴黎会议上通过拓展 2020 年承诺提出了 2030 年目标。[3] 此后，在 2030 年目标基础上提出了 2050 年乃至更长期目标。目前处于第一"承诺期"完成与第二"承诺期"开始阶段。其间的治理表现出了两个重要特征：在提出承诺方面，各国目标呈现出只增不减的态势；在执行承诺方面，各国的履约情况表明治理存在加速趋势。

治理加速主要体现在两个方面：其一，提前完成目标现象的出现。中国与欧盟提前完成了 2020 年目标，欧盟在 2018 年时已经减排 23%，中国在 2017 年已实现碳强度下降约 46%。[4] 其二，修正后期目标现象的出现。欧盟提出将 2030 年目标增加至 55%，要求各成员国在 2023 年以前提交新的减排计划，到 2050 年率先在本地区实

---

[1]　European Parliament，"Competitive Low Carbon Economy in 2050"，15 March 2012，https：//eur-lex. europa. eu/legal-content/EN/TXT/PDF/？ uri = CELEX：52012IP0086&qid =1594478871624&from = EN.

[2]　《中美气候变化联合声明》，2014 年 11 月 12 日，http：//www. gov. cn/xinwen/2014 – 11/13/content_2777663. htm.

[3]　主要排放国的 2030 年目标：美国，较 2005 年减排 26%—28%；欧盟，较 1990 年减排 40%；日本，较 2013 年减排 26%（较 2005 年减排 25.4%）；中国和印度，分别较 2005 年碳强度降低 60%—65% 和 33%—35%。

[4]　中华人民共和国生态环境部：《中国应对气候变化的政策与行动 2018 年度报告》，2018 年 11 月，http：//hbj. als. gov. cn/hjgw/201812/W020181205332113744636. pdf.

现"碳中和"。① 2020 年 9 月，中国宣布将提高国家自主贡献力度，力争于 2030 年前实现碳达峰，争取在 2060 年前实现碳中和。他们的行动带动了其他各国加快减排步伐并对后期目标展开修正，2050 年碳中和目标被广泛接受。印度在 2018 年通过了国家电力计划使其有望实现《巴黎协定》的承诺。② 2021 年 11 月 1 日，印度总理莫迪首次宣布在 2070 年前实现零排放。日本 2019 年制定了长期减排战略，提出本世纪中后期实现"脱碳社会"与 2050 年温室气体削减80%。③ 到格拉斯哥会议前夕，190 多个缔约方中的 154 个提交了更新的 2030 年减缓目标，76 个缔约方提出了长期承诺。④

　　治理加速受到了下述因素驱动。其一，持续提升的减排承诺倒逼各国加快行动，完不成相关目标将损害其声誉。其二，在提出承诺的竞争结束后，各国转向竞争提前完成承诺，积极开展立法、机制建设与国际合作。2022 年 1 月，韩国将 2030 年减排目标由（较2018 年）26.3% 提高至 40%，并为此制定了《碳中立基本法》等。印度设立了国家气候变化适应基金并编制气候变化行动计划，日本制定了《气候变化适应法》（2018 年）与长期减排战略。各国将发展清洁能源作为核心减排措施。2018 年，欧盟通过了"全欧清洁能源"（Clean Energy for all Europeans）一揽子计划，旨在提高清洁能源的可靠性。⑤ 日本致力于核能和氢能开发，在 2019 年发起了全球

---

① "The European Green Deal", 11 December 2019, https：//ec. europa. eu/info/sites/info/files/european-green-deal-communication_en. pdf.

② Climate Action Tracker, "India", https：//climateactiontracker. org/countries/india/, 2022/3/23.

③ "Outlines of Japan's Long-term Strategy under the Paris Agreement", 11 June 2019, http：//www. env. go. jp/press/111914. pdf.

④ UNFCCC, "Nationally Determined Contributions Synthesis Report", 30 July 2021, https：//unfccc. int/documents/306848.

⑤ European Commission, "Clean Energy for all Europeans Package", 26 July 2019, https：//op. europa. eu/en/publi cation-detail/－/publication/b4e46873－7528－11e9－9f05－01aa75ed71a1/language-en? WT. mc _ id = Searchresult&WT. ria _ c = null&WT. ria _ f = 3608&WT. ria_ev = search.

氢能源计划。作为发展中排放大国，中国已成为世界上最大的风能、太阳能发电国家，印度的可再生能源投资居全球首位，被气候行动追踪组织评为该领域的全球领导者。① 这些举措增强了各国的治理能力与信心，也奠定了持续治理的国内基础。2015 年以来，全球的气候诉讼累计数量增加了一倍多。1986—2014 年，仅提交了 800 多起案件，而过去六年中，已提起了 1000 多起案件。挑战政府不作为或在气候目标和承诺方面缺乏雄心的案例继续增加，全球共有 37 起"系统性缓解"案例。②

（四）全球气候治理的未来

经过三十多年探索，国际社会已经意识到气候治理必然是一个渐进的长期过程。因此，适应成为与减缓并列的关键议程，依靠强制度短期内迅速根除气候变暖的愿望被抛弃了。安东尼·吉登斯指出，只有气候治理体制满足下述条件时才会获得积极进展：坚持"发展规范"和"多边主义"原则，充分尊重发展中国家的发展权利并向其提供技术援助，在此基础上建立民主对话渠道和"世界共同体"。③ 气候治理本质上就是治理速度与气候恶化速度的竞赛，那么依照当前治理模式国际社会能否在灾难来临前解决这一问题呢？

1. 两种预期：悲观还是乐观？

就当前的治理成绩而言，治理前景似乎十分黯淡。即使完全实施了自主贡献目标，21 世纪末全球温度仍会上升 2.6℃—3.1℃，

---

① Climate Action Tracker, "India", https：//climateactiontracker. org/countries/india/，2022/3/23.

② Joana Setzer and Catherine Higham, "Global Trends in Climate Change Litigation：2021Snapshot", July 2021, Grantham Research Institute on Climate Change and the Environment, https：//www. lse. ac. uk/granthaminstitute/wp-content/uploads/2021/07/Global-trends-in-climate-change-litigation_2021-snapshot. pdf.

③ Anthony Giddens, *The Politics of Climate Change*, London：Polity Press, 2009, p. 190.

2℃碳预算将在 2030 年耗尽。[1] 联合国环境规划署与气候行动追踪组织也指出，依据目前各国提交的减排目标，本世纪末全球气温将比前工业化时期上升约 2.7℃。[2] 世界气象组织预计，2022—2026 年每年全球地表平均温度将比工业化前高 1.1℃—1.7℃，达到 1.5℃域值。[3] 如前文所述，这种基于当前承诺的预测很难准确反映治理的动态现实，欧盟与中国等国家提前实现 2020 年承诺以及各国普遍更新了 2030 年乃至中长期减排目标等治理加速的现实更是直接证明了静态分析的局限。

自主贡献模式通过兼顾各方偏好实现了普遍参与，开启了动态强化的治理进程。国际社会普遍认为，只有各方提出更加雄心勃勃的减排计划，才有可能实现 2℃温控目标。当分析转向过程视角，新“承诺期”的持续展开、排放大国（中国与印度等）的积极参与、减排技术不断进步以及治理不断加速等证据表明，在灾难来临前实现治理的目标并非不能实现。[4] 在“承诺 + 评审”体系下，各国的承诺呈现出持续快速增长的态势，各国的行动并不会被早期的保守承诺限制，而是会随着观念、制度以及技术的变化不断推动目标的调整。近年来，1.5℃取代 2℃作为温控目标以及 2050 年实现碳中和等成为新的国际共识，各国据此展开了相互施压并修订了自己的行动目标和计划。相关学者在对各国更新后的承诺重新分析后发现，

---

① Joeri Rogelj et al. , "Paris Agreement Climate Proposals Need a Boost to Keep Warming Well Below 2℃ ," *Nature*, Vol. 534, 2016, pp. 631 – 639.

② Climate Action Tracker, "Climate Pledges Will Bring 2.7℃ of Warming, Potential for More Action", http：//climateactiontracker. org/publications/briefing/251/Climate-pledges-will-bring – 2. 7C-of-warming-potential-for-more-action. html；UNEP, "Emissions Gap Report 2021", 26 October 2021, https：//www. unep. org/zh-hans/resou rces/emissions-gap-report-2021.

③ World Meteorological Organization, "Global Annual to Decadal Climate Update, 2022 – 2026", 9 May 2022, https：//hadleyserver. metoffice. gov. uk/wmolc/WMO _ GADCU _2022 – 2026. pdf.

④ David G. Victor et al. , "The Climate Threat We Can Beat：What It Is and How to Deal with It," *Foreign Affairs*, Vol. 91, No. 3, 2012, pp. 112 – 121.

存在实现 2℃ 温控目标的可能。[①] 此外，第二十六次缔约方会议（COP26）完成了《巴黎协定》实施细则遗留问题的谈判，《格拉斯哥气候公约》提出了到本世纪中期确保全球零净排放并保持 1.5℃ 目标"触手可及"的努力，这一目标的提出也反映了国际社会对治理前景的谨慎乐观。

2. 美国的政策"摇摆"

作为综合实力最强的国家以及温室气体排放大国，美国"摇摆"的立场对全球气候治理具有重要影响，但是近期的一系列现实提醒我们不应过分夸大这一影响。2017 年，特朗普政府以《巴黎协定》给美国带来严重经济负担为由宣布退出。[②] 由于和退出《京都议定书》类似，《巴黎协定》似乎会面临同样的悲剧命运。然而，现实再次表明这种简单类比存在致命缺陷。此次退出并未对全球气候治理造成根本性冲击，治理的根基依旧稳固，"自下而上"减排模式包含的治理原则和规范、治理目标与治理结构等未受到动摇。[③]

气候治理在美国此次退出后稳步展开的直接原因有两个。其一，退出没有产生示范效应。规范修正者引发的效仿行为是影响规范有效性的关键。[④] 与第一次退出时加拿大等国家群起效仿不同，各方此次都坚定支持《巴黎协定》并严厉抨击美国的行为。2018 年，卡托维兹大会作为美国退出后的一次关键会议，各国围绕制定排放测量机制等细则继续展开协商。其二，退出没有导致领导者缺失。与第一次退出后欧盟独力维持减排局面不同，此次中国等新兴国家作为

---

① M. Meinshausen, J. Lewis, C. McGlade et al., "Realization of Paris Agreement Pledges May Limit Warming Just Below 2℃," *Nature*, Vol. 604, 2022, pp. 304 – 309.

② 按照《巴黎协定》规定，美国在 2019 年之前不能正式向联合国提出退出决定。因此，美国直到 2020 年 11 月 4 日才正式退出，但是此前已经在事实上不再遵守减排约束。

③ 张永香等：《美国退出〈巴黎协定〉对全球气候治理的影响》，《气候变化研究进展》2017 年第 5 期。

④ Diana Panke and Ulrich Petersohn, "Why International Norms Disappear Some-times," *European Journal of International Relations*, Vol. 18, No. 4, 2011, pp. 719 – 742.

减排方与欧盟等共同构成了强有力的治理引领者，欧盟和加拿大等部分取代了美国的角色。那么，为什么此次没有出现示范效应和领导者缺失的局面呢？其深层根源在于制度本身的变化，即充分兼顾了各方的诉求。由于只是个别国家不满，国际社会越来越明确注意到，气候变化谈判有没有美国都要迈向 2020 年。① 这种强大的合法性也使美国意识到自己很难颠覆这一制度，反而可能因此日益被孤立。最终，美国决定重返并通过积极与其他重要大国协商发挥领导作用。2021 年 11 月 10 日，中美两国签署《中美关于在 21 世纪 20 年代强化气候行动的格拉斯哥联合宣言》为《格拉斯哥气候公约》的达成奠定了基础。

美国未来可能再次出现的政策"摇摆"确实会干扰治理进程，尤其是作为排放大国的消极行动将削弱治理动力而增强治理阻力，导致总体治理进程延缓。但是，它并不会对治理进程造成逆转性影响。这一有限性影响进一步证明了自主贡献模式作为弱制度具有显著的灵活性和适应性，以及"弱制度—强治理"解释逻辑的合理性。基于当前的治理态势可以预计，全球气候治理极有可能在新兴国家与美国、欧盟等发达国家的共同引领下实现加速推进。

本章小结

这一时期的谈判主要围绕如何构建一个比京都机制更有效的减排安排展开。发达国家希望通过将发展中国家纳入进来强化京都机制，发展中国家希望延续京都机制仅为发达国家确定责任的特征，制度建构因此再度陷入倡议竞争。IPCC《第四次报告》发布以及一

① 冯迪凡：《气候变化谈判有没有美国都要迈向 2020 年》，《第一财经日报》2017 年 11 月 22 日，http：//www. ccchina. org. cn/Detail. aspx？newsId = 69958&TId = 249，2019 年 4 月 28 日。

系列灾难性事件的出现，议题压力不断上升。最终，能够兼顾各方偏好的自主贡献模式被广泛接受。

自主贡献模式具有显著的灵活性、适应性和包容性等独特属性。它通过兼顾各方利益，获得了广泛认同；模糊性和低内聚性为他提供了更强的适应性，不会因为权力格局调整而面临危机。新兴国家不会因为实力提升而谋求变革制度，毕竟它们的利益已经获得了充分保证，变革制度的收益有限但成本显著。非国家行为体作为重要的治理主体，增强了自主贡献模式的有效性。它们凭借自身的属性和优势可以直接参与治理，也可以通过施压敦促各国行动。

自主贡献模式通过提供一种责任模糊的身份，使得各国认为承担一定的责任是适当的，相关责任在相互施压与额外性激励等机制作用下得到具体界定并不断提升。它承认了各国不同偏好的适当性，确立了一个宽泛的适当性区间，评判具体行为的权力被重新授予各国。各国依据自身偏好彼此展开评价与施压，由此形成了促进减排的社会压力。为避免声誉和合法性等受损，各国在确保自身利益的情况下承担起一定责任。同时，追求额外声誉构成了各国减排的另一动力。责任模糊意味着既有行动和他国行为成为评价标准，各国通过采取超越他国预期的行动赢得声誉。气候治理总体上呈现出动态增强的态势，由于最初只需要承担自主界定的有限责任，各国广泛参与到减排当中。此后，各方预期在议题压力与声誉竞争的推动下不断提升，治理出现加速的态势。因此，尽管当前各国的减排进展有限，治理进程的相关态势却表明气候治理存在光明的前景。

上述各章分别从理论和经验两个层面系统分析了弱制度现象，下一章将基于相关论证提出结论。在此基础上对当前全球治理中的一些关键问题展开反思，如"制度困境"、治理制度变革以及新兴大国角色等。

结　　论

制度设计与全球治理

　　弱制度作为开展全球治理的重要工具选项之一，相对于强制度具有一系列独特属性和优势，在权力均衡的异质性环境中具有更强的相对有效性。当前学术界普遍赞同的一个论断是，在全球化深入发展、信息技术不断推进以及多元文明兴起的背景下，全球治理各议题出现了明显的"制度困境"。基于对弱制度与治理关系的探讨，在此有必要对"制度困境"作出重新界定。显然，"制度困境"在很大程度上被夸大了，并不像既有研究界定的那样普遍存在于各类制度中，更准确的界定是"强制度困境"，即强制度反映单一偏好的特征与多元文明兴起下的多元偏好共存相冲突。基于该认识得出了一个重要结论：未来全球治理制度变革并非仅仅是制度具体形态的变化，而是更深层次上制度模式的调整。弱制度契合了多元治理的本质特征，由此成为未来制度变革重要方向。在此过程中，中国等新兴国家扮演着关键性角色——弱制度建构的引领者。

　　本章作为结论章首先归纳了关于弱制度与全球治理的若干结论。随后，对当前学术界广泛关注的全球治理"制度困境"以及由此提出的制度变革论断展开反思。在对"制度困境"进行重新界定后，回答了下述问题。未来全球治理制度的变革方向是什么？应该如何推动这一变革？中国作为未来国际社会中最重要的行为体之一，在这一制度变革进程中应该承担起何种角色？最后，通过回顾全书的分析过程指出了主要的创新和不足之处。

一　作为最优设计的弱制度

关于弱制度的分析可以得出一个总的判断：强制度不必然是"好制度"，弱制度也不必然是"坏制度"。有学者提出了不匹配风险（mismatch risk）：一个规范处于帕累托最优，但是相对于其他不同规范表现更差。规范有效性完全取决于它与自身匹配时的表现，但是，一个规范是否被进化过程所选择，还取决于它与其他规范不匹配时的表现。当一个规范的不匹配风险高于它的有效性优势，进化过程会选择抛弃它。① 弱制度与强制度的属性以及遵循的"制度—合作"逻辑存在本质差异，在特定情境中都可能是最优的。弱制度不必然导致弱治理，所具有的独特属性和优势使其在特定环境中比强制度更有效，或者说，它在权力均衡的异质性环境中是一种最优的制度设计。正如相关学者在论证世界贸易组织中的"逃离条款"时，将这一极易导致推卸责任的设置视为最优设计一样。② 概言之，最优的制度设计就是与相关环境最匹配的制度类型。

首先，在权力均衡的异质性环境中，弱制度是推动全球治理展开的最优选择。随着多元文明兴起与国际关系民主化深入发展，偏好多元且实力大致相等的各方积极争夺制度建构的主导权。强制度对于清晰性和强制性的追求通常会激起长期的倡议竞争，导致制度难以确立，如全球网络安全规则建构在持续了三十年后前景依然黯淡。同时，强制度即使得以建立在执行上也面临挑战，众多行为体

---

① Paul G. Mahoney and Chris W. Sanchirico, "Competing Norms and Social Evolution: Is the Fittest Norm Efficient?" *University of Pennsylvania Law Review*, Vol. 149, No. 6, 2001, pp. 2027 – 2062.

② B. Peter Rosendorff and Helen V. Milner, "The Optimal Design of International Trade Institutions: Uncertainty and Escape," *International Organization*, Vol. 55, No. 4, 2001, pp. 829 – 857.

具有违反制度与质疑制度合法性的动机，正如京都机制所面临的局面。弱制度比强制度更容易建立，能够确保紧迫性议题的治理尽快启动；弱制度作为观念平衡的产物充分兼顾了各方偏好，能够调动各方的治理积极性。

其次，弱制度具有一系列不同于强制度的独特属性和能力，遵循了一种独特的"制度—合作"逻辑。弱制度具有灵活性、适应性和包容性三项独特属性，并由此具备了六项能力。这些属性和能力构成了弱制度产生强治理的基础，并具体体现在弱制度促进合作的三项机制当中。总体而言，与强制度所遵循的"单一适当性标准＋强制执行＋选择性激励"不同，弱制度体现的是一种"多远适当性/适当性区间＋相互施压＋额外性激励"的制度遵守模式。在上述机制推动下，弱制度主导的全球治理呈现出了动态强化的态势。弱制度通过制度设计上的调整兼顾了各方偏好，从而降低了合作的"门槛"，解决了开始治理与信心建设等问题。在后续互动中，随着议题压力的不断上升以及声誉竞争的出现，行为体的预期累积性上升，治理呈现出不断增强的态势。

最后，弱制度并非适用于所有议题领域和地区。承认弱制度存在产生强治理的可能性并不意味着在所有环境下都应该寻求建构弱制度。制度的有效性取决于它与所处环境的匹配程度。在同质性较高或权力不对称的地区与议题中，弱制度不但难以充分发挥协调优势，反而可能加剧分歧导致合作难以达成，强制度因此比弱制度更有效。盲目追求建构强制度以及推动弱制度向强制度转化是错误的，在无视环境限制的情况下盲目推广弱制度同样是不适当的。

关于弱制度的分析揭示了这样一个现实：弱制度在权力均衡的异质性环境中可以通过相关作用机制产生强治理结果，强制度也可能会面临严重的有效性与合法性危机。制度类型与治理有效性并不存在线性因果关系，实现治理的有效展开最终取决于选择与环境契合的制度类型。

二　关于"制度困境"的反思

在明确了弱制度的属性和作用机制后，现在可以对学术界热议的"制度困境"问题展开思考。正如第一章所述，国际环境在冷战结束后发生了深刻变化，许多国际制度因此出现了严重的有效性与合法性危机。在承认当前国际社会确实存在"制度困境"的同时，需要注意的是它并不具有学术界所认为的普遍性——并非所有制度都出现了危机。"制度困境"出现的原因包括决策过程与权力平衡不协调以及规范变化或规范瓦解的挑战等。① 相关因果机制表明，这种夸大与两种"决定论"思维有关。一是基于国家主权原则建立的传统制度无法有效应对超越主权的全球性问题；二是美国确立的战后制度难以适应当前的权力变革。在将弱制度论断纳入分析后，上述两种解释都存在明显局限，即各类制度在环境变化后的表现存在差异，当前主要是一种"强制度困境"。

（一）主权原则与全球治理

经过冷战结束后三十多年的探索，全球化和全球治理研究得出了一项重要结论——全球治理面临着一个根本性悖论，即问题的产生根源、范围以及潜在解决方案是跨国或全球性的，但是解决问题的政策权威以及所需动员的资源存在于国家层次，即治理手段主要是基于主权原则的。② 全球海洋治理面临的"责任的赤字"是指不存在任何超国家实体来调节全球公共物品的供给和使用。③ 苏珊·斯

---

① Edward Newman, *A Crisis of Global Institutions? Multilateralism and International Security*, Oxford and New York: Routledge, 2007, p. 28.

② Peter M. Haas, "Addressing the Global Governance Deficit," *Global Environmental Politics*, Vol. 4, No. 4, 2004, pp. 1 – 15; Ramesh Thakur and Luk Van Langenhove, "Enhancing Global Governance Through Regional Integration," *Global Governance*, Vol. 12, No. 3, 2006, pp. 233 – 240.

③ 黄任望：《全球海洋治理问题初探》，《海洋开发与管理》2014 年第 3 期。

特兰奇（Susan Strange）等学者指出，国家权威在衰落。[①] 因此，出现超国家治理的呼吁就不足为怪了。然而，全球治理极少表现出人们所预计的超国家主义。[②] 事实上，当前在世界范围内出现了民族主义回潮。就此而言，超国家治理确实存在"乌托邦"的嫌疑，它像构建世界政体一样不切实际。国家依然是全球治理的主要行为体，超国家治理只是一个补充。[③] 在一个以主权国家为单位国际社会上，任何全球问题的解决最终都依赖于国家的执行——国家掌握着治理所需要的资源。这也是为何强调规范作用的建构主义学者仍然将国家视为关键行为体以及全球治理学者重新关注国家作用的原因。[④]

我们并不能彻底否定未来出现全球政府的可能，也不能完全否认批判主权原则对于超越狭隘国家利益追求的积极意义。但是，基于理想中的美好愿景判定当前制度存在问题，显然缺乏学术上的严谨性和现实指导意义，这与现实主义批判理想主义以道德丈量现实一致。更具有现实意义的分析是从主权体系在可预见的未来会持续存在这一客观现实出发，探讨如何通过调整手段或工具来实现良好治理。正如软法研究发现的，传统国际法造法模式非常缓慢，与全球治理时代对规则的大量需求存在矛盾，软法提供了一种更方便的

---

① ［英］苏珊·斯特兰奇：《权利流散：世界经济中的国家与非国家权威》，肖宏宇等译，北京大学出版社 2005 年版，第 4 页。

② Miles Kahler and David A. Lake，"Economic Integration and Global Governance：Why So Little Supranationalism?" in Walter Mattli and Ngaire Woods eds.，*The Politics of Global Regulation*，Princeton：Princeton University Press，2009，p. 242.

③ Robert O. Keohane，"Governance in a Partially Globalized World 'Presidential Address'，'American Political Science Association，2000'，" *The American Political Science Review*，Vol. 95，No. 1，2001，pp. 1 – 13；Kenneth N. Waltz，"Globalization and Governance，" *Political Science and Politics*，Vol. 32，No. 4，1999，pp. 693 – 700.

④ ［美］亚历山大·温特：《国际政治的社会理论》，秦亚青译，上海人民出版社 2001 年版，第 24 页；Robert O. Keohane，"Governance in a Partially Globalized World 'Presidential Address'，'American Political Science Association，2000'，" *The American Political Science Review*，Vol. 95，No. 1，2001，pp. 1 – 13.

制度建构模式。① 就历史经验而言，主权体系不能有效应对超越国界的全球性挑战——也并不符合现实。全球治理的实践远早于人们对全球治理的认识，早期的治理行动一直是由主权国家主导的。在人们开始声讨主权原则之前的几个世纪里，主权体系确实帮助人们解决了一系列重要问题。例如，作为当前全球人权治理的先驱，废除奴隶贸易是由当时的世界霸主英国通过与其他各国构建起的条约体系实现的。② 事实上，关于主权体系在全球治理中有效性的判定必须建立在对具体议题客观分析的基础上，而不是求助于"环境/结构决定论"逻辑。这种研究路径会夸大"制度困境"的范围，导致一些有意义的现象被忽视。

（二）权力转移与全球治理

权力转移被学术界视为"制度困境"出现的第二个根本性原因。学术界普遍认为，制度反映了既有权力结构和主导国家的偏好，权力结构变化必将导致制度变革。③ 崛起国在兴起阶段会对霸权国确立的制度展开非法化行动。④ 因此，众多学者认为当前全球治理进入了"碎片化"阶段。现存全球治理机制遇到了三个挑战：美国实力相对衰落、新兴大国崛起以及国际金融危机之后出现的新问题。⑤ 现行全球治理体系形成于第二次世界大战结束后，以美国为首的西方发达国家主导建立了以联合国为中心的国际安全治理体系以及由布雷顿

---

① 陈海明：《国际软法论纲》，《学习与探索》2018 年第 11 期。

② Edward Keene, "A Case Study of the Construction of International Hierarchy: British Treaty-Making Against the Slave Trade in the Early Nineteenth Century," *International Organization*, Vol. 61, No. 2, 2007, pp. 311–339.

③ 这是新现实主义的核心观点，并得到了其他理论范式的承认。新自由制度主义认为制度具有一定独立性，制度在霸权消失后仍然会存在，但是又承认缺乏权力支持的制度是异常虚弱的。

④ Randall L. Schweller and Xiaoyu Pu, "After Unipolarity: China's Visions of International Order in an Era of U. S. Decline," *International Security*, Vol. 36, No. 1, 2011, pp. 41–72.

⑤ 何帆等：《全球治理机制面临的挑战及中国的对策》，《世界经济与政治》2013 年第 4 期。

森林体系组成的世界经济治理结构。① 因此，许多学者主张依据当前国际权力格局展开制度变革。然而，这一时期确立的国际制度显然并不都是美国霸权主导下的产物。况且，即使一些制度是由西方国家主导建立的，权力格局转变也并不足以成为制度需要作出变革的可靠依据。② 历史上大国兴衰频繁出现，虽然具体制度形态不断调整，基础性制度（如主权等）却长期稳定。显然，权力转移能否推动制度变革，还需要借助其他变量进行更具体的分析。

此外，权力转移本身存在明显的不确定性。尽管大量学者认为2008 年经济危机对西方主导地位造成了严重冲击，也有学者持相反观点——美国和欧洲即将迎来新一轮复兴。③ 约瑟夫·奈在分析了可能导致美国衰落的各因素之后指出，美国没有出现绝对或相对衰落，依然是最强国家。最可能对美国构成挑战的中国即使在经济上与美国持平，在其他方面也很难超越美国。④ 甚至有学者指出，与1991 年中国与美国力量相比，美国非但没有衰落，还变得更富有、更具有创新性、军事实力更加强大了。⑤ 有学者依据偏好、能力以及战略等要素分析了新兴国家（中国、印度与巴西等）与现任国家（美国、日本与欧盟等）的互动，指出新兴经济体不会对全球治理带来革命性影响。⑥ 新自由全球化会持续下去，但是会具有更强的非传统自由主义以及多极特征，既有强国与新兴国家的协调成为未来解决

---

① 卢静：《当前全球治理的制度困境及其改革》，《外交评论》2014 年第 1 期。

② Miles Kahler, "Rising Powers and Global Governance：Negotiating Change in a Resilient Status Quo," *International Affairs*, Vol. 89, No. 3, 2013, pp. 711 – 729.

③ Roger C. Altman, "The Fall and Rise of the West：Why America and Europe Will Emerge Stronger from the Financial Crisis," *Foreign Affairs*, Vol. 92, No. 1, 2013, pp. 8 – 13.

④ Joseph S. Nye, "The Future of American Power：Dominance and Decline in Perspective," *Foreign Affairs*, Vol. 89, No. 6, 2010, pp. 2 – 12.

⑤ Michael Beckley, "China's Century？Why America's Edge Will Endure," *International Security*, Vol. 36, No. 3, 2011, pp. 41 – 78.

⑥ Miles Kahler, "Rising Powers and Global Governance：Negotiating Change in a Resilient Status Quo," *International Affairs*, Vol. 89, No. 3, 2013, pp. 711 – 729.

全球问题的关键。① 在此情形下，以一个可能存在的现象去解释一个客观存在的现象，在逻辑上缺乏可靠性并存在巨大的风险。

（三）重新界定"制度困境"

当前全球治理确实存在"制度困境"，但是并没有学术界所渲染的那种普遍性，需要对其展开重新界定。当前的"制度困境"源于多元文明兴起引发的异质性提升对特定制度类型构成了挑战，并非所有制度类型都不再有效。当前的权力转移与此前大国兴衰的根本区别在于，非西方新兴国家群体性崛起体现的是多元文明兴起。② 这意味着国际社会不再可能由单一文明所主导，不同文明都有自己独特的世界观和偏好并希望依此塑造世界，文明间的异质性取代同质性成为影响互动的关键因素。在此情形下，基于西方经验确立的"西方国家（霸权国）创建/执行—非西方国家学习/遵守"的制度模式不再适用，反映单一文明偏好的综合性制度难以协调多元文明的不同诉求。关于"制度困境"更准确的表述是，国际社会存在构建单一、综合性制度的明显偏好与该类制度在多元文明兴起背景下难以产生和运行之间的矛盾，即"强制度困境"。

这一界定得到了众多经验事实确证。当前的国际制度并非都是由美国主导建立的，发展中国家参与了许多制度的建构进程，如《联合国海洋法公约》等。这些制度与美国主导建立的制度存在明显差异，并且对当前的国际环境变革表现出了更强的适应性。通过对各议题的分析不难发现，当前的"制度困境"并不是普遍存于所有议题当中。那些反映多元诉求或者为各方利益协调提供了广泛空间的制度，在全球治理中继续扮演关键角色并出现了扩散的趋势，那些仅反映单一诉求的制度则面临着严重的合法性和有效性危机。

---

① Ziya Öniş and Ali Burak Güven, "The Global Economic Crisis and the Future of Neoliberal Globalization Rupture Versus Continuity," *Global Governance*, Vol. 17, No. 4, 2011, pp. 469 – 488.

② Christian Reus-Smit, "Cultural Diversity and International Order," *International Organization*, Vol. 71, No. 4, 2017, pp. 851 – 885.

三　全球治理制度的变革路径

在对"制度困境"作出重新界定以后，如何解决这一困境以及全球治理制度如何变革成为需要回答的问题。学术界基于"制度困境"普遍存在的判定指出，全球治理已经进入一个变革时代，变革动力在于新兴经济体崛起以及由此带来的一系列影响。[①] 针对环境的变化，有些学者主张在不变革制度的情况下从其他方面寻找出路，如区域一体化作为一种国家与全球的中间层次避免了国家单边主义和全球多边主义的限制。[②] 然而，多数学者主张将变革制度作为应对策略。世界经济正在变得越来越不稳定、不平等以及缺少治理，应积极推动世界贸易组织等治理结构的改善。[③] 制度变革论断相对而言更契合当前的治理现实，但是需要对三个关键问题作出回答，即变革的方向是什么？如何变革？新兴大国（如中国）应扮演何种角色？这一部分将对这些问题进行回答。

（一）未来要建立什么样的制度？

学术界围绕全球治理制度的未来变革提出了多种设想。构建良好的或者新型国际关系不是说不要国际规范，问题的关键是究竟是什么样的国际规范。[④] 总体上，未来的制度变革存在两个潜在方向。其一，制度模式不变，制度具体形态发生调整。这一模式在历史上随着权力转移频繁出现，如金本位制被布雷顿森林体系取代。然而，这一路径在多元文明兴起背景下很难得到广泛支持。其二，制度模式发生调整，由反映单一偏好的制度转向兼顾多元偏好的制度。这

---

① 徐秀军：《新兴经济体与全球经济治理结构转型》，《世界经济与政治》2012年第10期。

② Ramesh Thakur and Luk Van Langenhove, "Enhancing Global Governance Through Regional Integration," *Global Governance*, Vol. 12, No. 3, 2006, pp. 233–240.

③ ［英］奈瑞·伍茨：《全球经济治理：强化多边制度》，《外交评论》2008年第6期。

④ 苏长和：《全球治理体系转型中的国际制度》，《当代世界》2015年第11期。

一路径与多元文明兴起背景下多元治理作为未来全球治理发展的必然趋势相契合，能够兼顾多元偏好的弱制度成为制度变革的重要方向。

1. 两种制度变革方向

其一，制度形态上的变革。这是一种简单意义上的变革，仅涉及制度具体形态的变化，而不涉及制度运作逻辑的调整，体现为建立与当前权力格局一致或体现新兴国家偏好的制度。正如体系结构从两极向多极转变本质上仍属于均势体系，反映的只是一种再生的逻辑，而不是转换的逻辑。① 这种变化与建构主义提出的"霍布斯文化"、"洛克文化"以及"康德文化"之间的转化存在根本差异。二者在制度变革上可以被界定为"制度形态的变革"和"制度模式的变革"。在当前的制度变革分析中，具体制度形态变革是多数学者主张的观点，也是霸权稳定论的核心观点。② 这种制度变革在西方主导下的传统国际社会中是一种基本模式，每一个霸权国家的兴起都伴随着这样的制度调整，体现新兴国家偏好的制度取代既有霸权主导的制度。然而，通过对现实的回顾不难发现，这一主张显然低估了当前国际环境变革的深刻性。传统制度调整是基于霸权更替发生在西方社会内部这一特定历史背景的，因此并不适用于当前的国际环境。

其二，制度模式上的变革。这种制度变革更加深刻，不但涉及制度形态的变化，还涉及制度运作逻辑的调整。未来的全球治理制度并不是简单的利益重新分配，或者说建立起反映新兴霸主利益的制度。全球治理变革必然是一个多元文明共同参与的过程，新制度在确立共同目标的同时需要兼顾不同文明的偏好。因此，制度变革

---

① ［美］约翰·G. 拉格，《世界政治体制中的继承与转换》，载［美］罗伯特·基欧汉《新现实主义及其批判》，郭树勇译，北京大学出版社 2002 年版，第 143 页。

② ［美］约翰·伊肯伯里：《大战胜利之后：制度、战略约束和战后秩序重建》，门洪华译，北京大学出版社 2008 年版，第 43 页；John Ikenberry and Charles A. Kupchan, "Socialization and Hegemonic Power," *International Organization*, Vol. 44, No. 3, 1990, pp. 283 – 315.

体现为由反映单一偏好的制度转变为能够兼顾不同偏好的制度。这种新制度强调在不同偏好之间展开协调以达成一致行动，而不是由存在特定偏好的行为体对其他行为体展开单向的强制和同化。

2. 走向弱制度：多元治理

制度变革方向的选择涉及一个重要问题，即从"实然"还是"应然"视角出发？现实主义曾将应然分析贬斥为"乌托邦"。然而，完全排除"应然"分析是很难做到的，也是不科学的，在做未来研究时更是如此。亚历山大·温特指出，制度设计者知道如何计算当然是可以预期的，但也应期待他们有智慧、判断和对美好的理解，严格的实证与规范区分在培养上贡献有限。① 未来的制度变革是对制度的重新设计，也应将规范性因素纳入考虑。多元治理是全球治理发展的必然趋势，相关制度需要能够满足多元偏好共存的要求。

多元治理是各方期望的治理模式，也是多元文明兴起背景下未来全球治理的必然方向。2012 年 7 月 27 日，联合国大会通过的《我们希望的未来》指出，我们确认世界自然和文化的多样性，认识到所有文化和文明都能够为可持续发展作出贡献。② 秦亚青指出，现在的治理理念体现的是一元主义治理观、工具理性和二元对立思维方式。未来应实现理念上的转变，开展多元治理。③ 多元治理观点与其他学者提出的以"弱冲突逻辑 + 强和谐逻辑"与多主体协商民主为基本逻辑的全球共治理念相契合。④ 同时，多元治理又是一个现实

① Alexander Wendt, "Driving with the Rearview Mirror: On the Rational Science of Institutional Design," *International Organization*, Vol. 55, No. 4, 2001, pp. 1019 – 1049.

② A/RES//66/288,《我们希望的未来》，2012 年 7 月 27 日，https://documents-dds-ny. un. org/doc/UNDOC/GEN/N11/476/09/PDF/N1147609. pdf? OpenElement, 2022 年 4 月 12 日。

③ 秦亚青：《全球治理失灵与秩序理念的重建》，《世界经济与政治》2013 年第 4 期。

④ 高奇琦：《全球共治：中西方世界秩序观的差异及其调和》，《世界经济与政治》2015 年第 4 期；俞正樑、陈玉刚：《全球共治理论初探》，《世界经济与政治》2005 年第 4 期。

趋势。全球经济治理结构正在从霸权治理向发达经济体与新兴经济体平等参与和合作治理的方向发展，作为两股相互依赖、缺一不可的力量共同治理全球经济问题。① 阿米塔·阿查亚指出，在一个"多厅影院"世界里，全球治理将呈现出"碎片化"态势。旧秩序主导者不能收编新兴国家，而必须与之谈判。治理体系将保留旧秩序的主要元素，但是它将展示出充分的政治、经济和战略多样性。②

　　未来的制度应该具有更显著的平等性，弱小国家及非国家行为体的多元诉求都能获得兼顾。那么，这种设想对应的具体制度类型是什么呢？强制度在价值取向上的唯一性与多元偏好共存相冲突，弱制度本质上既是多元治理的反映也是多元治理的手段。因此，能够反映多元利益诉求、调动各方积极参与治理的弱制度成为未来制度变革的必然方向。一些学者在探讨网络治理时指出，框架公约将是增进制度建构的一种适当的制度性机制。③

　　（二）如何实现这样的制度变革？

　　当前的许多制度是依照既有强国（美国或西方社会）的偏好确立起来的，因此存在大量抵制制度变革的既得利益者。在世界贸易组织谈判中，美国与欧盟等发达国家积极抵制发展中国家在农业补贴等问题上提出的要求。弱制度的灵活性等独特属性可以明显降低上述阻力，但是如何展开变革仍然值得深思。基于弱制度的相关论断，未来的制度变革应从下述方面着手。

　　首先，明确各方的认知差异。跨文明接触和文明间交往存在于许多不同的实践活动中，文明内部和文明之间的关系都充满了辩论

　　① 徐秀军：《新兴经济体与全球经济治理结构转型》，《世界经济与政治》2012年第10期。

　　② Amitav Acharya, "The Future of Global Governance: Fragmentation May Be Inevitable and Creative," *Global Governance*, Vol. 22, 2016, pp. 453 –460.

　　③ Milton Mueller et al., "The Internet and Global Governance: Principles and Norms for a New Regime," *Global Governance*, Vol. 13, No. 2, 2007, pp. 237 –254.

和纷争。① 传统制度建构模式忽视了这一差异的影响，而是直接将其视为需要消灭的对象。然而，国际社会是一个异质性很强的共同体，以一致改变多样，不符合文明发展的规律。② 事实上，昨天的规范接受者也可能成为明天的规范制定者。新兴国家与美国享有不同的全球治理观念，美国尝试将新兴国家纳入自己的制度体制中是难以成功的，新兴国家希望依据自身偏好重塑秩序，妥协成为当前的秩序。③ 鉴于此，承认存在认知和偏好差异是开展制度变革的前提，在明确各方具体差异的基础上，主动规避无休止的争论并寻求能够兼顾各方偏好的方案。

其次，开展渐进性变革。国际关系中存在两种制度变革路径——"替代逻辑"和"渐进逻辑"，分别与强制度与弱制度相对应。替代逻辑强调新制度是对旧制度的颠覆和清除，存在的主要局限是强国对弱国社会化的制度模型并不能反向展开。④ 西方国家作为既有制度的主导者，拥有强大能力阻挠新兴国家对制度展开根本性变革。但是，保留旧的体系，在改革上集体不作为亦不符合新兴国家的诉求。因此，"渐进逻辑"成为未来制度变革的必然选择。既得利益在和平与发展的大前提下难以从根本上被撼动，不可能在体系内有太大的革命，只能从边际上加以改革。⑤ 只有改革传统的全球治理体系与构建新型体系两者齐头并进，才能最终确立新型全球治理体系和

---

① ［美］彼得·J. 卡赞斯坦：《多元多文明构成的是世界：多元行为体、多元传统与多元实践》，载［美］彼得·卡赞斯坦《世界政治中的文明：多元多维的视角》，秦亚青等译，上海人民出版社 2012 年版，第 39 页。

② 苏长和：《全球治理体系转型中的国际制度》，《当代世界》2015 年第 11 期。

③ Stewart Patrick, "Irresponsible Stakeholders? The Difficulty of Integrating Rising Powers," *Foreign Affairs*, Vol. 89, No. 6, 2010, pp. 44 – 53.

④ Andrew P. Cortell and James W. Davis, "When Norms Clash: International Norms, Domestic Practices, and Japan's Internalisation of the GATT/WTO," *Review of International Studies*, Vol. 31, No. 1, 2005, pp. 3 – 25.

⑤ 何帆等：《全球治理机制面临的挑战及中国的对策》，《世界经济与政治》2013 年第 4 期。

制度。① 渐进性变革的核心问题是在多大程度上保留旧制度要素？阿米塔·阿查亚指出，"一个关键问题是，我们可能在'什么可能存续'和'可能以何种形式存续'这样的问题上产生了真正分歧"②。事实上，这些只能留待各方在具体互动中加以解决。

最后，灵活选择多种渠道推动制度建构。软法和硬法都可以作为弱制度建构的工具，尤其是通过软法构建弱制度可以有效减少制度建构障碍与缩短建构周期。传统国际法的造法模式缓慢，与全球治理时代的大量规则需求存在矛盾。③ 同时，非正式制度与机制复合体提供了弱制度建构的另一种路径。当前全球治理中日益呈现出如下趋势，即非正式制度增长迅速而正式的政府间组织发展缓慢。④ 构建非正式制度形态的弱制度以及借助非正式平台展开协调，可以降低制度建构的难度。需要注意的是，非正式制度建构路径虽然具有显著优势，但也存在一系列风险。治理主体极易在通过非正式机制协商的过程中分裂成多个小集团，非正式机制在补充正式制度的同时，也会导致其碎片化。⑤

（三）制度变革进程中的新兴大国——中国

未来的制度变革主要由西方发达国家与新兴大国主导，变革方向取决于新兴大国如何选择自己的角色。学术界界定了三类角色：修正者，体现为罗伯特·吉尔平等学者关注的霸权更替；⑥ 融入者，

---

① 王毅：《试论新型全球治理体系的构建及制度建设》，《国外理论动态》2013年第 8 期。

② ［加］阿米塔·阿查亚：《美国世界秩序的终结》，袁正清等译，上海人民出版社 2017 年版，第 7 页。

③ 陈海明：《国际软法论纲》，《学习与探索》2018 年第 11 期。

④ Kenneth W. Abbott et al. , "Organizational Ecology and Institutional Change in Global Governance," *International Organization*, Vol. 70, No. 2, 2016, pp. 247 – 277.

⑤ Shepard Forman and Derk Segaar, "New Coalitions for Global Governance: The Changing Dynamics of Multilateralism," *Global Governance*, Vol. 12, No. 2, 2006, pp. 205 – 225.

⑥ ［美］罗伯特·吉尔平：《世界政治中的战争与变革》，武军等译，中国人民大学出版社 1994 年版，第 7 页。

约翰·伊肯伯里等学者认为新兴大国正在融入"自由秩序"；旁观者，伊恩·布雷默认为"无极"时代全球问题的解决需要新兴国家参与，但是他们却更关注国内问题。① 蒲晓宇等学者将其划分为支持者（supporters）、挑战者（spoilers）和逃避者（shirkers）。② 这些分类富有价值，但是在精确性上存在局限。他们低估了既有秩序面临的挑战，变革的压力并非源自个别大国，而是来自整个非西方世界；并非仅仅源于权力转移，而是由于既有制度的属性与新环境不匹配。鉴于强制度通常主要反映特定国家的偏好，未来制度变革的本质是为所有国家提供表达自身主张的机会。新兴大国必然是修正者，但是这种修正超越了制度更替本身，旨在确立更具包容性的制度。作为新兴国家的重要代表，中国的策略选择具有典型性。

1. 中国的两项诉求

中国在未来的制度变革中处于关键地位，这既是由于其物质实力的快速上升，也是因为中国与西方国家在文化上存在根本差异。有学者就中美两国的发展趋势指出，在经济增长率分别保持7%与2.5%的情况下，2030年将出现一个中国主导下的接近单极的世界。③ 姑且不论这一预期是否可靠，可以肯定的是中国的物质实力确实在持续增强。与此同时，中国拥有与西方不同的价值偏好，在国际决策中常常提出与后者不同的主张。由此可以断定，中国未来随着参与能力的不断提高必然会谋求为国际秩序注入新的元素。

基于具体国情可以推断出，中国对于未来的制度变革主要存在

---

① Ian Bremmer and Nouriel Roubini, "A G-Zero World: The New Economic Club Will Produce Conflict, Not Cooperation," *Foreign Affairs*, Vol. 90, No. 2, 2011, pp. 2 – 7.

② Randall L. Schweller and Xiaoyu Pu, "After Unipolarity: China's Visions of International Order in an Era of U. S. Decline," *International Security*, Vol. 36, No. 1, 2011, pp. 41 – 72.

③ Arvind Subramanian, "The Inevitable Superpower: Why China's Dominance Is a Sure Thing," *Foreign Affairs*, Vol. 90, No. 5, 2011, pp. 66 – 78.

两大偏好。其一，中国主观上希望将自身的价值理念纳入未来的全球治理当中。当前的国际秩序存在不平等性，尤其是发展中国家长期处于不利地位，中国的价值观念能推动国际社会变得更美好，这主要体现为"中国智慧"和"中国方案"等日益成为中国参与全球治理的代表性话语。① 学术界也认为，中国应该积极充当既有制度的参与者、新制度的建设者和大国之间的协调者，当前出现的全球治理赤字有助于明确中国在未来全球治理中的作用。② 其二，中国崛起极易引发既有大国的猜疑。在此情形下，中美两国掉入"修昔底德陷阱"的风险增加，尤其是近年来出现了激烈的"战略竞争"。③ 因此，如何避免"修昔底德陷阱"与实现和平发展，成为中国的另一项重要关注。中国在未来制度变革中的角色选择取决于对上述两大偏好的权衡，即如何在不引起既有强国严重猜忌的同时保证制度变革能够充分反映自身偏好。

2. 中国的角色

中国的角色选择——修正者或维持现状者，关系到制度的变革方向与自身的和平发展。有学者通过分析中国领导人的出访数据指出，中国是一个现状国而非修正国。④ 鉴于当前西方主导的相关制度存在明显局限，中国和所有新兴大国都必然是修正者。国际社会也期待中国扮演关键性角色，希望听到中国在各议题中

---

① 盛卉：《专家谈习近平提出"中国方案"：对中国外交提出新要求》，2014 年 7 月 15 日，http：//politics. people. com. cn/n/2014/0715/c99014 – 25284820. html，2018 年 10 月 30 日。

② 庞中英：《全球治理赤字及其解决：中国在解决全球治理赤字中的作用》，《社会科学》2016 年第 12 期。

③ ［美］格雷厄姆·艾利森：《注定一战：中美能避免修昔底德陷阱吗?》，陈定定等译，上海人民出版社 2019 年版，第 7 页；Parag Khanna, "Thucydides Trap or Tug-of-War," *National Interest*, No. 151, 2017, pp. 40 – 52.

④ Scott L. Kastner and Phillip C. Saunders, "Is China a Status Quo or Revisionist State? Leadership Travel as an Empirical Indicator of Foreign Policy Priorities," *International Studies Quarterly*, Vol. 56, 2012, pp. 163 – 177.

的声音。① 问题的关键并非是否要进行变革，而是中国应该如何参与变革？考虑到上述因素的共同作用，中国需要着重从下述方面展开行动。

首先，摒弃建构强制度的诱惑。西方五百年的霸权兴衰表明，主导全球制度虽然会带来巨大收益，但是成本也同样高昂。霸权国家维持体系控制和制度运作必须承担起一定的防御和诱导成本，边际收益递减更是霸权衰落的根源。② 在民族觉醒和国际关系民主化持续深入的背景下，试图确立一种文化观念的主导地位不但难以成功甚至还会削弱其软实力，如进入 21 世纪美国推动的"大中东民主计划"引起了广泛批评。中国不可能像西方国家那样完全依据自身偏好构建国际制度，也没有必要这样做。西方确立的"威斯特伐利亚叙事"和"欧洲中心主义偏见"阻碍了对当前相互依赖和多元主义的理解。③ 未来的秩序必然要体现中国诉求，但是却不可能仅仅契合中国诉求。"威斯特伐利亚叙事"下的规范性等级结构必然将被破除，但是并不意味着"儒家文化叙事"或"天下叙事"将成为新的主导者。有学者将当前国际制度区分为不同类型，主张中国应采取不同的针对性政策。④ 这对政策制定富有启示意义，但也存在一定危险——国家极易走向追求仅能体现自身偏好的秩序。基于当前的全球治理态势，中国需要采取一种开放的心态，尊重多元偏好并存的现实，"中国方案"应作为向国际社会提供的政策选项，而非构建仅反映自身偏好的制度蓝本。

---

① 张晓华、祁悦：《应对气候变化国际合作进程的回顾与展望（下）》，2015 年 8 月 13 日，http：//www. ncsc. org. cn/yjcg/fxgc/201508/t20150813_609656. shtml，2018 年 11 月 7 日。

② ［美］罗伯特·吉尔平：《世界政治中的战争与变革》，武军等译，中国人民大学出版社 1994 年版，第 83 页。

③ Turan Kayaoglu, "Westphalian Eurocentrism in International Relations Theory," *International Studies Review*, Vol. 12, No. 2, 2010, pp. 193 – 217.

④ 何帆等：《全球治理机制面临的挑成及中国的对策》，《世界经济与政治》2013 年第 4 期；苏长和：《全球治理体系转型中的国际制度》，《当代世界》2015 年第 11 期。

　　其次，充当制度变革的引领者而非主导者。领导者在推进治理
的过程中扮演着关键性角色。[①] 在多元文明兴起与国际关系民主化推
动下，中国是一个与其他国家平等的争论者。[②] 在争论过程中，不存
在一方主导其他各方的情况，平等协商作为主要互动方式意味着协
调各方立场的能力成为领导者的重要标志。有学者指出，欧盟在哥
本哈根会议后由领导者转变为引领—调解者（leadiator）。[③] 这也是
中国未来应当积极争取扮演的角色。国家的良好形象不在于能够促
使他国改变立场，而在于能否有效整合各方力量解决复杂问题。中
国的"双重身份"赋予其沟通不同国家集团的独特优势。[④] 中国作
为新兴国家的代表，一方面与广大发展中国家保持密切联系，能够
将非西方国家的主张传达给西方国家；另一方面作为大国与西方国
家建立了密切联系，并且在维护国际秩序等方面存在共同利益。未
来，中国需要充分发挥这一协调者优势。

　　最后，以弱制度为选项，积极引领网络空间和外空等新兴议题
领域的制度建构。网络空间的制度建构自 20 世纪 90 年代开始至今
已历经近 30 年，其间出现了网络主权与网络自由的争论以及国家治
理与多利益攸关方治理的争论，这与海洋与气候等制度建构期间的
争论如出一辙。中国作为主权国家有自己的最优偏好，但是作为全
球治理的引领者，更需要为国际社会提供一条能够尽快摆脱当前僵
局的路径。弱制度设计为中国提供了很好的选择，在保证自身利益
的同时兼顾各方偏好，引导各方尽快完成制度建构并参与到治理进
程当中。同时，中国还可以借助非正式的政府间协议等手段来协调

　　① U. Saul and C. Seidel, "Does Leadership Promote Cooperation in Climate Change Mitigation Policy?" *Climate Policy*, Vol. 11, No. 2, 2011, pp. 897 – 915.

　　② Thomas Risse, "Let's Argue: Communicative Action in World Politics," *International Organization*, Vol. 54, No. 1, 2000, pp. 1 – 39.

　　③ Karin Bäckstr and Ole Elgström, "The EU's Role in Climate Change Negotiations: From Leader to 'Leadiator'," *Journal of European Public Policy*, Vol. 20, 2013, Issue 10.

　　④ Stewart Patrick, "Irresponsible Stakeholders? The Difficulty of Integrating Rising Powers," *Foreign Affairs*, Vol. 89, No. 6, 2010, pp. 44 – 53.

各国解决紧迫和复杂的跨国问题，与存在共同利益的其他国家团结一致支持行动。①

弱制度是一种与全球治理属性以及当前国际环境相契合的制度类型，为协调偏好迥异的各方共同行动提供了一个灵活框架。可以预期，它将在气候、网络等议题中扮演关键性角色。中国作为新兴大国的代表面临着两项责任，即引领非西方国家参与新制度建构以及推动西方接受对制度的变革。弱制度为中国提供了一条参与和引领全球治理的低成本路径，它的模糊性等属性实现了多元偏好共存，既降低了既有强国对制度变革的恐惧，也为新兴国家表达诉求提供了可能。未来中国应以弱制度为选项，积极充当制度建构和变革的引领者。

四　未来的研究议程

弱制度研究是一项可以为构建非西方国际关系理论提供丰富思想的理论分支。为了便于学术界围绕此议题展开进一步探讨，在此有必要明确一下本书取得的进展与存在的不足，以及可资未来探讨的相关议程。

（一）进展与不足

本书在下述方面取得了一定进展。首先，提出了一种新的制度研究视角。传统制度研究受"欧洲中心主义偏见"和"强制度偏好"影响，忽视了弱制度问题。这导致了一系列对现代国际关系的错误诊断，并阻碍了对相互依赖和多元主义的理解。② 系统分析弱制度有助于完善传统观点，强制度与弱制度在推动治理方面并不存在优劣之分，在适合的情境下都是最优设计。其次，提出了一种沟通

---

① Shepard Forman and Derk Segaar, "New Coalitions for Global Governance: The Changing Dynamics of Multilateralism," *Global Governance*, Vol. 12, No. 2, 2006, pp. 205 – 225.

② Turan Kayaoglu, "Westphalian Eurocentrism in International Relations Theory," *International Studies Review*, Vol. 12, No. 2, 2010, pp. 193 – 217.

全球治理研究与制度理论研究的思路。学术界注意到全球治理与制度存在内在联系，全球治理本质上就是通过制度协调全球各方展开的治理，各议题领域构成了制度研究的"实验室"。然而，通过全球治理研究完善制度理论的尝试并不多。通过阐释全球治理各议题领域中频繁出现的现象，有助于完善制度研究的一般性论断。最后，将分析折中主义方法运用到了制度研究当中，即借鉴理性主义和建构主义相关论点对弱制度的形成和作用机制进行阐释。弱制度作为观念平衡的结果是由行为体的偏好差异与权力大致均衡导致的，行为体对弱制度的遵守是"结果性逻辑"与"适当性逻辑"共同作用的结果。

由于受研究主题等方面的限制，本书可能存在下述局限。首先，对弱制度的分析可能因视角和知识结构的限制存在不足。全球治理议题的特殊性可能会导致解释存在一定局限，传统议题以及地区议题中的弱制度可能受到其他因素影响，因此相关论断在应用于地区议题时可能需要作进一步调整。其次，并未对"第三项议程"——不同类型制度作用方式的差异——作出全面回答，只是明确了这一议程的重要意义，并通过分析弱制度为开展这一议程做了一定准备。未来需要通过广泛的比较研究进一步确定弱制度的作用机制，在此基础上明确其与强制度作用机制展的差异。最后，资料完备程度。气候议题涉及一系列技术性问题，其间存在大量的文献材料，很难做到穷尽所有材料。因此，历次气候会议的记录被作为主文献，在此基础上辅之以各国的政策文件。这有助于在庞杂的材料中把握治理的总体过程，但是也可能造成一些重要材料被疏漏。

（二）有待探讨的问题

制度类型与弱制度等是制度研究的一项新议程，在当前国际格局深刻变化、多元文明兴起以及非西方新兴大国积极参与全球治理的背景下，探讨何种类型的制度能够更好地推动国际合作具有重要的理论和现实意义。未来随着学术界对弱制度展开更深入的分析，基于西方经验和偏好确立起来的传统制度理论将出现重构，并在促进国际合作的具体过程中展现出更强的解释力和预测力。

在国际制度理论实现重构之前，学术界至少需要在下述两个方面展开进一步探讨。其一，通过分析弱制度在其他议题（尤其是区域治理以及传统议题）中的应用，包括评估有效性、明确其促进合作的过程等，最终形成关于弱制度作用机制以及条件范围的系统、可靠论断。国际社会中存在大量经验案例可以用来开展这一工作，不同议题的比较为展开验证或修正性分析提供了可靠工具。例如，自主贡献模式自 2013 年以来已经在国际减灾领域成为主导性模式，与气候治理是同一种制度模式在不同议题中的应用，如果两个议题中的治理趋势一致，那么制度类型的作用将得到进一步确证。① 在地区治理中，东盟地区相对于欧盟而言采取了大量的弱制度尝试，围绕二者的比较研究将能够确证或完善弱制度在地区治理中的有效性及其作用机制。其二，在强制度与弱制度的基础上进一步完善制度分类，形成各类制度相对应的作用机制以及条件范围的数据库。当前的制度政策研究带有一定程度的盲目性和试验性，即某一项制度无效意味着其他制度可能是有效的，这导致制度政策制定低效且极易失败。未来制度类型数据库的建立，将为治理和合作实践提供更具有针对性的指导。

---

① 　A/RES/68/211，"International Strategy for Disaster Reduction"，Resolution Adopted by the General Assembly on 20 December 2013，https：//documents-dds-ny. un. org/doc/UNDOC/GEN/N13/452/11/PDF/N1345211. pdf？Open Element.

参考文献

一 中文参考文献

（一）著作（含译著）

［英］安德鲁·赫里尔：《全球秩序与全球治理》，林曦译，中国人民大学出版社 2018 年版。

［德］戴维·赫尔德等：《全球大变革：全球化时代的政治、经济与文化》，社会科学文献出版社 2001 年版。

［加］阿米塔·阿查亚：《美国世界秩序的终结》，袁正清等译，上海人民出版社 2017 年版。

［美］彼得·卡赞斯坦、罗伯特·基欧汉、斯蒂芬·克拉斯纳主编：《世界政治理论的探索与争鸣》，秦亚青等译，上海人民出版社 2006 年版。

［美］彼得·卡赞斯坦主编：《国家安全的文化：世界政治中的规范与认同》，宋伟等译，北京大学出版社 2009 年版。

［美］大卫·A. 鲍德温主编：《新现实主义和新自由主义》，肖欢容译，浙江人民出版社 2001 年版。

［美］戴维·莱克：《国际关系中的等级制》，高婉妮译，上海人民出版社 2013 年版。

［美］格雷厄姆·艾利森：《注定一战：中美能避免修昔底德陷阱吗?》，陈定定等译，上海人民出版社 2019 年版。

［美］海伦·米尔纳：《利益、制度与信息：国内政治与国际关系》，曲博译，上海人民出版社 2015 年版。

［美］肯尼思·华尔兹：《国际政治理论》，信强译，上海人民出版社 2003 年版。

［美］莉萨·马丁、贝思·西蒙斯主编：《国际制度》，黄仁伟等译，上海人民出版社 2018 年版。

［美］鲁德拉·希尔、彼得·卡赞斯坦：《超越范式：世界政治研究中的分析折中主义》，秦亚青等译，上海人民出版社 2013 年版。

［美］罗伯特·基欧汉：《霸权之后：世界政治经济中的合作与纷争》，苏长和等译，上海人民出版社 2012 年版。

［美］罗伯特·杰维斯：《国际政治中的知觉与错误知觉》，秦亚青译，世界知识出版社 2003 年版。

［美］罗伯特·杰维斯：《系统效应：政治与社会生活中的复杂性》，李少军等译，上海人民出版社 2008 年版。

［美］罗伯特·吉尔平：《世界政治中的战争与变革》，武军等译，中国人民大学出版社 1994 年版。

［美］玛莎·费丽莫：《国际社会中的国家利益》，袁正清译，浙江人民出版社 2001 年版。

［美］迈克尔·巴尼特、玛莎·芬妮莫尔：《为世界定规则：全球政治中的国际组织》，薄燕译，上海人民出版社 2009 年版。

［美］曼瑟尔·奥尔森：《集体行动逻辑》，陈郁等译，上海人民出版社 1995 年版。

［加］诺林·里普斯曼、杰弗里·托利弗、斯蒂芬·洛贝尔：《新古典现实主义国际政治理论》，刘丰等译，上海人民出版社 2017 年版。

［美］塞缪尔·亨廷顿：《文明的冲突与世界秩序的重建》，周琪等译，新华出版社 1998 年版。

［美］斯蒂芬·范埃弗拉：《政治学研究方法指南》，陈琪译，北京大学出版社 2006 年版。

［美］亚历山大·温特：《国际政治的社会理论》，秦亚青译，上海人民出版社 2001 年版。

［美］约翰·米尔斯海默：《大国政治的悲剧（新一版）》，王义

梡等译，上海人民出版社 2008 年版。

[美] 约翰·伊肯伯里：《大战胜利之后：制度、战略约束和战后秩序重建》，门洪华译，北京大学出版社 2008 年版。

[美] 约翰·鲁杰主编：《多边主义》，苏长和等译，浙江人民出版社 2003 年版。

[美] 约瑟夫·奈：《硬权力与软权力》，门洪华译，北京大学出版社 2005 年版。

[美] 詹姆斯·罗西瑙主编：《没有政府的治理》，张胜军等译，江西人民出版社 2001 年版。

[英] 苏珊·斯特兰奇：《权利流散：世界经济中的国家与非国家权威》，肖宏宇等译，北京大学出版社 2005 年版。

薄燕：《国际谈判与国内政治：美国与〈京都议定书〉谈判的实例》，上海三联书店 2007 年版。

薄燕：《全球气候变化治理中的中美欧三边关系》，上海人民出版社 2012 年版。

罗豪才等：《软法与公共治理》，北京大学出版社 2006 年版。

秦亚青：《关系与过程：中国国际关系理论的文化建构》，上海人民出版社 2012 年版。

杨洁勉主编：《世界气候外交和中国应对》，时事出版社 2009 年版。

俞可平主编：《全球化：全球治理》，社会科学文献出版社 2003 年版。

中华人民共和国海事局：《联合国海洋法公约》，人民交通出版社 2004 年版。

庄贵阳、朱仙丽、赵行姝：《全球环境与气候治理》，浙江人民出版社 2009 年版。

（二）期刊文章

[德] 托马斯·菲斯：《超越八国集团的全球治理：高峰会议机制的改革前景》，《世界经济与政治》2007 年第 9 期。

〔法〕丹尼尔·康帕格农：《全球治理与发展中国家：盲点还是未知领域？》，谢来辉译，《国外理论动态》2013 年第 4 期。

〔美〕罗伯特·基欧汉：《气候变化的全球政治学：对政治科学的挑战》，《国外理论动态》2016 年第 3 期。

〔瑞士〕克劳斯·施瓦布：《21 世纪的全球治理》，《外交评论》2008 年第 6 期。

〔英〕奈瑞·伍茨：《全球经济治理：强化多边制度》，《外交评论》2008 年第 6 期。

薄燕：《全球环境治理的有效性》，《外交评论》2006 年第 6 期。

薄燕、高翔：《原则与规则：全球气候变化治理机制的变迁》，《世界经济与政治》2014 年第 2 期。

蔡翠红：《国家—市场—社会互动中网络空间的全球治理》，《世界经济与政治》2013 年第 9 期。

陈海明：《国际软法论纲》，《学习与探索》2018 年第 11 期。

陈琪、管传靖：《国际制度设计的领导权分析》，《世界经济与政治》2015 年第 8 期。

陈迎、庄贵阳：《〈京都议定书〉的前途及其国际经济和政治影响》，《世界经济与政治》2001 年第 6 期。

程晓勇：《国际气候治理规范的演进与传播：以印度为案例》，《南亚研究季刊》2012 年第 2 期。

段晓男等：《〈京都议定书〉缔约国履约相关状况及其驱动因素初步分析》，《世界地理研究》2016 年第 4 期。

冯存万：《南南合作框架下的中国气候援助》，《国际展望》2015 年第 1 期。

高奇琦：《全球共治：中西方世界秩序观的差异及其调和》，《世界经济与政治》2015 年第 4 期。

高翔：《〈巴黎协定〉与国际减缓气候变化模式的变迁》，《气候变化研究进展》2016 年第 2 期。

宫笠俐：《决策模式与日本环境外交：以日本批准〈京都议定

书〉为例》,《国际论坛》2011 年第 6 期。

龚微、贺惟君:《基于国家自主贡献的中国与东盟国家气候合作》,《东南亚纵横》2018 年第 5 期。

谷德近:《巴厘岛路线图:共同但有区别责任的演进》,《法学》2008 年第 2 期。

何帆等:《全球治理机制面临的挑成及中国的对策》,《世界经济与政治》2013 年第 4 期。

何建坤等:《全球长期减排目标与碳排放权分配原则》,《气候变化研究进展》2009 年第 6 期。

何露杨:《巴西气候变化政策及其谈判立场的解读与评价》,《拉丁美洲研究》2016 年第 2 期。

何志鹏、尚杰:《国际软法的效力、局限及完善》,《甘肃社会科学》2015 年第 2 期。

何志鹏、尚杰:《国际软法作用探析》,《河北法学》2015 年第 8 期。

何志鹏:《作为软法的〈世界人权宣言〉的规范理性》,《现代法学》2018 年第 5 期。

黄婧:《〈京都议定书〉遵约机制探析》,《西部法学评论》2012 年第 1 期。

康晓:《金砖国家气候合作:动力与机制》,《国际论坛》2015 年第 2 期。

孔田平:《法国"黄背心"运动挑战马克龙新政》,《中国社会科学报》2019 年 1 月 17 日。

李慧明:《全球气候治理制度碎片化时代的国际领导及中国的战略选择》,《当代亚太》2015 年第 4 期。

李威:《从〈京都议定书〉到〈巴黎协定〉:气候国际法的改革与发展》,《上海对外经贸大学学报》2016 年第 5 期。

李鹏:《共同推进环境与发展国际合作:在发展中国家环境与发展部长级会议上的讲话》,《世界环境》1991 年第 4 期。

刘明明:《全球气候变化背景下碳排放空间的公平分配:以德班

会议〈公平获取可持续发展〉的基本政治立场为分析进路》,《法学评论》2012 年第 4 期。

刘硕等:《中国气候变化南南合作对〈巴黎协定〉后适应谈判的影响》,《气候变化研究进展》2018 年第 2 期。

卢静:《当前全球治理的制度困境及其改革》,《外交评论》2014 年第 1 期。

吕晓莉、缪金盟:《IPCC 在气候变化全球治理中的作用研究》,《国际论坛》2011 年第 6 期。

庞珣:《国际公共产品中集体行动困境的克服》,《世界经济与政治》2012 年第 7 期。

庞中英:《全球治理赤字及其解决:中国在解决全球治理赤字中的作用》,《社会科学》2016 年第 12 期。

秦海波等:《美国、德国、日本气候援助比较研究及其对中国南南气候合作的借鉴》,《中国软科学》2015 年第 2 期。

齐尚才:《错误知觉、议题身份与国际冲突:以中美南海航行自由争议为例》,《外交评论》2017 年第 5 期。

齐尚才:《扩散进程中的规范演化:1945 年以后的航行自由规范》,《国际政治研究》2018 年第 1 期。

秦亚青:《主体间认知差异与中国的外交决策》,《外交评论》2010 年第 4 期。

秦亚青:《全球治理失灵与秩序理念的重建》,《世界经济与政治》2013 年第 4 期。

石亚莹:《论软法的优势和作用:以国际法为视角》,《法学杂志》2015 年第 6 期。

苏长和:《全球治理体系转型中的国际制度》,《当代世界》2015 年第 11 期。

檀有志:《网络空间全球治理:国际情势与中国路径》,《世界经济与政治》2013 年第 12 期。

王润等:《"来印度制造"下的印度能源与气候政策述评》,《气候变化研究进展》2017 年第 4 期。

王学东、方志操：《全球治理中的"软法"问题：对国际气候机制的解读》，《国外理论动态》2015 年第 3 期。

王毅：《全球气候谈判纷争的原因分析及其展望》，《环境保护》2001 年第 1 期。

王毅：《试论新型全球治理体系的构建及制度建设》，《国外理论动态》2013 年第 8 期。

魏玲：《小行为体与国际制度：亚信会议、东盟地区论坛与亚洲安全》，《世界经济与政治》2014 年第 5 期。

吴静等：《世界主要国家气候谈判立场演变历程及未来减排目标分析》，《气候变化研究进展》2016 年第 3 期。

吴志成、何睿：《国家有限权力与全球治理有效性》，《世界经济与政治》2013 年第 12 期。

项南月、刘宏松：《二十国集团合作治理模式的有效性分析》，《世界经济与政治》2017 年第 6 期。

肖楠：《印度公布减排计划》，《能源研究与利用》2015 年第 6 期。

谢来辉：《全球环境治理"领导者"的蜕变：加拿大的案例》，《当代亚太》2012 年第 1 期。

谢来辉：《从"扭曲的全球治理"到"真正的全球治理"：全球发展治理的转变》，《国外理论动态》2015 年第 12 期。

徐斌：《市场失灵、机制设计与全球能源治理》，《世界经济与政治》2013 年第 11 期。

徐崇利：《全球治理与跨国法律体系：硬法与软法的"中心—外围"之构造》，《国外理论动态》2013 年第 8 期。

徐秀军：《新兴经济体与全球经济治理结构转型》，《世界经济与政治》2012 年第 10 期。

轩传树：《议会选举政治视角下的欧洲绿党》，《当代世界与社会主义》2016 年第 5 期。

严双伍、肖兰兰:《中国参与国际气候谈判的立场演变》,《当代亚太》2010 年第 1 期。

严双伍、高小升:《后哥本哈根气候谈判中的基础四国》,《社会科学》2011 年第 2 期。

杨永红:《从利比亚到叙利亚——保护责任走到尽头了?》,《世界经济与政治论坛》2012 年第 3 期。

于宏源:《国际环境合作中的集体行动逻辑》,《世界经济与政治》2007 年第 5 期。

于宏源、王健:《全球气候治理和发展中国家气候谈判策略研究》,《毛泽东邓小平理论研究》2009 年第 7 期。

俞正樑、陈玉刚:《全球共治理论初探》,《世界经济与政治》2005 年第 4 期。

袁倩:《〈巴黎协定〉与全球气候治理机制的转型》,《国外理论动态》2017 年第 2 期。

张茗:《全球公域:从"部分"治理到"全球"治理》,《世界经济与政治》2013 年第 11 期。

张永香等:《美国退出〈巴黎协定〉对全球气候治理的影响》,《气候变化研究进展》2017 年第 5 期。

张胜军:《全球深度治理的目标与前景》,《世界经济与政治》2013 年第 4 期。

赵斌、高小升:《新兴大国气候政治的变化机制:以中国和印度为比较案例》,《南亚研究》2014 年第 1 期。

赵晨:《国内政治文化与中等强国的全球治理:基于加拿大的考察》,《世界经济与政治》2012 年第 10 期。

赵春燕:《对"软法"概念的冷思考:兼谈对卢曼法社会学理论的正确理解》,《河北法学》2010 年第 12 期。

朱杰进:《国际制度设计中的规范与理性》,《国际观察》2008 年第 4 期。

朱杰进、傅菊辉:《全球正义与国际制度设计:以国际刑事法院为例》,《世界经济与政治》2009 年第 2 期。

朱立群:《中国与国际体系双向社会化的实践逻辑》,《外交评论》2012 年第 1 期。

庄贵阳、陈迎:《试析国际气候谈判中的国家集团及其影响》,《太平洋学报》2001 年第 2 期。

庄贵阳等:《中国在全球气候治理中的角色定位与战略选择》,《世界经济与政治》2018 年第 4 期。

左品、蒋平:《金砖国家参与全球气候治理的动因及合作机制分析》,《国际观察》2017 年第 4 期。

二　英文参考文献

(一) 著作

Andrew F. Cooper and Agata Antkiewicz eds. , *Emerging Powers in Global Governance*: *Lessons from the Heiligendamm Process*, Waterloo: Wilfrid Laurier University Press, 2008.

Anthony Giddens, *The Politics of Climate Change*, London: Polity Press, 2009.

Arild Underdal and Oran R. Young eds. , *Regime Consequences*: *Methodological Challenges and Research Strategies*, Dordrecht: Kluwer Academic Publishers, 2004.

Christian Reus-Smit ed. , *The Politics of International Law*, Cambridge: Cambridge University Press, 2004.

Commission for Global Governance, *Our Global Neighborhood*, New York: Oxford University Press, 1995.

Derek Beach and Rasmus Brun Pedersen, *Process-tracing Methods*: *Foundations and Guidelines*, Ann Arbor: The University of Michigan Press, 2013.

Edward Newman, *A Crisis of Global Institutions*? *Multilateralism and International Security*, Oxford and New York: Routledge, 2007.

Hedley Bull and Adam Watson eds. , *The Expansion of International Society*, *Oxford*: *Clarendon Press*, 1984.

Jacqueline Best, *Governing Failure*: *Provisional Expertise and the Transformation of Global Development Finance*, Cambridge: Cambridge University Press, 2014.

Jurgen Friedrich, *International Environmental "Soft Law"*, Berlin Heidelberg: Springer, 2013.

Kirton and Trebilcock eds. , *Hard Choices*, *Soft Law*: *Voluntary Standards in Global Trade*, *Environment and Social Governance*, Burlington: Ashgate Publishing, 2004.

M. Byers, *The Role of Law in International Politics*, Oxford: Oxford University Press, 2000.

Michael Barnett and Raymond Duvall eds. , *Power in Global Governance*, Cambridge: Cambridge University Press, 2005.

Walter Mattli and Ngaire Woods eds. , *The Politics of Global Regulation*, Princeton: Princeton University Press, 2009.

（二）期刊文章

Ahsan I. Butt, "Anarchy and Hierarchy in International Relations: Examining South America's War-Prone Decade, 1932 – 41 ," *International Organization*, Vol. 67, No. 3, 2013.

Alan E. Boyle, "Some Reflections on the Relationship of Treaties and Soft Law," *The International and Comparative Law Quarterly*, Vol. 48, No. 4, 1999.

Alex Weisiger and Keren Yarhi-Milo, "Revisiting Reputation: How Past Actions Matter in International Politics," *International Organization*, Vol. 69, No. 2, 2015.

Alexander Betts, "Regime Complexity and International Organizations: UNHCR as a Challenged Institution," *Global Governance*, Vol. 19, 2013.

Alexandra Gheciu, "Security Institutions as Agents of Socialization?

NATO and the 'New Europe'," *International Organization*, Vol. 59, No. 4, 2005.

Alexander Wendt, "Anarchy Is what States Make of It: The Social Construction of Power Politics," *International Organization*, Vol. 46, No. 2, 1992.

Alexander Wendt, "Driving with the Rearview Mirror: On the Rational Science of Institutional Design," *International Organization*, Vol. 55, No. 4, 2001.

Amanda M. Murdie and David R. Davis, "Shaming and Blaming: Using Events Data to Assess the Impact of Human Rights INGOs," *International Studies Quarterly*, Vol. 56, 2012.

Amandine Orsini et al., "Regime Complexes: A Buzz, a Boom, or a Boost for Global Governance?" *Global Governance*, Vol. 19, 2013.

Amandine Orsini, "Multi-Forum Non-State Actors: Navigating the Regime Complexes for Forestry and Genetic Resources," *Global Environmental Politics*, Vol. 13, No. 3, 2013.

Amitav Acharya, "How Ideas Spread: Whose Norms Matter? Norm Localization and Institutional Change in Asian Regionalism," *International Organization*, Vol. 58, No. 2, 2004.

Amitav Acharya, "The R2P and Norm Diffusion: Towards a Framework of Norm Circulation," *Global Responsibility to Protect*, Vol. 5, No. 4, 2013.

Amitav Acharya, "Who Are the Norm Makers? The Asian-African Conference in Bandung and the Evolution of Norms," *Global Governance*, Vol. 20, No. 3, 2014.

Amitav Acharya, "The Future of Global Governance: Fragmentation May Be Inevitable and Creative," *Global Governance*, Vol. 22, 2016.

Amos Tversky and Danniel Kahneman, "The Framing of Decisions and the Psychology of Choice," *Science*, Vol. 211, No. 4481, 1981.

Andrew Moravcsik, "The Origins of Human Rights Regimes: Democratic Delegation in Postwar Europe," *International Organization*, Vol. 54, No. 2, 2000.

Andrew T. Little and Thomas Zeitzoff, "A Bargaining Theory of Conflict with Evolutionary Preferences," *International Organization*, Vol. 71, No. 3, 2017.

Andrew P. Cortell and James W. Davis, "When Norms Clash: International Norms, Domestic Practices, and Japan's Internalization of the GATT/WTO," *Review of International Studies*, Vol. 31, No. 1, 2005.

Ann E. Towns, "Norms and Social Hierarchies: Understanding International Policy Diffusion 'From Below'," *International Organization*, Vol. 66, No. 2, 2012.

Anna Di Robilant, "Genealogies of Soft Law," *The American Journal of Comparative Law*, Vol. 54, No. 3, 2006.

Arild Underdal, "The Concept of Regime 'Effectiveness'," *Cooperation and Conflict*, Vol. 27, No. 3, 1992.

Armin Schafer, "Resolving Deadlock: Why International Organizations Introduce Soft Law," *European Law Journal*, Vol. 12, No. 2, 2006.

Arvind Subramanian, "The Inevitable Superpower: Why China's Dominance Is a Sure Thing," *Foreign Affairs*, Vol. 90, No. 5, 2011.

Audie Klotz, "Norms Reconstituting Interests: Global Racial Equality and U. S. Sanctions Against South Africa," *International Organization*, Vol. 49, No. 3, 1995.

Barbara Koremenos et al. , "The Rational Design of International Institutions," *International Organization*, Vol. 55, No. 4, 2001.

Bentley B. Allan, "Producing the Climate: States, Scientists, and the Constitution of Global Governance Objects," *International Organization*, Vol. 71, No. 1, 2017.

Brantly Womack, "How Size Matters: The United States, China and

Asymmetry," *Journal of Strategic Studies*, Vol. 24, No. 4, 2001.

B. Peter Rosendorff and Helen V. Milner, "The Optimal Design of International Trade Institutions: Uncertainty and Escape," *International Organization*, Vol. 55, No. 4, 2001.

Carsten Helm and Detlef Sprinz, "Measuring the Effectiveness of International Environmental Regimes," *The Journal of Conflict Resolution*, Vol. 44, No. 5, 2000.

Charles F. Sabel and David G. Victor, "Governing Global Problems under Uncertainty: Making Bottom-Up Climate Policy Work," *Climatic Change*, 05 October 2015, DOI 10. 1007/s10584 – 015 – 1507 – y.

Christina L. Davis, "Overlapping Institutions in Trade Policy," *Perspectives on Politics*, Vol. 7, No. 1, 2009.

Christina J. Schneider, "Weak States and Institutionalized Bargaining Power in International Organizations," *International Studies Quarterly*, Vol. 55, 2011.

Christian Reus-Smit, "Cultural Diversity and International Order," *International Organization*, Vol. 71, No. 4, 2017.

C. A. Whytock, "A Rational Design Theory of Transgovernmentalism: The Case of EU-US Merger Review Cooperation," *Boston University International Law Journal*, Vol. 23, 2005.

Daniel Bodansky, "The United Nations Framework Convention on Climate Change: A Commentary," *Yale Journal of International Law*, Vol. 18, 1993.

Daniel W. Drezner, "The Power and Peril of International Regime Complexity," *Perspectives on Politics*, Vol. 7, No. 1, 2009.

Daniel C. Matisoff, "Are International Environmental Agreements Enforceable? Implications for Institutional Design," *Int Environ Agreements*, Vol. 10, 2010.

Daniela Donno, "Who Is Punished? Regional Intergovernmental Organizations and the Enforcement of Democratic Norms," *International Organization*, *Vol.* 64, No. 4, 2010.

David Strang, "From Dependency to Sovereignty: An Event History Analysis of Decolonization 1870 – 1987," *American Sociological Review*, Vol. 55, No. 6, 1990.

David H. Bearce et al. , "Does Institutional Design Matter? A Study of Trade Effectiveness and PTA Flexibility/Rigidity," *International Studies Quarterly*, Vol. 60, No. 2, 2016.

David A. Lake, "Rightful Rules: Authority, Order, and the Foundations of Global Governance," *International Studies Quarterly*, Vol. 54, No. 3, 2010.

Detlef Sprinz and Tapani Vaahtoranta: "The Interest-Based Explanation of International Environmental Policy," *International Organization*, Vol. 48, No. 1, 1994.

David G. Victor et al. , "The Climate Threat We Can Beat: What It Is and How to Deal with It," *Foreign Affairs*, Vol. 91, No. 3, 2012.

Diana Panke and Ulrich Petersohn, "Why International Norms Disappear Sometimes," *European Journal of International Relations*, Vol. 18, No. 4, 2011.

Duncan Snidal, "The Politics of Scope: Endogenous Actors, Heterogeneity and Institutions," *Journal of Theoretical Politics*, Vol. 6, No. 4, 2014.

Ernst B. Haas, "Regime Decay: Conflict Management and International Organizations, 1945 – 1981," *International Organization*, Vol. 37, No. 2, 1983.

Evan J. Ringquist and Tatiana Kostadinova, "Assessing the Effectiveness of International Environmental Agreements: The Case of the 1985 Helsinki Protocol," *American Journal of Political Science*, Vol. 49, No. 1, 2005.

Edward Keene, "A Case Study of the Construction of International Hierarchy: British Treaty-Making Against the Slave Trade in the Early Nineteenth Century," *International Organization*, Vol. 61, No. 2, 2007.

Fariborz Zelli and Harro van Asselt, "The Institutional Fragmentation of Global Environmental Governance: Causes, Consequences, and Responses," *Global Environmental Politics*, Vol. 13, No. 3, 2013.

Frank Biermann et al., "The Fragmentation of Global Governance Architectures: A Framework for Analysis," *Global Environmental Politics*, Vol. 9, No. 4.

Fred Halliday, "International Society as Homogeneity: Burke, Marx, Fukuyama," *Millenium Journal of International Studies*, Vol. 21, 1992.

G. Kristin Rosendal, "Impacts of Overlapping International Regimes: The Case of Biodiversity," *Global Governance*, Vol. 7, No. 1, 2001.

Gregory Chin, "Two-Way Socialization: China, the World Bank and Hegemonic Weakening," *Brown Journal of World Affairs*, Vol. 19, No. 1, 2012.

Helmut Breitmeier et al., "The Effectiveness of International Environmental Regimes: Comparing and Contrasting Findings from Quantitative Research," *International Studies Review*, Vol. 13, No. 4, 2011.

Hafner-Burton et al., "The Behavioral Revolution and International Relations," *International Organization*, Vol. 71, Supplement. 1, 2017.

Hartmut Hillgenberg, "A Fresh Look at Soft Law," *European Journal of International Law*, Vol. 10, 1999.

Ian Hurd, "Legitimacy and Authority in International Politics," *International Organization*, Vol. 53, No. 2, 1999.

Jack S. Levy, "Prospect Theory, Rational Choice, and International Relations," *International Studies Quarterly*, Vol. 41, No. 1, 1997.

Jack S. Levy et al., "Backing Out or Backing In? Commitment and Consistency in Audience Costs Theory," *American Journal of Political*

Science, Vol. 59, No. 4, 2015.

James D. Morrow, "The Institutional Features of the Prisoners of War Treaties," *International Organization*, Vol. 55, No. 4, 2001.

James N. Rosenau, "Patterned Chaos in Global Life: Structure and Process in the Two Worlds of World Politics," *International Politics Science Review*, Vol. 9, No. 4, 1988.

Jan-Werner Mueller, "Eastern Europe Goes South: Disappearing Democracy in the EU's Newest Members," *Foreign Affairs*, Vol. 93, No. 2, 2014.

Janice E. Thomson, "State Practices, International Norms, and the Decline of Mercenarism," *International Studies Quarterly*, Vol. 34, No. 1, 1990.

Jeffrey Kucik and Eric Reinhardt, "Does Flexibility Promote Cooperation? An Application to the Global Trade Regime," *International Organization*, Vol. 62, No. 3, 2008.

Jeffrey T. Checkel, "Norms, Institutions, and National Identity in Contemporary Europe," *International Studies Quarterly*, Vol. 43, No. 1, 1999.

Jeffrey T. Checkel, "Why Comply? Social Learning and European Identity Change," *International Organization*, Vol. 55, No. 3, 2001.

Jeffrey T. Checkel, "International Institutions and Socialization in Europe: Introduction and Framework," *International Organization*, Vol. 59, No. 4, 2005.

Jeffrey W. Legro, "Which Norms Matter? Revisiting the 'Failure' of Internationalism," *International Organization*, Vol. 51, No. 1, 1997.

Jerry Patchell and Roger Hayter, "How Big Business Can Save the Climate: Multinational Corporations Can Succeed Where Governments Have Failed," *Foreign Affairs*, Vol. 92, No. 5, 2013.

John Ikenberry and Charles A. Kupchan, "Socialization and Hegemonic Power," *International Organization*, Vol. 44, No. 3, 1990.

John J. Mearsheimer, "The False Promise of International Institutions," *International Security*, Vol. 19, No. 3, 1994.

John Gerard Ruggie, "International Regimes, Transactions, and Change: Embedded Liberalism in the Postwar Economic Order," *International Organization*, Vol. 36, No. 2, 1982.

John Duffield, "The Limits of Rational Design," *International Organization*, Vol. 57, No. 2, 2003.

John Duffield, "What Are International Institutions?" *International Studies Review*, Vol. 9, No. 1, 2007.

Jon Birger Skjarseth et al., "Soft Law, Hard Law, and Effective Implementation of International Environmental Norms," *Global Environmental Politics*, Vol. 6, No. 3, 2006.

Jonas Karstensen et al., "Trends of the EU's Territorial and Consumption-Based Emissions from 1990 to 2016," *Climatic Change*, Vol. 151, No. 2, 2018.

Jonathan Mercer, "Emotional Beliefs," *International Organization*, Vol. 64, No. 1, 2010.

Jochen Prantl and Ryoko Nakano, "Global Norm Diffusion in East Asia: How China and Japan Implement the Responsibility to Protect," *International Relations*, Vol. 25, No. 2, 2011.

Jorgen Wettestad, "Designing Effective Environmental Regimes: The Conditional Keys," *Global Governance*, Vol. 7, 2001.

Joseph S. Nye, "The Future of American Power: Dominance and Decline in Perspective," *Foreign Affairs*, Vol. 89, No. 6, 2010.

Joseph S. Nye, "Deterrence and Dissuasion in Cyberspace," *International Security*, Vol. 41, No. 3, 2016/2017.

Joshua W. Busby et al., "Climate Change and Insecurity: Mapping Vulnerability in Africa," *International Security*, Vol. 37, No. 4, 2013.

Joeri Rogelj et al., "Paris Agreement Climate Proposals Need a Boost to Keep Warming Well Below 2℃ ," *Nature*, Vol. 534, 2016.

Jean-Frédéric Morin and Amandine Orsini, "Regime Complexity and Policy Coherency: Introducing a Co-adjustments Model," *Global Governance*, Vol. 19, 2013.

Judith Goldstein et al. , "Introduction: Legalization and World Politics," *International Organization*, Vol. 54, No. 3, 2000.

Judith Kelley, "International Actors on the Domestic Scene: Membership Conditionality and Socialization by International Institutions, " *International Organization*, Vol. 58, No. 3, 2004.

Judith Kelley, "The More the Merrier? The Effects of Having Multiple International Election Monitoring Organizations," *Perspectives on Politics*, Vol. 7, No. 1, 2009.

Kai Alderson, "Making Sense of State Socialization," *Review of International Studies*, Vol. 27, No. 3, 2001.

Kal Raustiala and David G. Victor, "The Regime Complex for Plant Genetic Resources," *International Organization*, Vol. 58, No. 2, 2004.

Karen J. Alter and Sophie Meunier, "The Politics of International Regime Complexity," *Perspectives on Politics*, Vol. 7, No. 1, 2009.

Katerina Linos and Tom Pegram, "The Language of Compromise in International Agreements," *International Organization*, Vol. 70, No. 3, 2016.

Katrina Brown et al. , "Moving Climate Change beyond the Tragedy of the Commons," *Global Environmental Change*, Vol. 54, 2019.

Katharina Holzinger et al. , "Environmental Policy Convergence: The Impact of International Harmonization, Transnational Communication, and Regulatory Competition," *International Organization*, Vol. 62, No. 4, 2008.

Kenneth W. Abbott et al. , "The Concept of Legalization," *International Organization*, Vol. 54, No. 3, 2000.

Kenneth W. Abbott and Duncan Snidal, "Hard and Soft Law in International Governance," *International Organization*, Vol. 54, No. 3, 2000.

Kenneth W. Abbott et al. , "Organizational Ecology and Institutional Change in Global Governance," *International Organization*, Vol. 70, No. 2, 2016.

Kenneth N. Waltz, "Globalization and Governance," *Political Science and Politics*, Vol. 32, No. 4, 1999.

L. Botcheva and L. Martin, "Institutional Effects on State Behavior: Convergence and Divergence," *International Studies Quarterly*, Vol. 45, No. 1, 2001.

Lars H. Gulbrandsen and Steinar Andresen, "NGO Influence in the Implementation of the Kyoto Protocol: Compliance, Flexibility Mechanisms, and Sinks," *Global Environmental Politics*, Vol. 4, No. 4, 2004.

Laurence R. Helfer, "Regime Shifting in the International Intellectual Property System," *Perspectives on Politics*, Vol. 7, No. 1, 2009.

Lawrence S. Finkelstein, "What Is Global Governance?" *Global Governance*, Vol. 1, No. 3, 1995.

Magnus Boström and Kristina Tamm Hallström, "NGO Power in Global Social and Environmental Standard-Setting," *Global Environmental Politics*, Vol. 10, No. 4, 2010.

Manuel Castells, "Global Governance and Global Politics," *Political Science and Politics*, Vol. 38, No. 1, 2005.

Marcia Don Harpaz, "China's Coherence in International Economic Governance," *Journal of Chinese Political Science*, Vol. 21, No. 2, 2016.

Martha Finnemore, "International Organizations as Teachers of Norms: The United Nations Educational, Scientific, and Cutural Organization and Science Policy," *International Organization*, Vol. 47, No. 4, 1993.

Martha Finnemore and Kathryn Sikkink, "International Norm Dynamics and Political Change," *International Organization*, Vol. 52, No. 4, 1998.

Mark Beeson and Richard Higgott, "The Changing Architecture of Politics in Asia-Pacific: Australia's Middle Power Moment?" *Internation-*

al Relation of Asia-Pacific, Vol. 14, 2014.

Mark S. Copelovitch and Tonya L. Putnam, "Design in Context: Existing International Agreements and New Cooperation," *International Organization*, Vol. 68, No. 2, 2014.

Matias E. Margulis, "The Regime Complex for Food Security: Implications for the Global Hunger Challenge," *Global Governance*, Vol. 19, 2013.

Matthew Interis, "On Norms: A Typology with Discussion," *The American Journal of Economics and Sociology*, Vol. 70, No. 2, 2011.

Michèle B. Bättig and Thomas Bernauer, "National Institutions and Global Public Goods: Are Democracies More Cooperative in Climate Change Policy?" *International Organization*, Vol. 63, No. 2, 2009.

Michael J. Struett et al., "Navigating the Maritime Piracy Regime Complex," *Global Governance*, Vol. 19, 2013.

Michael Beckley, "China's Century? Why America's Edge Will Endure," *International Security*, Vol. 36, No. 3, 2011.

Michael Barnett and Raymond Duvall, "Power in International Politics," *International Organization*, Vol. 59, No. 1, 2005.

Michael Barnett, "Evolution without Progress? Humanitarianism in a World of Hurt," *International Organization*, Vol. 63, No. 4, 2009.

Miles Kahler, "Conclusion: The Causes and Consequences of Legalization," *International Organization*, Vol. 54, No. 3, 2000.

Miles Kahler, "Rising Powers and Global Governance: Negotiating Change in a Resilient Status Quo," *International Affairs*, Vol. 89, No. 3, 2013.

Michaela Mattes, "Reputation, Symmetry, and Alliance Design," *International Organization*, Vol. 66, No. 4, 2012.

Milton Mueller et al., "The Internet and Global Governance: Principles and Norms for a New Regime," *Global Governance*, Vol. 13, No. 2, 2007.

Ole Magnus Theisen et al., "Climate Wars? Assessing the Claim That

Drought Breeds Conflict," *International Security*, Vol. 36, No. 3, 2011.

Oran R. Young, "International Regimes: Problems of Concept Formation," *World Politics*, Vol. 32, No. 3, 1980.

Oran R. Young, "Institutional Linkages in International Society: Polar Perspectives," *Global Governance*, Vol. 2, No. 1, 1996.

Parag Khanna, "Thucydides Trap or Tug-of-War," *National Interest*, No. 151, 2017.

Paul G. Mahoney and Chris W. Sanchirico, "Competing Norms and Social Evolution: Is the Fittest Norm Efficient?" *University of Pennsylvania Law Review*, Vol. 149, No. 6, 2001.

Paul K. Huth et al., "Does International Law Promote the Peaceful Settlement of International Disputes? Evidence from the Study of Territorial Conflicts since 1945," *American Political Science Review*, Vol. 105, No. 2, 2011.

Peter M. Haas and Ernst B. Haas, "Learning to Learn: Improving International Governance," *Global Governance*, Vol. 1, No. 3, 1995

Peter M. Haas, "UN Conferences and Constructivist Governance of the Environment," *Global Governance*, Vol. 8, No. 1, 2002.

Peter M. Haas, "Addressing the Global Governance Deficit," *Global Environmental Politics*, Vol. 4, No. 4, 2004.

Phil Orchard, "Protection of Internally Displaced Persons: Soft Law as a Norm-Generating Mechanism," *Review of International Studies*, Vol. 36, No. 2, 2010.

Ronald B. Mitchell, "International Environmental Agreements: A Survey of Their Features, Formation, and Effects," *Annual Review of the Environment and Resources*, Vol. 28, 2003.

Ronald B. Mitchell, "Problem Structure, Institutional Design, and the Relative Effectiveness of International Environmental Agreements," *Global Environmental Politics*, Vol. 6, No. 3, 2006.

Randall Schweller, "Emerging Powers in an Age of Disorder," *Global Governance*, Vol. 17, 2011.

Randall L. Schweller and Xiaoyu Pu, "After Unipolarity: China's Visions of International Order in an Era of U. S. Decline," *International Security*, Vol. 36, No. 1, 2011.

Ramesh Thakur and Luk Van Langenhove, "Enhancing Global Governance Through Regional Integration," *Global Governance*, Vol. 12, No. 3, 2006.

Renee de Nevers, "Imposing International Norms: Great Powers and Norm Enforcement," *International Studies Review*, Vol. 9, No. 1, 2007.

Ranjit Lall, "Beyond Institutional Design: Explaining the Performance of International Organizations," *International Organization*, Vol. 71, No. 2, 2017.

Richard Thaler, "Towards a Positive Theory of Consumer Choice," *Journal of Economic Behavior and Organization*, No. 1, 1980.

Richard Thaler, "Mental Accounting and Consumer Choice," *Marketing Science*, Vol. 4, No. 3, 1985.

Robert A. Hefner III, "The United States of Gas: Why the Shale Revolution Could Have Happened Only in America," *Foreign Affairs*, Vol. 93, No. 3, 2014.

Robert A. Pape, "Soft Balancing Against the United States," *International Security*, Vol. 30, No. 1, 2005.

Robert A. Pape, "Empire Falls," *National Interest*, No. 99, 2009.

Robert Falkner, "The Paris Agreement and the New Logic of International Climate Politics," *International Affairs*, Vol. 92, No. 5, 2016.

Robert O. Keohane and Lisa L. Martin, "The Promise of Institutionalist Theory," *International Security*, Vol. 20, No. 1, 1995.

Robert O. Keohane, "Governance in a Partially Globalized World," *The American Political Science Review*, Vol. 95, No. 1, 2001.

Robert O. Keohane and David G. Victor, "The Regime Complex for Climate Change," *Perspectives on Politics*, Vol. 9, No. 1, 2011.

Roger C. Altman, "The Fall and Rise of the West: Why America and Europe Will Emerge Stronger from the Financial Crisis," *Foreign Affairs*, Vol. 92, No. 1, 2013.

Ryder McKeown, "Norm Regress: US Revisionism and the Slow Death of the Torture Norm," *International Relations*, Vol 23, No. 1, 2009.

Sarah V. Percy, "Mercenaries: Strong Norm, Weak Law," *International Organization*, Vol. 61, No. 2, 2007.

Scott L. Kastner and Phillip C. Saunders, "Is China a Status Quo or Revisionist State? Leadership Travel as an Empirical Indicator of Foreign Policy Priorities," *International Studies Quarterly*, Vol. 56, 2012.

Shepard Forman and Derk Segaar, "New Coalitions for Global Governance: The Changing Dynamics of Multilateralism," *Global Governance*, Vol. 12, No. 2, 2006.

Simon Caney, " Cosmopolitan Justice and Institutional Design: An Egalitarian Liberal Conception of Global Governance," *Social Theory and Practice*, Vol. 32, No. 4, 2006.

Sjur Kasa et al. , "The Group of 77 in the International Climate Negotiations: Recent Developments and Future Directions," *International Environmental Agreements: Politics, Law and Economics*, Vol. 8, 2008.

Stephanie C. Hofmann, "Overlapping Institutions in the Realm of International Security: The Case of NATO and ESDP," *Perspectives on Politics*, Vol. 7, No. 1, 2009.

Stephen Chaudoin, "Promises or Policies? An Experimental Analysis of International Agreements and Audience Reactions," *International Organization*, Vol. 68, No. 1, 2014.

Stewart Patrick, "Irresponsible Stakeholders? The Difficulty of Integrating Rising Powers," *Foreign Affairs*, Vol. 89, No. 6, 2010.

Thomas A. Mensah, "Soft Law: A Fresh Look at an Old Mechanism," *Environmental Policy and Law*, Vol. 38, No. 1/2, 2008.

Thomas Gehring and Benjamin Faude, "The Dynamics of Regime Complexes: Microfoundations and Systemic Effects," *Global Governance*, Vol. 19, 2013.

Thomas Risse, "Let's Argue: Communicative Action in World Politics," *International Organization*, Vol. 54, No. 1, 2000.

Turan Kayaoglu, "Westphalian Eurocentrism in International Relations Theory," *International Studies Review*, Vol. 12, No. 2, 2010.

U. Saul and C. Seidel, "Does Leadership Promote Cooperation in Climate Change Mitigation Policy?" *Climate Policy*, Vol. 11, No. 2, 2011.

Yasuko Kawashima, "Japan's Decision-Making about Climate Change Problem: Comparative Study of Decesions in 1990 and in 1997," *Environmental Economic and Policy Studies*, Vol. 3, 2000.

Yasuko Kameyama, "Climate Change and Japan," *Asia-Pacific Review*, Vol. 9, No. 1, 2002.

Yasuko Kameyama, "Can Japan be an Environmental Leader? Japanese Environmental Diplomacy since the Earth Summit," *Politics and the Life Sciences*, Vol. 21, No. 2, 2002.

Ziya Öniş and Ali Burak Güven, "The Global Economic Crisis and the Future of Neoliberal Globalization, Rupture Versus Continuity," *Global Governance*, Vol. 17, No. 4, 2011.

Zorzeta Bakaki, Thomas Bernauer, "Citizens Show Strong Support for Climate Policy, But Are They also Willing to Pay?" *Climatic Change*, Vol. 145, No. 1/2, 2017.

三　电子参考文献

联合国文件系统：https://documents. un. org/prod/ods. nsf/home. xsp

BP 能源数据：https：//www. bp. com

C40 网站：https：//c40 - production-images. s3. amazonaws. com

布鲁金斯学会：http：//www. brookings. edu

国家海洋局：http：//www. soa. gov. cn

国家能源局：http：//www. nea. gov. cn

国家应对气候变化战略研究和国际合作中心：http：//www. nc-sc. org. cn

经济合作与发展组织（OECD）：https：//www. oecd. org

联合国环境规划署（UNEP），https：//wedocs. unep. org

联合国减灾办公室：https：//www. unisdr. org

美国白宫网站：https：//www. whitehouse. gov

皮尤研究中心：http：//pewresearch. org

气候行动追踪组织：https：//climateactiontracker. org

全球市长公约：https：//www. globalcovenantofmayors. org

人民网：http：//politics. people. com. cn

政府间气候变化委员会（IPCC）：https：//www. ipcc. ch

中国气候变化信息网：http：//www. ccchina. org. cn

中国网：http：//www. china. com. cn

中华人民共和国国家发展和改革委员会应对气候变化司网站：http：//qhs. ndrc. gov. cn

中华人民共和国生态环境部：http：//hbj. als. gov. cn

中华人民共和国外交部：http：//www. fmprc. gov. cn

中央政府门户网站：http：//www. gov. cn

International Energy Agency：https：//www. iea. org

UNFCCC：https：//unfccc. int/

World Resources Institute：https：//www. wri. org

附　　录

附录一　各国二氧化碳排放变化（《BP 世界能源统计年鉴》2021 年版）

百万吨二氧化碳	2010年	2011年	2012年	2013年	2014年	2015年	2016年	2017年	2018年	2019年	2020年	年均增长率 2020年	年均增长率 2009-19年	2020年占比
加拿大	550.1	554.7	551.1	564.6	571.8	570.2	553.3	565.9	576.2	578.0	517.7	-10.7%	0.8%	1.6%
墨西哥	454.8	473.0	476.7	483.2	471.2	475.2	480.4	486.1	477.1	459.8	373.2	-19.0%	0.1%	1.2%
美国	5495.0	5348.4	5101.5	5268.3	5277.6	5165.6	5060.8	5003.2	5166.0	5029.4	4457.2	-11.6%	-0.5%	13.8%
北美洲总计	6499.9	6376.1	6129.4	6316.1	6320.5	6211.0	6094.5	6055.2	6219.4	6067.1	5348.1	-12.1%	-0.4%	16.6%
阿根廷	168.8	174.8	183.7	189.4	189.5	192.8	191.5	189.7	187.5	175.8	164.1	-6.9%	0.9%	0.5%
巴西	403.1	427.2	445.7	485.8	508.0	490.7	454.1	460.6	445.3	444.9	417.5	-6.4%	2.2%	1.3%
智利	76.1	87.0	89.4	91.2	88.5	89.0	94.2	92.5	93.1	94.7	87.7	-7.6%	3.2%	0.3%
哥伦比亚	73.4	70.5	79.0	82.3	87.3	88.3	92.7	88.6	94.9	92.7	92.7	-2.6%	3.4%	0.3%
厄瓜多尔	33.1	33.8	35.2	38.1	40.4	39.6	37.7	36.4	38.8	37.5	30.7	-18.4%	2.6%	0.1%
秘鲁	40.8	45.4	46.4	47.3	48.4	50.8	55.3	54.2	56.9	56.7	44.6	-21.6%	4.9%	0.1%
特立尼达和多巴哥	26.1	26.0	25.5	28.3	25.4	24.5	22.6	21.8	21.1	21.1	18.6	-12.4%	1.1%	0.1%
委内瑞拉	180.6	185.6	200.2	203.1	194.5	192.2	169.8	162.4	138.3	112.3	88.5	-21.4%	-4.8%	0.3%
其他中南美洲国家	196.3	203.8	203.1	201.5	203.7	214.0	221.8	218.4	224.0	236.5	213.3	-10.1%	2.0%	0.7%
中南美洲总计	1196.5	1254.1	1308.2	1365.0	1385.7	1381.9	1339.7	1322.7	1293.8	1274.5	1157.7	-9.4%	1.3%	3.6%
奥地利	67.8	64.7	62.2	62.9	58.6	60.7	61.6	64.5	62.2	63.7	55.3	-13.5%		0%*
阿塞拜疆	27.4	30.7	30.8	31.1	31.7	34.1	33.6	32.4	34.0	35.9	34.1	-5.3%	2.2%	0.1%
比利时	133.5	120.6	116.2	117.4	108.9	115.3	117.0	118.9	125.5	121.7	88.8	-27.2%	-0.2%	0.3%
捷克共和国	116.5	113.1	109.3	105.0	102.0	102.8	104.8	102.7	101.7	98.5	85.1	-13.8%	-1.4%	0.3%
芬兰	63.9	66.6	50.8	51.9	47.6	45.0	46.5	43.4	43.4	43.4	39.0	-10.3%	-2.5%	0.1%
法国	360.4	333.8	335.3	334.8	301.4	307.4	313.0	317.7	306.7	299.0	251.1	-16.2%	-1.7%	0.8%
德国	783.2	763.7	773.0	797.6	751.2	755.7	770.5	761.0	734.5	681.5	604.9	-11.5%	-1.0%	1.9%
希腊	94.6	84.6	82.2	79.2	75.6	73.3	69.9	74.0	76.7	76.7	58.2	-24.3%	-2.9%	0.1%
匈牙利	48.7	44.7	44.6	42.2	41.3	45.0	45.0	47.5	47.5	47.5	45.7	-3.9%	-0.2%	0.1%
意大利	397.1	388.5	371.0	341.5	318.9	334.5	331.3	335.3	335.9	330.3	287.2	-13.3%	-1.7%	0.9%
荷兰	226.5	219.4	212.2	208.3	197.6	206.9	210.0	202.9	198.7	194.1	175.9	-9.8%	-0.3%	0.5%
挪威	38.6	38.4	38.1	37.0	36.2	36.3	35.1	34.6	35.1	33.9	32.0	-5.8%	-0.9%	0.1%
波兰	323.8	324.0	308.1	310.5	293.4	293.4	306.2	315.6	320.3	301.5	279.6	-7.5%	-0.1%	0.9%
葡萄牙	51.5	51.4	50.7	49.4	49.6	53.1	52.5	57.3	54.5	50.7	41.3	-18.8%	-1.2%	0.1%
罗马尼亚	78.2	85.1	81.7	69.9	71.2	72.0	69.6	73.0	73.4	71.6	66.3	-7.7%	-1.2%	0.2%
西班牙	300.1	308.5	306.3	274.8	272.2	288.0	280.7	298.4	291.3	271.0	220.4	-18.9%	-1.5%	0.7%
瑞典	56.9	52.0	49.1	48.2	46.1	46.4	46.4	45.7	44.7	47.2	45.6	-4.0%	-1.2%	0.1%
瑞士	42.1	40.1	41.4	43.6	38.7	39.5	38.0	38.0	37.2	38.2	32.4	-15.3%	-1.0%	0.1%
土耳其	276.3	298.8	314.4	303.3	335.2	340.7	359.1	397.2	390.9	385.5	369.5	-4.4%	3.4%	1.1%
乌克兰	287.9	302.5	296.1	286.1	247.3	195.4	215.8	188.4	199.0	185.6	177.2	-4.7%	-3.4%	0.5%
英国	530.0	495.2	512.5	502.8	458.8	445.5	416.4	404.0	397.8	380.2	319.4	-16.2%	-3.0%	1.0%
其他欧洲国家	399.8	400.7	377.0	370.4	352.2	361.9	370.1	378.8	375.9	369.7	321.3	-13.2%	-0.5%	1.0%
欧洲总计	4677.5	4600.4	4541.3	4434.7	4204.1	4212.4	4260.8	4309.5	4251.0	4091.3	3596.8	-12.3%	-1.1%	11.1%
哈萨克斯坦	60.2	57.0	58.5	58.2	57.3	53.1	53.5	54.5	59.3	58.6	54.5	-7.0%	0.3%	0.2%
俄罗斯联邦	1526.6	1591.1	1605.0	1581.1	1579.2	1549.5	1567.0	1548.6	1606.0	1595.7	1482.2	-7.4%	0.7%	4.6%
土库曼斯坦	55.1	60.4	66.6	62.8	64.5	75.2	74.5	73.5	80.6	87.2	86.2	-1.4%	5.4%	0.3%
乌兹别克斯坦	104.6	109.6	109.7	113.9	116.7	112.3	110.5	105.8	101.0	111.3	108.2	-2.5%	0.4%	0.3%
其他独联体国家	23.1	24.6	26.6	25.5	27.4	28.6	29.2	29.4	33.2	31.3	33.1	5.4%	2.9%	0.1%
独联体国家总计	1980.9	2082.3	2115.7	2093.5	2100.5	2080.4	2075.6	2073.4	2080.4	2172.8	2039.5	-6.1%	1.2%	6.3%
伊朗	537.5	549.8	569.2	557.2	583.4	576.9	605.3	616.1	653.7	674.7	678.2	0.2%	2.5%	2.1%
伊拉克	113.7	123.0	134.6	146.4	143.7	148.1	167.4	166.6	170.9	181.5	170.0	-6.6%	5.5%	0.5%
以色列	71.6	72.9	79.0	69.3	66.7	69.8	69.1	71.0	69.8	72.1	64.5	-10.8%	0.3%	0.2%
科威特	87.8	89.4	92.4	97.7	99.5	100.1	100.1	101.6	101.5	101.5	91.6	-10.0%	2.8%	0.3%
阿曼	51.6	54.0	60.1	70.3	70.3	73.5	74.6	79.5	81.4	82.9	80.4	-3.2%	6.4%	0.2%
卡塔尔	61.9	69.8	79.9	90.1	97.9	112.3	110.0	106.0	92.7	101.8	87.7	-14.2%	5.6%	0.3%
沙特阿拉伯	472.0	499.8	525.0	539.3	574.6	592.4	606.3	599.8	581.3	579.6	570.8	-1.8%	3.1%	1.8%
阿拉伯联合酋长国	215.7	222.6	233.9	249.9	245.7	267.9	278.2	280.3	275.2	272.0	245.9	-9.8%	2.8%	0.8%
其他中东国家	154.2	146.7	139.1	134.7	134.3	123.8	121.4	124.2	120.3	124.1	121.1	-2.7%	1.8%	0.4%
中东地区总计	1765.6	1828.1	1901.2	1967.1	2016.1	2064.8	2131.8	2143.9	2146.9	2190.2	2110.1	-3.9%	2.7%	6.5%
阿尔及利亚	104.4	107.7	115.8	133.3	142.1	148.4	147.2	149.4	156.7	160.9	148.6	-7.9%	4.2%	0.5%
埃及	186.8	188.3	198.6	201.8	207.5	210.9	219.5	222.9	222.9	222.1	204.3	-8.2%	2.3%	0.6%
摩洛哥	49.1	52.9	63.9	54.3	56.5	56.7	57.0	60.0	61.6	61.7	62.8	-7.6%	4.1%	0.2%
南非	474.9	466.4	461.9	463.3	467.7	455.5	474.4	462.3	447.6	451.9	434.5	-4.3%	-0.3%	1.3%
其他非洲国家	356.4	346.8	368.0	375.0	389.8	402.8	408.1	426.4	449.7	451.4	403.8	-10.8%	3.0%	1.3%
非洲总计	1171.6	1162.0	1198.4	1227.8	1263.6	1274.4	1306.2	1327.9	1337.3	1364.5	1254.0	-8.4%	1.9%	3.9%
澳大利亚	396.5	400.7	393.1	391.3	396.4	405.4	403.2	400.7	396.6	401.0	372.3	-7.4%	-0.1%	1.2%
孟加拉国	50.6	56.5	60.4	62.7	65.4	78.1	79.2	83.1	89.3	106.4	98.0	-2.9%	7.4%	0.3%
中国	8145.8	8827.2	9004.2	9247.4	9293.2	9279.0	9466.4	9686.9	9810.5	9842.9	9899.3	0.6%	2.9%	30.7%
中国香港特别行政区	68.2	92.0	88.7	91.5	89.7	90.5	92.7	96.9	99.5	94.2	88.3	-6.2%	0.9%	0.2%
印度	1652.1	1730.0	1844.5	1930.2	2083.8	2151.9	2243.2	2324.7	2449.4	2471.9	2302.3	-7.1%	4.5%	7.1%
印度尼西亚	445.5	488.3	529.0	586.8	487.6	502.6	502.3	526.9	575.3	624.5	545.4	-12.9%	4.5%	1.7%
日本	1197.9	1206.1	1292.1	1279.8	1246.5	1207.1	1190.1	1181.4	1158.4	1117.7	1027.0	-8.4%	-0.1%	3.2%
马来西亚	215.3	216.2	229.3	239.5	249.4	253.7	258.3	247.4	255.0	263.0	256.0	-2.9%	3.1%	0.8%
新西兰	34.8	34.7	36.3	35.7	35.2	34.8	35.0	36.6	37.7	39.4	34.7	-12.0%	-1.0%	0.1%
巴基斯坦	145.7	144.1	145.7	146.7	153.3	160.9	176.6	190.4	198.3	197.8	196.0	-1.0%	3.1%	0.6%
菲律宾	80.5	81.3	83.8	92.1	97.7	106.7	116.8	129.1	134.0	140.9	127.4	-9.8%	6.5%	0.4%
韩国	585.9	604.5	601.3	608.0	602.8	609.4	614.5	631.1	646.4	623.2	577.8	-7.3%	1.9%	1.8%
新加坡	185.3	192.7	192.0	191.7	191.1	202.8	217.1	217.2	211.0	229.0	221.1	-3.1%	2.1%	0.7%
斯里兰卡	13.1	14.8	16.1	14.0	17.3	17.9	20.3	21.7	21.4	23.3	20.8	-10.8%	5.8%	0.1%
中国台湾	273.2	278.1	272.0	274.8	274.8	281.8	284.0	292.5	290.5	284.9	275.9	-3.4%	1.2%	0.9%
泰国	248.7	253.5	270.0	274.8	261.8	289.7	296.4	297.9	299.6	294.3	277.1	-6.1%	2.2%	0.9%
越南	123.1	136.1	134.0	140.2	156.7	185.5	198.1	199.5	241.0	292.1	283.9	-3.1%	10.9%	0.9%
亚太其他国家和地区	109.2	112.6	116.8	120.8	120.1	122.8	125.0	126.9	127.2	167.2	205.2	-2.7%	2.6%	0.6%
亚太地区总计	13997.5	14889.5	15309.8	15682.7	15696.6	15988.3	16314.5	16601.1	16901.9	17023.0	16778.0	-2.7%	2.6%	52.1%
全球总计	31291.4	32172.5	32504.0	33071.2	33140.7	33206.1	33361.9	33728.9	34351.1	34356.6	32284.1	-6.3%	1.4%	100.0%
其中：综合组织	13046.1	12857.6	12567.2	12553.9	12473.1	12273.7	12396.3	12498.8	12494.8	12140.1	11576.1	-1.9%	-0.4%	33.4%
非综合组织	18245.9	19314.9	19836.1	20303.9	20586.7	20733.1	20984.2	21330.6	21856.3	22216.5	21506.0	-3.5%	2.5%	66.6%
欧盟	3386.4	3300.3	3218.7	3140.8	2965.9	2950.4	2993.6	3028.9	2968.0	2785.7	2556.4	-13.4%	1.0%	7.9%

*低于0.05%。

备注：以上碳排放数据仅反映石油、天然气和煤炭燃烧的相关活动以及天然气放空燃烧活动，是基于"燃料数据认二氧化碳排放因子"，遵循政府间气候变化专门委员会（IPCC）发布的《2006版国家温室气体清单的指导原则》中。这与中并未考虑任何碳解，也未考虑其他二氧化碳排放源和其他温室气体的排放。因此，上述数据不应与各国官方数据进行比较。
有关天然气放空燃烧和相关排放的单列数据，请访问 bp.com/statisticalreview。
调整了历年的增长率。

附录二　　　　　《联合国气候变化框架公约》附件一国家

《联合国气候变化框架公约》附件一国家

澳大利亚、奥地利、白俄罗斯ᵃ⁄、比利时、保加利亚ᵃ⁄、加拿大、克罗地亚ᵃ⁄、捷克共和国ᵃ⁄*、丹麦、欧洲共同体、爱沙尼亚ᵃ⁄、芬兰、法国、德国、希腊、匈牙利ᵃ⁄、冰岛、爱尔兰、意大利、日本、拉脱维亚ᵃ⁄、列支敦士登*、立陶宛ᵃ⁄、卢森堡、摩纳哥*、荷兰、新西兰、挪威、波兰ᵃ⁄、葡萄牙、罗马尼亚ᵃ⁄、俄罗斯联邦ᵃ⁄、斯洛伐克ᵃ⁄*、斯洛文尼亚ᵃ⁄*、西班牙、瑞典、瑞士、土耳其、乌克兰ᵃ⁄、大不列颠及北爱尔兰联合王国、美利坚合众国

　　a⁄正在朝市场经济过渡的国家。

　　*印发说明：标有*号的国家是按照缔约方会议第三届会议第4/CP.3号决定，经1998年8月13日生效的修正案增加列入附件一的国家。

附录三　　　　　《联合国气候变化框架公约》附件二国家

《联合国气候变化框架公约》附件二国家

澳大利亚、奥地利、比利时、加拿大、丹麦、欧洲共同体、芬兰、法国、德国、希腊、冰岛、爱尔兰、意大利、日本、卢森堡、荷兰、新西兰、挪威、葡萄牙、西班牙、瑞典、瑞士、大不列颠及北爱尔兰联合王国、美利坚合众国

印发说明：按照缔约方会议第七届会议第26/CP.7号决定，2002年6月28日生效的一项修正案将土耳其从附件二中删除。

附录四　　　　　《京都议定书》附件B

缔约方	量化的限制或减少排放的承诺（基准年或基准预期百分比）	缔约方	量化的限制或减少排放的承诺（基准年或基准预期百分比）
澳大利亚	108	列支敦士登	92
奥地利	92	立陶宛*	92
比利时	92	卢森堡	92
保加利亚*	92	摩纳哥	92
加拿大	94	荷兰	92
克罗地亚*	95	新西兰	100
捷克共和国*	92	挪威	101
丹麦	92	波兰*	94

续表

缔约方	量化的限制或减少排放的承诺（基准年或基准预期百分比）	缔约方	量化的限制或减少排放的承诺（基准年或基准预期百分比）
爱沙尼亚*	92	葡萄牙	92
欧洲共同体	92	罗马尼亚*	92
芬兰	92	俄罗斯联邦*	100
法国	92	斯洛伐克*	92
德国	92	斯洛文尼亚*	92
希腊	92	西班牙	92
匈牙利*	94	瑞典	92
冰岛	110	瑞士	92
爱尔兰	92	乌克兰*	100
意大利	92	大不列颠及北爱尔兰联合王国	92
日本	94	美利坚合众国	93
拉脱维亚*	92		

附录五　　　　　哥本哈根会议前主要国家的减排承诺①

美国	奥巴马宣布 2020 年在 2005 年基础上减排 17%，较 1990 年减排 3.5%。到 2030 年减排 41%，2050 年减排 83%。要求国会通过复杂的气候立法
欧盟	已经同意到 2020 年在 1990 年水平上减排 20%。如果其他发达国家作出类似的承诺，愿意将目标提高到 30%
日本	如果其他发达国家作出类似承诺，日本将把减排目标设定为 2020 年在 1990 年基础上减排 25%。在如何达成这一目标上尚不明确
澳大利亚	希望到 2020 年将温室气体排放量在 2000 年的基础上减少 25%
俄罗斯	向欧盟暗示如果其他发达国家作出类似承诺，将准备到 2020 年减排 25%。起初俄罗斯表示愿意在 1990 年基础上减排 10%—15%
加拿大	计划到 2020 年将排放量比 2006 年减少 20%，大约较 1990 年减排 3%

---

① "Climate Pledges Made by Major Countries"，http：//www. china. org. cn/environment/Copenhagen/2009 – 12/10/content_19041921. htm，2018/10/29.

续表

新西兰	到 2020 年在 1990 年基础上减排 10%—20%
挪威	到 2020 年在 1990 年基础上减排 30%—40%
中国	已经承诺到 2020 年在 2005 年基础上降低碳强度（单位 GDP 的 CO_2 排放）40%—45%
印度	计划到 2020 年将碳排放与生产的比率比 2005 年降低 20%—25%
印度尼西亚	到 2020 年排放量将比目前减少 26%，如果获得资金资助，将减少 41%
韩国	到 2020 年，温室气体排放量将比 2005 年减少 4%
巴西	到 2020 年自愿减排 36%—39%，尽可能通过延缓亚马逊流域森林退化实现
墨西哥	在获得资金和技术资助的情况下，确立了到 2050 年在 2000 年基础上削减 50% 的非约束性目标

附录六　　　　多哈会议对《京都议定书》附件 B 的修正

缔约方	量化的限制或减少排放的承诺（2008—2012 年）（基准年或基准期百分比）	量化的限制或减少排放的承诺（2013—2020 年）（基准年或基准期百分比）	参考年[1]	量化的限制或减少排放的承诺（2013—2020 年）（以参考年百分比表示）[1]	2020 年前减少 GHG 排放的保证（参考年百分比）[2]
澳大利亚	108	99.5	2000	98	−5% 至 −15% 或 −25%[3]
奥地利	92	80[4]	NA	NA	
白俄罗斯 5 *		88	1990	NA	−8%
比利时	92	80[4]	NA	NA	
保加利亚 *	92	80[4]	NA	NA	
克罗地亚 *	95	80[6]	NA	NA	−20%／−30%[7]
塞浦路斯		80[4]	NA	NA	
捷克共和国 *	92	80[4]	NA	NA	
丹麦	92	80[4]	NA	NA	
爱沙尼亚 *	92	80[4]	NA	NA	
欧洲联盟	92	80[4]	1990	NA	−20%／−30%[7]
芬兰	92	80[4]	NA	NA	

缔约方	量化的限制或减少排放的承诺（2008—2012年）（基准年或基准期百分比）	量化的限制或减少排放的承诺（2013—2020年）（基准年或基准期百分比）	参考年[1]	量化的限制或减少排放的承诺（2013—2020年）（以参考年百分比表示）[1]	2020年前减少GHG排放的保证（参考年百分比）[2]
法国	92	80[4]	NA	NA	
德国	92	80[4]	NA	NA	
希腊	92	80[4]	NA	NA	
匈牙利 *	94	80[4]	NA	NA	
冰岛	110	80[8]	NA	NA	
爱尔兰	92	80[4]	NA	NA	
意大利	92	80[4]	NA	NA	
哈萨克斯坦 *		95	1990	95	7%
拉脱维亚 *	92	80[4]	NA	NA	
列支敦士登	92	84	1990	84	−20%／−30%[9]
立陶宛 *	92	80[4]	NA	NA	
卢森堡	92	80[4]	NA	NA	
马耳他		80[4]	NA	NA	
摩纳哥	92	78	1990	78	−30%
荷兰	92	80[4]	NA	NA	
挪威	101	84	1990	84	−30%／−40%[10]
波兰 *	94	80[4]	NA	NA	
葡萄牙	92	80[4]	NA	NA	
罗马尼亚 *	92	80[4]	NA	NA	
斯洛伐克 *	92	80[4]	NA	NA	
斯洛文尼亚 *	92	80[4]	NA	NA	
西班牙	92	80[4]	NA	NA	
瑞典	92	80[4]	NA	NA	
瑞士	92	84.2	1990	NA	−20%／−30%[11]
乌克兰 *	100	76[12]	1990	NA	−20%

续表

缔约方	量化的限制或减少排放的承诺（2008—2012 年）（基准年或基准期百分比）	量化的限制或减少排放的承诺（2013—2020 年）（基准年或基准期百分比）	参考年[1]	量化的限制或减少排放的承诺（2013—2020 年）（以参考年百分比表示）[1]	2020 年前减少 GHG 排放的保证（参考年百分比）[2]
大不列颠及北爱尔兰联合王国	92	80[4]	NA	NA	
加拿大 13	94				
日本 14	94				
新西兰 15	100				
俄罗斯联邦 16 *	100				

缩略：NA = 不适用。

* 正在向市场经济过渡的国家。

索　引

后　　记

　　关于不同类型制度作用机制的分析是国际制度研究的最新议程，弱制度正是本阶段的重要研究议题。学术界在提出制度类型问题后日益专注于制度外在具体形态（如成员等）的讨论，始终未能触及制度本质上的差异。这种表层研究反映了学术界有意规避的一个关键问题——以前将既有制度理论视为适合于所有制度类型的一般性知识正确吗？如果答案是肯定的，那为什么会存在众多无法解释的现象？为什么他们还要关注制度类型问题呢？如果不是，既有理论所适用的制度类型是什么，我们又该如何在其之外构建新的理论呢？通过将制度区分为弱制度与强制度可以发现，既有理论完全是围绕强制度展开的，包括单向互动的制度建构过程以及强调单一适当性、强制和选择性激励的"制度—合作"逻辑等，这源自近代以来西方长期主导世界的历史经验。既有理论作为强制度理论，显然不能直接用来分析弱制度。相反，我们需要依据经验事实通过回答下述问题建构起相应理论，即什么是弱制度？弱制度是如何建构产生的？弱制度的作用机制是什么？以及弱制度适用的环境条件是什么？

　　弱制度分析也是构建非西方国际关系理论的具体尝试。近些年来，随着非西方新兴国家的群体性崛起，西方国际关系理论的局限不断显现，建构非西方国际关系理论的呼声日益高涨，但是在思想"落地"或具体理论建构方面的建树却并不多。其中，注重非西方国家的声音和作用以及多元治理、共存共生思想被国内外学者广泛认同。然而，如何实现共生和多元治理呢？显然，西方国际制度理论所强调的强制度及其体现的一元真理思想是无法做到这些的。依照一方强制另一方接受自身主张的强制度建构思路，制度在各方实力大致均衡的情况下是不可能出现的，未来由非西方国家改造西方国家的前景也是不符合非西方国家目标的。那么，与共生思想相匹配的国际制度类型到底是什么样的呢？由此，弱制度为非西方国际关系理论的建构提供了一个着力点。

本书以弱制度现象为切入点，结合国际法以及国际制度研究中兴起的软法与机制复合体等研究进展，分别就弱制度的建构过程以及作用机制进行了解释。这本专著是在我的博士学位论文基础上修改后完成的，也是我自2019年7月从外交学院毕业进入中国社会科学院大学三年教学与学术思考的总结。在写作和出版过程中，我得到了很多帮助，在此一并表示感谢。

感谢各个阶段培养我的母校。我的小学和中学都在河南省的农村里度过，那里安静而又封闭，但是老师们经常讲一些国内外的事情，引导我们去关注外边的世界，初中一年级那篇关于伊拉克战争的作文或许是我对国际关系产生的最初的兴趣。高中时期进入了县里第二高级中学，政治和地理老师的偏爱使我对两门课程产生了浓厚兴趣，以至于报考了当时还较为冷门的国际政治专业。进入山西大学以后，对于专业前景也曾有过迷茫，但是兴趣从未消退，并利用一切时间去阅读和学习。硕士阶段调剂到了广西大学马克思主义中国化研究专业，老师们鼓励我寻找两个专业的结合点，因此坚持了对国际关系的自学。博士阶段进入外交学院并重回国际关系专业，那里独特的教学模式使我能够与老师充分交流进而掌握研究方法，经常性邀请知名学者授课也极大开阔了我的学术视野。更重要的是，学校有一种积极创新的学术氛围，众多师友都在探索一些最新的研究议题，我因此有机会接触这些前沿研究并培养起了研究兴趣。

感谢博士阶段的导师魏玲教授。在我的学术生涯中，魏老师无疑是给予帮助最大的人。在博士阶段以前，我虽然刻苦阅读专业书籍，但是总感觉自己被各种矛盾的观点淹没，直到后来才知道那是因为没有建立起自己的知识结构和研究兴趣。魏老师在博士研究生培养方面制订了非常好的培养计划，系统的专业课教学不但帮助我迅速建立起了理论知识框架，还掌握了开展科学研究的方法。魏老师的授课方法非常巧妙，总能用非常易懂的例子和生活中的故事将复杂的理论问题加以展现。同时，魏老师特别重视培养学生的问题意识，鼓励学生在阅读中提出各种问题，并教给我们辨别问题价值的方法。正是在魏老师的引导下，我逐渐明白了什么是真正的学术研究以及如何开展研究。

感谢各位老师和好友的无私帮助。在博士学位论文开题以及答辩时，袁正清、孙吉胜、陈志瑞、张清敏、卢静、赵怀普、刘跃进、邵峰等各位老师提出了许多宝贵的意见，为我后续完善思路提供了重要帮助。同时，感谢外交学院亚洲研究所董亮老师在案例写作上给予的宝贵意见。书中部分内容曾作为"第十一届全国国际关系、国际政治专业博士生学术论坛"参会的文章，会上王逸舟、祁昊天、牛仲君等各位老师提出的宝贵意见被运用到了后续的写作当中，在此对各位老师的鼓励和帮助再次表示感谢。感谢我在中国社会科学院大学国际政治经济学院的几位学生，唐晴、蔡思怡等同学虽然是本科生，却已经表现出了良好的学术素养，她们积极参加学术锻炼，在本书的修改和校对过程中，做了很多的工作。祝愿她们在未来的学习和生活中不断进步。感谢中国社会科学出版社的编辑老师以及匿名评审专家提出的宝贵修改意见。

最后，感谢父母与家人们的支持和陪伴。我的父母是两位淳朴而又善良的农民，他们一辈子在土地上耕作，很少去到外边的世界，但是却为我打开了探索广阔世界的大门。他们文化水平不高，但是特别懂得知识的重要性，在家里异常拮据的情况下坚持让我读书。如果没有他们的付出和关爱，很难想象我能顺利完成学业并从事现在的工作。感谢我生命中最重要的女孩儿，在修改书稿的枯燥时光里，是她带来了阳光和欢乐。谨以此书献给他们！

弱制度问题在理论和现实两个方面都具有重要的研究价值。弱制度分析作为不同类型制度作用方式研究的一部分，是国际关系理论研究的最新议程之一，也是开展非西方国际关系理论建构的重要领域之一。同时，在当前众多全球治理议题遭遇困境、国际权力转移引发诸多不确定性的情况下，弱制度是促进治理发展、实现新兴国家与既有强国和谐共存的一种重要路径，也可以作为中国参与和引领全球治理的"中国方案"之一。国际制度研究是一项涉及众多具体议题的宏大工程，西方国际关系学者耗时数十年对强制度进行了分析，弱制度问题也不可能仅凭一部著作便全部解释清楚。因此，本书被视为提出弱制度研究议程的著作更为恰当，未来需要更多学者加入进来共同完善各个环节的分析，建立起与西方国际制度理论相对等的理论体系。在博士论文完成之初，尚不存在关于弱制度的专门讨论。所幸这一观点提出后，不断有朋辈学者加入进来一起讨论。在此，谨愿本书能为学术界开展更深入的探索作出绵薄贡献。

　　我们生活在一个异常多样的世界当中，每个人都有自己独特的价值偏好。在需要两个人共同解决一个问题时，如果一方坚持以自己的偏好去改造或要求另一方行动，除非享有很大的权力优势，否则双方将出现无休止的争吵，甚至还会出现关系破裂，问题本身反而会被搁置在一边迟迟得不到解决。弱制度是一种带有浓重实用主义思想的制度类型，"二鸟在林，不如一鸟在手"，它不追求短期内实现高强度的合作，而是把开始合作——即使效用很有限——作为首要目标，在后续互动过程中实现合作和治理的动态强化。

2022 年 5 月 21 日

齐尚才